«BÜCHER DES WERDENDEN»

ZWEITE REIHE · BAND III

HERAUSGEGEBEN VON

PAUL FEDERN, NEW YORK, UND HEINRICH MENG, BASEL

————

VERWAHRLOSTE JUGEND

August Aichhorn

AUGUST AICHHORN

VERWAHRLOSTE JUGEND

DIE PSYCHOANALYSE IN DER FÜRSORGEERZIEHUNG

———

ZEHN VORTRÄGE ZUR ERSTEN EINFÜHRUNG

MIT EINEM GELEITWORT VON SIGMUND FREUD

NEUNTE AUFLAGE

VERLAG HANS HUBER BERN

STUTTGART WIEN

ISBN 3-456-30001-8

1977

©

INHALTSVERZEICHNIS

GELEITWORT ZUR ERSTEN AUFLAGE (1925)

VON SIGMUND FREUD

Von allen Anwendungen der Psychoanalyse hat keine soviel Interesse gefunden, soviel Hoffnungen erweckt und demzufolge soviele tüchtige Mitarbeiter herangezogen wie die auf die Theorie und Praxis der Kindererziehung. Dies ist leicht zu verstehen. Das Kind ist das hauptsächliche Objekt der psychoanalytischen Forschung geworden; es hat in dieser Bedeutung den Neurotiker abgelöst, an dem sie ihre Arbeit begann. Die Analyse hat im Kranken das wenig verändert fortlebende Kind aufgezeigt wie im Träumer und im Künstler, sie hat die Triebkräfte und Tendenzen beleuchtet, die dem kindlichen Wesen sein ihm eigenes Gepräge geben und die Entwicklungswege verfolgt, die von diesem zur Reife des Erwachsenen führen. Kein Wunder also, wenn die Erwartung entstand, die psychoanalytische Bemühung um das Kind werde der erzieherischen Tätigkeit zugute kommen, die das Kind auf seinem Weg zur Reife leiten, fördern und gegen Irrungen sichern will.

Mein persönlicher Anteil an dieser Anwendung der Psychoanalyse ist sehr geringfügig gewesen. Ich hatte mir frühzeitig das Scherzwort von den drei unmöglichen Berufen — als da sind: Erziehen, Kurieren, Regieren — zu eigen gemacht, war auch von der mittleren dieser Aufgaben hinreichend in Anspruch genommen. Darum verkenne ich aber nicht den hohen sozialen Wert, den die Arbeit meiner pädagogischen Freunde beanspruchen darf.

Das vorliegende Buch des Vorstandes A. Aichhorn beschäftigt sich mit einem Teilstück des grossen Problems, mit der erzieherischen Beeinflussung der jugendlichen Verwahrlosten. Der Verfasser hatte in amtlicher Stellung als Leiter städtischer Fürsorgeanstalten lange Jahre gewirkt, ehe er mit der Psychoanalyse bekannt wurde. Sein Verhalten gegen die Pflegebefohlenen entsprang aus der Quelle einer warmen Anteilnahme an dem Schicksal dieser Unglücklichen und wurde durch eine intuitive Einfühlung in deren seelische Bedürfnisse richtig geleitet. Die Psychoanalyse konnte ihn praktisch wenig Neues lehren, aber sie brachte ihm die klare theoretische Einsicht in die Berechtigung seines Handelns und setzte ihn in den Stand, es vor anderen zu begründen.

Man kann diese Gabe des intuitiven Verständnisses nicht bei jedem Erzieher voraussetzen. Zwei Mahnungen scheinen mir aus den Erfahrungen und Erfolgen des Vorstandes *A i c h h o r n* zu resultieren. Die eine, dass der Erzieher psychoanalytisch geschult sein soll, weil ihm sonst das Objekt seiner Bemühung, das Kind, ein unzugängliches Rätsel bleibt. Eine solche Schulung wird am besten erreicht, wenn sich der Erzieher selbst einer Analyse unterwirft, sie am eigenen Leibe erlebt. Theoretischer Unterricht in der Analyse dringt nicht tief genug und schafft keine Überzeugung.

Die zweite Mahnung klingt eher konservativ, sie besagt, dass die Erziehungsarbeit etwas sui generis ist, das nicht mit psychoanalytischer Beeinflussung verwechselt und nicht durch sie ersetzt werden kann. Die Psychoanalyse des Kindes kann von der Erziehung als Hilfsmittel herangezogen werden. Aber sie ist nicht dazu geeignet, an ihre Stelle zu treten. Nicht nur praktische Gründe verbieten es, sondern auch theoretische Überlegungen widerraten es. Das Verhältnis zwischen Erziehung und psychoanalytischer Bemühung wird voraussichtlich in nicht ferner Zeit einer gründlichen Untersuchung unterzogen werden. Ich will hier nur Weniges andeuten. Man darf sich nicht durch die übrigens vollberechtigte Aussage irreleiten lassen, die Psychoanalyse des erwachsenen Neurotikers sei einer Nacherziehung desselben gleichzustellen. Ein Kind, auch ein entgleistes und verwahrlostes Kind, ist eben noch kein Neurotiker und Nacherziehung etwas ganz anderes als Erziehung des Unfertigen. Die Möglichkeit der analytischen Beeinflussung ruht auf ganz bestimmten Voraussetzungen, die man als „analytische Situation" zusammenfassen kann, erfordert die Ausbildung gewisser psychischer Strukturen, eine besondere Einstellung zum Analytiker. Wo diese fehlen, wie beim Kind, beim jugendlichen Verwahrlosten, in der Regel auch beim triebhaften Verbrecher, muss man etwas anderes machen als Analyse, was dann in der Absicht wieder mit ihr zusammentrifft. Die theoretischen Kapitel des vorliegenden Buches werden dem Leser eine erste Orientierung in der Mannigfaltigkeit dieser Entscheidungen bringen.

Ich schliesse noch eine Folgerung an, die nicht mehr für die Erziehungslehre, wohl aber für die Stellung des Erziehers bedeutsam ist. Wenn der Erzieher die Analyse durch Erfahrung an der eigenen Person erlernt hat und in die Lage kommen kann, sie bei Grenz- und Mischfällen zur Unterstützung seiner Arbeit zu verwenden, so muss man ihm offenbar die Ausübung der Analyse freigeben und darf ihn nicht aus engherzigen Motiven daran hindern wollen.

ERSTER VORTRAG

EINLEITUNG

Neue Fassung gegenüber der I. u. II. Auflage (s. Nachwort S. 201)

Meine Damen und Herren!

In der hier folgenden Vortragsserie mache ich es mir zur Aufgabe, die Grundbegriffe der Psychoanalyse auf das Gebiet der Fürsorgeerziehung anzuwenden und Ihnen damit einen ersten orientierenden Einblick in einen neuen Problemkreis zu vermitteln. Ich will Ihnen aus meiner eigenen Erfahrung zeigen, wie man mit Hilfe psychoanalytischer Kenntnisse Verwahrlosungserscheinungen auf ihre Ursachen zurückzuführen und zu beheben versucht. Erschöpfende Ausführungen über Ursachen und Arten der Verwahrlosung, ein Lehrgebäude über psychoanalytische Behandlung Verwahrloster oder gar Psychoanalysen von Fürsorgezöglingen werden Sie nicht zu hören bekommen. Meine Absicht ist auch nicht, Ihnen Verhaltungsmassregeln für den Umgang mit Verwahrlosten vorzuschreiben, sondern Sie zu eigener Arbeit und Ueberlegung anzuregen.

Ich nehme an, dass Ihnen der Begriff der Psychoanalyse nicht ganz fremd ist und dass Sie von ihr als von einer Methode zur Behandlung bestimmter seelischer Störungen, vor allem der Neurosen, gehört haben. Im Folgenden beschäftigen wir uns mit der Psychoanalyse als einer neuen Betrachtungsweise seelischer Vorgänge und mit ihrer konsequenten Anwendung auf ein Spezialgebiet der Pädagogik. Die Psychoanalyse bietet dem Fürsorgeerzieher neue psychologische Einsichten, die für die Erfüllung seiner Aufgabe unschätzbar sind. Sie lehrt ihn das Kräftespiel erkennen, das im dissozialen Benehmen seine Äusserung findet, öffnet seine Augen für die unbewussten Motive der Verwahrlosung und lässt ihn die Wege finden, auf denen der Dissoziale dazu gebracht werden kann, sich selbst wieder in die Gesellschaft einzureihen.

Unter „verwahrloster Jugend" verstehe ich nicht nur alle Typen von kriminellen und dissozialen Jugendlichen, sondern auch schwer erziehbare und neurotische Kinder und Jugendliche verschiedener Art. Eine genaue Sonderung dieser Gruppen voneinander ist schwierig, die Übergänge zwischen ihnen sind fliessend. Dem praktischen Fürsorge-

9

erzieher sind die einzelnen Typen aus seiner Arbeit in der Jugendfürsorge, in der Erziehungsberatung, am Jugendgericht etc. wohl bekannt.

Als Grundlage unserer Arbeit scheint es mir wichtig, die aufeinanderfolgenden Phasen dissozialen Verhaltens gegeneinander abzugrenzen. Jedes Kind beginnt sein Leben als asoziales Wesen: es besteht auf der Erfüllung der direkten, primitiven Wünsche aus seinem Triebleben, ohne dabei die Wünsche und Forderungen seiner Umwelt zu berücksichtigen. Dieses Verhalten, das für das Kleinkind normal ist, gilt als asozial oder dissozial, wenn es sich über die frühen Kinderjahre hinaus fortsetzt. Es ist die Aufgabe der Erziehung, das Kind aus dem Zustand der Asozialität in den der sozialen Anpassung hinüberzuführen, eine Aufgabe, die nur erfüllt werden kann, wenn die Gefühlsentwicklung des Kindes normal verläuft. Wo bestimmte, später zu erörternde Störungen in der Libidoentwicklung vorfallen, bleibt das Kind asozial oder bringt bestenfalls eine nur scheinbare, rein äusserliche Anpassung an die Umwelt zustande, ohne die Umweltsforderungen in die Struktur seiner eigenen Persönlichkeit aufzunehmen. Die Triebwünsche solcher Kinder verschwinden zwar von der Oberfläche, werden aber nicht bewältigt und verarbeitet, sondern bleiben im Hintergrund bestehen und warten auf einen günstigen Augenblick, um wieder zur Befriedigung durchzubrechen. Wir nennen diesen Zustand eine „latente" Verwahrlosung; geringe Anlässe genügen, um ihn in eine manifeste Verwahrlosung überzuführen. Gewöhnlich vollzieht der Wechsel von der latenten zur manifesten Verwahrlosung sich allmählich; in der Übergangsperiode sind noch keine direkten Verwahrlosungserscheinungen, nur eine allgemeine Anfälligkeit bemerkbar. Verständige Eltern merken, dass das Kind gefährdet ist, und suchen schon in diesem Stadium die Hilfe des Erziehungsberaters auf. Eine Behandlung in dieser Phase hat die beste Aussicht auf Erfolg.

Bei der Behandlung von Verwahrlosten im Anfangsstadium müssen wir auf Ueberraschungen aller Art vorbereitet sein. Es geschieht zum Beispiel, dass ein Verwahrlosungssymptom nach kürzester Zeit der Behandlung verschwindet. Der Anfänger wird leicht irregeleitet zu glauben, dass der Fall geheilt ist, während ein solches Verschwinden des Symptoms doch nur die Rückverwandlung der manifesten Verwahrlosung in ihre frühere latente Form bedeutet. Der Verwahrloste hat seine Triebwünsche wieder unterdrückt, entweder dem Erzieher zuliebe oder unter dem Druck irgendeiner nicht deutlich gewordenen Angstsituation. Die Behandlung eines Verwahrlosten ist erst dann wirklich erfolgreich zu nennen, wenn ein Rückfall ausgeschlossen ist, das heisst, wenn an Stelle der Unterdrückung von Triebwünschen ein wirklicher Triebverzicht getreten ist. Der Weg zu dieser Verwandlung geht über das Bewusstmachen unbewusster Gefühlseinstellungen.

Die Behandlung des Verwahrlosten ist ihrem Wesen nach eine Nacherziehung. Bevor wir uns in eine Diskussion dieser Spezialaufgabe und der Auswirkung der psychoanalytischen Theorie auf sie einlassen, drängt sich uns die Frage nach der Aufgabe der Erziehung im allgemeinen auf. Was die Erziehung zu leisten hat und was sie vermag, darüber gibt es verschiedene Auffassungen, von denen ich die zwei extremsten hier heranziehe. Anhänger der einen, pessimistischen Richtung meinen, dass das Kind sich so entwickelt, wie es durch seine Erbanlage bedingt ist und dass auch die beste Erziehung daran nichts zu ändern vermag. Die Anhänger der anderen, optimistischen, Auffassung sind der Überzeugung, dass die Erziehung alles kann; sie muss nur richtig gestaltet werden, um alle Schwierigkeiten, auch die aus der Erbanlage kommenden Hindernisse zu überwinden.

Ehe wir uns zu dieser oder jener Richtung bekennen oder uns sonstwie entscheiden, wird es sich empfehlen, eine seit langem bekannte Entwicklungstatsache anzusehen. In den Urzeiten der Menschheit war es die erste Aufgabe des Primitiven, eine gewisse primitive Realitätsfähigkeit zu erwerben, um nicht im Kampfe mit den Anforderungen der Wirklichkeit zugrunde zu gehen. Die gleiche Tatsache gilt für das psychische Leben. Die Menschen lernten unter dem Druck der Verhältnisse Lustgewinn aufzuschieben, auf Lustgewinn zu verzichten, Unlust zu ertragen und Triebregungen, die sich nicht immer durchsetzen konnten, von primitiven Zielen immer mehr auf höhere abzulenken; auf einem Jahrtausende langen Weg entwickelt sich eine Kulturgemeinschaft, innerhalb derer die Menschen mit ihren technischen Errungenschaften stets fortschreitend die Natur beherrschen und unausgesetzt künstlerische, wissenschaftliche und soziale Kulturwerte schaffen.

Daraus folgt, dass die niedrige Kulturstufe einer geringeren Einschränkung unmittelbarer Triebbefriedigungen oder, was dasselbe ist, dem Primitiven entspricht, und dass die ursprüngliche primitive Realitätsfähigkeit sich mit der kulturellen Entwicklung steigert. Diese erhöhte Realitätsfähigkeit fassen wir als Vermögen des Individuums auf, an der Kulturgemeinschaft seiner Zeit teilhaben zu können, und nennen sie die Kulturfähigkeit. Sie kann als variable Grösse genommen werden - für jede Kulturstufe in einem bestimmten Ausmass - die die ursprüngliche primitive Realitätsfähigkeit als Konstante enthält. Wie ist das zu verstehen? Lassen wir diese Frage vorläufig unerörtert und sehen wir uns das Kind in seinem Heranwachsen an. Je jünger es ist, desto weniger vermag es auf die Erfüllung der Wünsche aus seinem Triebleben zu verzichten und den Notwendigkeiten, die sich aus dem Zusammenleben mit anderen ergeben, zu entsprechen. Erst nach und nach lernt es, unter dem Druck der realen Unlusterlebnisse, sich Triebeinschränkungen aufzuerlegen und ohne innere Konflikte ganz selbstverständlich den Forderungen der Gesellschaft nachzukommen: es wird sozial. Der Weg, den das Kind von der unwirklichen Lustwelt seiner Säuglingszeit bis in die Sozietät seiner Gegenwart zurückzulegen hat, läuft im allgemeinen parallel dem der Menschheit vom Primitiven bis zu ihm, ist länger oder kürzer je nach deren eigener Kulturstufe, muss aber vom Kinde in den wenigen Jahren seines Heranreifens zum Erwachsenen zurückgelegt werden. Ebenso wie in der organischen Entwicklung des unreifen Organismus entspricht dieser Reifungsvorgang einer ontogenetischen Wiederholung von phylogenetisch vorgezeichneten Veränderungen. Wenn das Neugeborene auf diese Weise auch Spuren der Erlebnisse seiner Vorfahren mitbringt, so reichen diese Vorbedingungen doch nicht aus, um seine Anpassung an die Kulturwelt, der es angehören soll, zu garantieren. Für den Vollzug dieser Aufgabe bedarf es, neben den Einflüssen des Lebens, noch jener Einflussnahme von Seiten der Erwachsenen, die Erziehung heisst.

So betrachtet, wird der Mensch durch die Einwirkungen des Lebens und der Erziehung kulturfähig. Das Leben selbst erzwingt mit seinen Anforderungen die primitive Realitätsfähigkeit, die Erziehung erweitert diese zur Kulturfähigkeit.

Nun sehen wir wirklich, dass das Leben auch heute noch den Menschen zur Selbstbehauptung oder primitiven Realitätsfähigkeit führt. Ein Kind, das ungeschickt auf einen Stuhl klettert, herunterfällt und sich eine Beule schlägt, wird durch die mit dem Schmerz verbundene Unlust ohne jedwede Anleitung oder Einflussnahme vorsichtiger. Im Leben des Menschen herrscht eine Tendenz, die ihn ganz zwangsläufig in die Richtung zum Einleben in die Wirklichkeit drängt. Es lassen sich im heranwachsenden Kinde auch deutlich zwei Abschnitte erkennen: der erste, mit der im Vordergrund stehenden Absicht, zur primitiven Selbstbehauptung zu kommen, der zweite, spätere, der dem Hineinwachsen in die Kulturgemeinschaft dient. Fehlen einem Individuum die konstitutionellen Vorbedingungen für die primitive Realitätsfähigkeit, so steht auch die Erziehung vor einem unlösbaren Problem. Die Erziehung ist nur die Vermittlerin zur Entfaltung bereits vorhandener Bereitschaften und vermag nicht, dem Individuum Neues hinzuzufügen. So könnte wahrscheinlich auch nicht mit Hilfe der Erziehung einem Kinde auf primitiver Kulturstufe, ohne den Niederschlag früherer Generationen in sich, die Kulturfähigkeit der Gegenwart vermittelt werden. Wüchse andererseits ein Kind unserer Zeit mit normaler Erbanlage ohne Erziehung heran, so käme es, nach aller Voraussicht, nicht zur vollen Kulturfähigkeit und deswegen mit der Gesellschaft in Konflikt.

Kehren wir von hier zum Thema der Verwahrlosung zurück. Unsere Aufgabe als Fürsorgeerzieher setzt ein, wenn ein Erziehungsnotstand vorliegt, das heisst, wenn es der Erziehung nicht gelungen ist, dem Kinde oder Jugendlichen die seiner Altersstufe normal entsprechende Kulturfähigkeit zu vermitteln. Die Fürsorgeerziehung unterscheidet sich daher dem Zwecke nach nicht von der Erziehung im allgemeinen, denn beide haben die Jugend kulturfähig zu machen. Sie sondert sich von der Erziehung vor allem durch die Methoden ab, die wesentlich andere sind als die der allgemeinen Erziehung.

Die Psychoanalyse, deren Einfluss auf die Fürsorgeerziehung hier erörtert werden soll, wurde von Sigmund Freud geschaffen und ist auf medizinischem Boden, bei der Behandlung neurotisch Kranker erwachsen. Freud konnte nachweisen, dass Affekte, die nicht auf normale Weise zur Abfuhr kommen, sich auf Umwegen zu entladen suchen. Jede heftige Gemütserregung drängt nach Entladung. Dazu stehen verschiedene Wege zur Verfügung; eingeschlagen wird immer der, der den geringsten Widerstand bietet. Manche Menschen entledigen sich des Affekts durch Absonderung, sekretorisch, im Weinen; andere bevorzugen die Motorik, schimpfen, schlagen zu, zerschlagen etc.; noch andere reagieren vasomotorisch, durch Erröten. Dem Kulturmenschen stehen die motorischen Wege zur Affektabfuhr nicht immer zur Verfügung, er ist oft genötigt, die Gemütserregung in sich zu unterdrücken, sie aus dem Bewusstsein ins Unbewusste zu verschieben, zu verdrängen, von wo sie dann in entstellter Form und auf Umwegen doch wieder zur Aeusserung zu kommen versucht. Dieselbe Kraft, die das im Bewusstsein Unzulässige wegschiebt, setzt sich dabei als Widerstand dem Bewusstwerden des Verdrängten entgegen.

Wir werden später noch Gelegenheit haben, andere Anlässe kennen zu lernen, die zur Verdrängung von bewussten seelischen Inhalten führen, so z.B. die traumatischen Erlebnisse, die mehr Affekt auslösen, als bewältigt werden kann. Wir werden auch verstehen lernen, inwieweit die dissozialen Aeusserungen der Entladung solcher verdrängten Affekte dienen können.

Die Annahme eines unbewussten Seelischen hat vielfach Widerspruch ausgelöst. Je tiefer aber Freud bei seinen Forschungen in das unbewusste Seelenleben eindrang, desto mehr klärten sich ihm die gegenseitigen Beziehungen der seelischen Vorgänge. Er kam dazu, alles Psychische durch eine Kräftewirkung verursacht zu sehen. Jeder psychische Vorgang und jede jeweils gegebene psychische Situation ist das Ergebnis eines psychischen Kräftespiels. Diese „dynamische" Betrachtungsweise seelischer Vorgänge liegt unserer Auffassung von der Bedeutung unbewusster Regungen für das bewusste Verhalten des Individuums zu Grunde.

Uebernimmt der Fürsorgeerzieher diese Art der Auffassung psychischer Vorgänge, so sichert er sich dadurch einen Vorteil. Er erhält die Möglichkeit, hinter den psychischen Vorgängen, die eine dissoziale Aeusserung oder Handlung bedingen, noch ein Kräftespiel zu erkennen, das er vielleicht durch erzieherische Massnahmen beeinflussen kann. Ein Zustandsbild wird für den Fürsorgeerzieher erst dann von Bedeutung, wenn er weiss, durch welche Kräftewirkung es zustande gekommen ist. Es ist seine Aufgabe, die unbewussten Vorgänge, die das dissoziale Benehmen verursachen, bewusst zu machen. Ohne solche Hilfeleistung weiss der Verwahrloste so wenig wie der Neurotiker, von welchen unbewussten Inhalten sein Benehmen in der Aussenwelt determiniert ist.

Der Erzieher kommt auch zu erhöhter Menschenkenntnis und damit zu viel gründlicherem Erfassen der Zöglingsindividualitäten, wenn er die Psychoanalyse nicht vor seiner Person haltmachen, sondern auf sich selbst, sein eigenes Seelenleben wirken lässt. Wenn er auf Grund seiner eigenen Analyse seine eigenen Reaktionen beurteilen lernt, kann er dadurch die Fehlerquelle in der Beurteilung seiner Zöglinge beträchtlich herabsetzen.

Es ist zweifellos sichergestellt, dass eine Reihe von Verwahrlosungen auf neurotischer Basis entstehen. Je mehr die Verwahrlosung kombiniert auftritt, desto weniger wird man mit den bisherigen Erziehungsmitteln das Auslangen finden und desto mehr bedarf man der durch die Psychoanalyse zu erwerbenden Kenntnis der neurotischen Mechanismen. Je geringer die Beimischung von Neurose im Bild der Verwahrlosung ist, desto wichtiger ist das pädagogische Geschick des Erziehers und sein Takt in der Handhabung der Aussenweltfaktoren.

Die Behebung der Verwahrlosung als Angelegenheit der Erziehung zu reklamieren, erschiene überflüssig, wenn es nicht den Anschein hätte, als ob man in neuerer Zeit bemüht wäre, sie für eine Domäne des Arztes zu reservieren. Dem Fürsorgeerzieher wird seine erzieherische Gewissenhaftigkeit vorschreiben, einen psychoanalytisch gebildeten Arzt zu Rate zu ziehen, um Krankhaftes nicht zu übersehen, im übrigen aber wird er sich die Berechtigung nicht absprechen lassen, von der Psychoanalyse in der Fürsorgeerziehung soweit Gebrauch zu machen, als es erforderlich ist.

So hoch die Beiträge zu werten sind, die die Psychoanalyse zum Verständnis der Motive des dissozialen Benehmens geleistet hat, so dürfen wir doch nicht vergessen, dass es schon vor der Psychoanalyse manchen tüchtigen Fürsorgeerzieher gegeben hat. Erziehen-Können ist eine Kunst so wie jede andere. Und von der Fürsorgeerziehung gilt in erhöhtem Ausmasse, was von der Erziehung überhaupt gilt; je intuitiver der Erzieher den Zögling erfasst, desto Erfolgreicheres wird er leisten. Allerdings erhöht ein technisches Können, das aus dem Wissen des gesetzmässigen Ablaufes im seelischen Geschehen hervorgeht, die Leistungsfähigkeit des Erziehers. Sind dem Erzieher die durch die Psychoanalyse aufgedeckten psychischen Mechanismen nicht mehr fremd, so wird sein intuitives Erfassen des Zöglings zum bewussten sicheren Erkennen werden.

Der Erzieher überschätzt sehr häufig die Bedeutung der Psychologie in der Fürsorgeerziehung. Die Fürsorgeerziehung ist ein weit verzweigtes Gebiet, in das ausser den psychologischen viele psychiatrische, soziologische, kulturpolitische und staatswissenschaftliche Probleme verwoben sind.

EINE SYMPTOMANALYSE

Meine Damen und Herren! Wir haben bei unserem ersten Zusammensein schon so weit allgemein einführende Gesichtspunkte gewonnen, dass wir die Aufgabe der Fürsorgeerziehung andeutungsweise kennen und uns auch die Psychoanalyse nicht mehr ganz fremd ist. Wir könnten nun Voraussetzungen für unsere Arbeit zusammentragen, um erst später, gut vorbereitet, mit Untersuchungen und Überlegungen zu beginnen. Unsere Besprechungen würden sich dann in einen allgemeinen Teil, der die Grundlagen schafft, und in einen besonderen, in dem diese an Erziehungsnotständen zur Anwendung kommen, gliedern. Der Vorteil dieses Vorganges wäre ein mehrfacher: durch die vorhergehende systematische Einführung in die Psychoanalyse, — allerdings nur so weit es für unsere Zwecke erforderlich ist, — wären Sie in eine Denkrichtung eingelebt, so dass Ihnen die in der Anwendung notwendigen Schlussfolgerungen nicht mehr unerhört „weit hergeholt", oder wie sonst die aus mangelnder Sachkenntnis hervorgehenden Redewendungen lauten, erscheinen; dann brauchten wir auch nicht den Zusammenhang bei der Darstellung von Ursachen und Behebung dissozialer Erscheinungen durch theoretische Einschaltungen zu zerreissen, weil immer eine Bezugnahme auf bereits Bekanntes möglich wäre; schliesslich hätten wir damit auch einen jeden Sprung vermeidenden, lückenlos fortschreitenden, ziemlich bequemen Weg vor uns. Und doch schlage ich Ihnen einen anderen vor; vielleicht nur deswegen, weil mir selbst eine wissenschaftliche systematische Darstellung so gar nicht liegt. Ich stehe mitten in der Erziehungsarbeit und will Ihnen Hilfe für Ihre geben; da erscheinen mir theoretische Auseinandersetzungen, von denen man solange nicht weiss, wozu sie angestellt werden, nicht am Platze. Ich setze mich lieber Ihrem Widerspruche und der Gefahr aus, durch theoretische Einschaltungen den Zusammenhang loser zu machen, nehme den Vorwurf einer unwissenschaftlichen Darstellung auf mich, aber ich stelle Sie sofort ins wirkliche Leben hinein, bringe Ihnen ohne weitere Vorbereitung Erziehungsnotstände, wie sie durch die Verhältnisse geworden sind, nichts Zugerichtetes, oder eine einer Erklärung angepasste Konstruktion.

(Dass gewisse unwesentliche Einzelheiten aus gebotener Diskretion abgeändert werden müssen, ist wohl selbstverständlich.) Wir werden ja sehen, was wir uns zu jedem Falle an psychoanalytischen oder sonstigen Kenntnissen holen müssen.

Gehen wir nun in die Erziehungsberatung, — den Anstaltsbesuch heben wir uns für ein andermal auf, — nehmen aber nicht gleich den erstbesten Jungen vor, sondern wählen für die erste Einführung einen ziemlich durchsichtigen Fall aus.

Frau S. kommt mit ihrem 13 jährigen Jungen Ferdinand, beklagt sich über seine Schlechtigkeit und will ihn durchaus in eine Besserungsanstalt bringen. In Abwesenheit des Jungen macht sie ihre Angaben stellenweise zusammenhängend, dann wieder auf direktes Befragen. Ich teile Ihnen aus der Unterredung nur das heute für uns Wesentliche mit.

Am Mittwoch wollte Frau S... von der Waschküche in die Wohnung gehen, um mit Ferdinand, der ihr nicht lange vorher Seife, Soda und eine Tageszeitung dorthin gebracht hatte, das Mittagessen einzunehmen. Die Wohnung war aber versperrt, der Schlüssel von ihm bei einer Nachbarin hinterlegt worden und er selbst verschwunden. „Da er ohne jede Ursache, er wird sehr gut gehalten, schon einige Male von zu Hause fortgelaufen ist, dachte ich sofort an ein Durchgehen", sagte Frau S... und fuhr fort: „Aus meiner Geldtasche, in der etwas über 100.000 Kronen waren und die auf dem Tische im Zimmer lag, fehlte nichts. Auch das ersparte Geld meines Mannes war unberührt. Der Junge kennt den Aufbewahrungsort — die Innentasche eines alten, nicht mehr im Gebrauche stehenden Rockes im Kleiderschrank, der offen stand —. Erst später entdeckte ich, dass er 7000 Kronen aus der Lade des Küchentisches und 6000 Kronen aus der Sparkasse seiner Schwester entwendet hatte. Als Ferdinand auch abends nicht nach Hause kam, erstattete ich die Abgängigkeitsanzeige. Am Freitag nachmittags, ich kehrte gerade mit einer neuen Arbeit zurück, trat er mir in der Nähe des Wohnhauses entgegen, ganz verstockt und trotzig, aber frisch gewaschen, mit reiner Wäsche und umgezogen. Er war schon in der Wohnung gewesen. Er sprach nichts; trotz wiederholten Fragens konnte ich aus ihm nicht herausbringen, wo er gewesen war und was er mit dem Gelde angefangen hatte. Ich weiss es auch jetzt noch nicht. Ich habe nicht geschimpft mit ihm, ihn auch nicht geschlagen, aber da er gar so schlecht ist, muss er in eine Besserungsanstalt kommen."

Über ihre Familienverhältnisse spricht sie ganz offen. Sie ist seit 15 Jahren verheiratet, lebt in guter Ehe und durchaus geordneten Verhältnissen. Ihr Mann ist Werkführer in einer Maschinenfabrik, sie arbeitet für ein Stadtgeschäft Kunststickereien. Auf meine Frage, ob es nie eheliche Zwistigkeiten gebe, entgegnete sie: „Na ja, so Kleinigkeiten, wie sie eben überall vorkommen." Die Beziehungen zwischen ihr und dem Jungen scheinen recht gute zu sein. „Mich hat er sicher lieber als den Vater, der ist viel zu gut mit ihm, lässt ihm alles angehen und straft ihn fast nie. Ich ärgere mich immer darüber, aber es nützt nichts. Sage ich etwas, dann geht der Mann fort und kommt stundenlang nicht nach Hause. Mit den Kindern können wir uns nicht viel beschäftigen. Wir stehen den ganzen Tag in Arbeit, und Sonntags, Sie müssen wissen, dass mein Mann passionierter Fischer ist, da nimmt er sein Fischzeug und fährt nach Tulln. Ferdinand darf öfter mitkommen. Ich und meine Tochter, die Lina, bleiben zuhause und da wird das Notwendigste gestopft und geflickt."

Die Wohnung besteht aus Zimmer, Kabinett und Küche. Die Eltern und die Tochter schlafen im Zimmer, der Junge im Kabinett. Von Lina gibt die Mutter an, dass diese 11 Jahre alt ist, in die Bürgerschule geht, sehr gut lernt, keinen Anlass zu Klagen gibt, weil sie auch bei den häuslichen Arbeiten fleissig mithilft, und Ferdinand, wenn Streitigkeiten vorkommen, mehr nachgibt als wünschenswert ist. Frau S... schliesst ihre Mitteilungen, indem sie noch angibt, dass es mit dem Jungen vor seinem Davonlaufen zu keinerlei Auseinandersetzungen gekommen sei, dass er eine Strafe nicht zu befürchten hatte und auch nicht durch irgend etwas verängstigt gewesen sein könne. Sein Weggehen ist der Mutter unerklärlich, da auch eine Verleitung durch Freunde nicht in Frage kommt; er verkehrt nur mit einem einzigen Jungen aus sehr anständiger Familie und ist fast nie auf der Gasse.

Zu den Angaben der Frau S... trage ich noch nach: Vater und Mutter sind gesund, weder in seiner noch in ihrer Familie sind Trinker oder Geistes-Kranke, bei keinem Verwandten ist ein Zug zum Vagantentum oder zur Kriminalität bemerkbar. Die Entwicklung Ferdinands war eine vollständig normale, er hatte in der Kindheit weder Krämpfe noch Fraisen und zeigt auch jetzt keinerlei Äusserungen, die auf einen Dämmerzustand oder eine psychische Erkrankung schliessen lassen.

Als von der Mutter nichts mehr zur Aufhellung der dissozialen Äusserungen Ferdinands Erforderliches zu erfragen war, versuchte ich durch eine abgesonderte Befragung des Jungen weitere Einzelheiten über seine Handlungsweise aufzudecken. Die Mutter wurde gebeten, das Ergebnis abzuwarten, um ihr die erforderlichen Massnahmen bekanntgeben zu können.

Der erste Eindruck von Ferdinand ist ein recht sympathischer. Nicht die Spur der typischen Erscheinung des Verwahrlosten; im Gegenteil, das

Aussehen eines gut gehaltenen, gepflegten, wohlerzogenen Kindes aus bürgerlicher Familie. Hochaufgeschossen, dabei nicht schwächlich, zeigt er ein heiteres Lächeln im kindlich weichen, ovalen Gesicht. Die brünetten Haare sind gescheitelt, Antlitz und Hände nicht nur gewaschen, sondern gescheuert. Besonders stark betont ist das „ grosse Kind" durch linkische, verlegene Bewegungen und durch seine Gewandung: frischgewaschenes weisses Matrosengewand mit langer Hose und in Neuheit glänzende Sandalen.

Nach der üblichen Begrüssung und einigen einleitenden Fragen, deren Art wir besprechen werden, wenn wir uns mit der Herstellung der Gefühlsbeziehung zwischen Zögling und Erzieher beschäftigen, setzen Ferdinand und ich uns an den im Sprechzimmer stehenden Tisch und es entwickelt sich ein Gespräch, das ich Ihnen, soweit es für uns heute in Frage kommt, teils nur inhaltlich, teils in Rede und Gegenrede mitteilen will. Vorher bemerke ich aber noch, dass die Aussprachen in der Erziehungsberatung sowohl mit den Eltern als auch mit den Minderjährigen unter vier Augen stattzufinden haben. Es ist schon der Sache nicht dienlich, wenn ab und zu der eine oder andere zuhört, untunlich aber, wenn es zur Regel gemacht wird, dass Eltern und Kinder einem Auditorium vorgeführt werden.

Ferdinand schildert die gegenseitigen Beziehungen seiner Eltern im Gegensatze zur Mutter so, dass daraus ziemliche Disharmonie zu entnehmen ist. Vater und Mutter verstehen einander nicht sehr gut. Wenn die Mutter böse ist und es zu Zank kommt, geht der Vater fort. Er bleibt dann stundenlang weg und die Mutter ärgert sich. Am Samstag vor acht Tagen hatte es wieder einmal eine Auseinandersetzung gegeben; der Vater fuhr mit seinem Fischzeug nach Tulln und kam nicht wie gewöhnlich, sondern erst am Sonntag spät nachts zurück. Darüber ängstigte sich die Mutter sehr, weil sie einen Unfall befürchtete. Ferdinands Stellung zu den Eltern ist „ambivalent", schwankt zwischen Zuneigung und Ablehnung. Ist die Mutter zu strenge, so geht er zum Vater, nimmt dieser ihn nicht nach Tulln mit, beklagt er sich bei jener; die Mutter liebt er mehr, dem Vater gibt er recht, dass er sich unangenehmen Auseinandersetzungen durch Entfernen entzieht. Die Schwester ist nicht sehr zärtlich zu ihm; er muss sich oft über sie ärgern. Sie wird manchmal von der Mutter bevorzugt. Am Dienstag abend, vor seinem Weggehen, gab ihr die Mutter 6000 Kronen in die Sparkasse, damit sie sie für Schuhdoppeln spare, er erhielt nichts, obwohl er neue Schuhe notwendiger brauchte. Die Mutter wollte das nicht einsehen, als er sich darüber aufregte.

Von der Schule bringt die Schwester bessere Noten nach Hause als er. Vom Schulgehen ist er überhaupt kein Freund; er wäre schon lieber nicht mehr dort und möchte Mechaniker werden. Viel Umgang mit Kameraden hat er nicht. Einen Jungen gleichen Alters liebt er sehr. Auf der Gasse mag er nicht sein, ausser mit seinem Freunde, der ihn ab und zu zum Spazierengehen abholt. Manchmal besucht er mit ihm auch das Kino. Er zieht Stücke vor, die durch die ganze Welt führen, liest auch gerne Reiseberichte und wird Mechaniker nur, weil die Eltern ihn nicht zur See gehen lassen.

Über sein Davonlaufen entwickelt sich mit ihm ein Gespräch, das ich Ihnen, soweit es zur Aufhellung der Dissozialität erforderlich ist, wörtlich wiedergebe. Wesentliche Erinnerungsfälschungen können nicht unterlaufen sein, da ich es gleich nach seinem Weggehen stenographisch fixierte.

„Wann bist Du von zu Hause durchgegangen?" — „Am Mittwoch."
„Wann bist Du weggelaufen, in der Früh, mittags, nachmittags oder am Abend?" — „Ich weiss nicht genau, wie spät es war, aber gegen Mittag, noch vor dem Essen."
„Bist Du von zu Hause oder von der Strasse weggelaufen?" — „Ich war in der Wohnung und bin von dort weg."
„War ausser Dir noch jemand in der Wohnung?" — „Nein! Ich war allein."
„Wo waren die anderen?" — „Die Mutter war in der Waschküche, der Vater in der Fabrik und die Schwester in der Schule."
„Erinnerst Du Dich, ob vorher etwas los war? Hast Du Dich gefürchtet, Angst gehabt oder vielleicht geärgert?" — „Nein!"
„Vielleicht war am Dienstag abends etwas?" — „Nein!"
„Was hast Du Dienstag abends gemacht?" — „Ich war einkaufen. Meine Mutter hat mir fünfzigtausend Kronen gegeben... Ich habe dreizehntausend Kronen zurückgebracht... Die hat die Mutter in der Küche in die Tischlade gelegt."
„Denk einmal nach, ob die Mutter oder der Vater am Dienstag abends oder am Mittwoch auf Dich böse waren?" — „Nein!"
„War mit dem Vater irgend etwas?" — „Nein!"
„Mit der Schwester?" — „Nein! Ja schon... Ich habe mich geärgert über sie, weil sie sich früher ihre Schuhe doppeln lassen kann, als ich neue kriege."
„Wieso?" — „Die Mutter hat ihr sechstausend Kronen geschenkt und die Lina hat sie in ihre Sparkasse gegeben."
„Warum?" — „Das weiss ich nicht. Die Mutter hat sie von der Küchenlade herausgenommen."
„Hast Du Dir schon am Dienstag abends gedacht, dass Du davonlaufen wirst?" — „Nein!"
„Wann denn?" — „Erst am Mittwoch und dann bin ich gleich fort."
„Was hast Du vorher gemacht?" — „Ich habe der Mutter Soda, Seife und eine Zeitung in die Waschküche gebracht. Dann bin ich in die Wohnung gegangen."
„Hast Du in die Zeitung hineingeschaut?" — „Ja!"
„Was hast Du gelesen?" — „Dass die Marchart auf der Rax verschwunden ist."
„Wie Du der Mutter die Sachen in die Waschküche gebracht hast, war da irgend etwas los?" — „Die Mutter war grantig wegen der Briefmarken."
„Wegen welcher Briefmarken?" — „Meinem Freunde sind Briefmarken weggekommen und sie glauben, dass sie sie habe."
„Wer sind die ‚sie'?" — „Alle, aber auch die Mutter."
„Hast Du Dich über die Mutter geärgert?" — „Freilich, ich habe mir gedacht: das ist mir schon zu dumm."

20

„Du bist von der Waschküche in die Wohnung gegangen, was hast Du dort gemacht?" — „Ich habe mir ein Schmalzbrot aufgestrichen und gegessen."

„Bist Du dabei im Zimmer oder in der Küche gewesen?" — „Ich habe im Zimmer beim Fenster hinunter geschaut."

„Ist Dir auf der Gasse etwas aufgefallen?" — „Ich hab' ja in den Hof hinunter geschaut. Da ist ein Hund unten gewesen und dem hab' ich von meinem Schmalzbrot etwas hinuntergeworfen."

„Zeige mir, wie Du beim Fenster gestanden bist!"

(Der Junge lehnt sich daraufhin an die Platte des Tisches, an dem wir bisher beisammen gesessen sind. Ich lasse ihn in der Folge, um das Erinnern zu erleichtern, in dieser Stellung.)

„Was war, nachdem Du dem Hunde von Deinem Schmalzbrote hinuntergeworfen hast?" — „Dann bin ich durchgegangen."

„Halt! Nicht so rasch! Du bist am Fensterbrett gelehnt ... hast Dein Schmalzbrot gegessen... dem Hunde davon hinuntergeworfen... denk einmal nach, ob Du Dich erinnerst, warum Du auf einmal durchgegangen bist:" — „Nein!"

„Ist Dir der Gedanke während des Essens gekommen?" — „Ich war schon fertig und habe mir gedacht, ich fahre nach Tulln."

„Warum gerade nach Tulln?" — „Weil ich in den Wald gehen wollte."

„Gibt es denn nur in Tulln einen Wald?" — „Nein! Aber ich wollte der Mutter Kirschen bringen."

„Warum gerade von Tulln?" — „Weil der Vater dort Kirschenbäume gekauft hat."

„Woher weisst Du das?" — „Weil ich mit war. Ich bin schon oft mit meinem Vater in Tulln gewesen, wenn er fischen gegangen ist."

„Also, Du hast Dir gedacht nach Tulln zu fahren, um der Mutter Kirschen zu bringen, was war dann?" — „Auf dem Fensterbrett sind auch Kirschenkerne gelegen. Dann bin ich in die Küche gegangen und habe mir vier Schmalzbrote aufgestrichen."

„Was hast Du noch gemacht?" — „Von der Mutter die dreizehntausend Kronen und eine Tasche genommen."

„Wo hast Du das Geld weggenommen?" — „Aus der Lade in der Küche."

„Stimmt das?" — „Ja!"

„Denk einmal nach!" — „Ich habe nur siebentausend Kronen aus der Tischlade genommen. Es war nicht mehr drin."

„Woher hast Du die sechstausend Kronen?" — „Von der Lina ihrer Sparkasse."

„Wo war die Sparkasse?" — „In der Kredenz im Zimmer."

„War die zugesperrt?" — „Ja, aber der Schlüssel war in der Mutter ihrer Geldtasche."

„Wo war die Geldtasche?" — „Auf dem Tisch im Zimmer."

„War da auch Geld darin?" — „Ja!"

„Wieviel?" — „Das weiss ich nicht."

„Hast Du alles Geld aus der Sparkasse der Schwester genommen oder noch etwas übrig gelassen?" — „Ich habe nicht alles genommen."

„Warum nicht?" — „Ich habe nicht mehr gebraucht für die Fahrt."

„Was kostet die Fahrt?" — „Sechstausend Kronen."

„Dann hast Du doch nicht dreizehntausend gebraucht." — „Ich habe ja auch zurückfahren müssen."

„War in der Wohnung noch anderswo Geld?" — „Ja! Im Kasten. Da hat der Vater einen alten Rock hängen. In einer alten Brieftasche hat er da sein Geld."

„War dieser Kasten auch zugesperrt?" — „Ja, aber der Schlüssel ist gesteckt."

„Hast Du auch eine Sparkasse?" — „Ja!"

„Wieviel Geld hast Du erspart?" — „Gegen achttausend Kronen."

„Warum hast du nicht das Geld von Dir genommen?" — „Das wollte ich mir sparen."

„Warum hast Du gerade das Geld von der Schwester genommen?" — „. . . . ."

„Willst Du mir das nicht sagen?" — „. . . . ."

„Du hast das Geld aus der Sparkasse der Schwester genommen, was war dann?" — „Ich habe die Schmalzbrote in die Tasche gegeben und die Wohnung zugesperrt."

„Hast Du die Wohnungsschlüssel mitgenommen?" — „Nein, die habe ich zu einer Nachbarin gegeben. Und dann bin ich fortgegangen."

„Hast Du nicht Angst gehabt, dass Dich die Mutter auf der Stiege treffen könnte?" — „Nein! Sie hat mir gesagt, dass sie sich recht tummeln muss, damit sie noch vor dem Essen fertig wird."

„Was hätte sie denn dann gemacht?" — „Das weiss ich nicht. Ich hätte das Essen wärmen sollen."

„Hast Du das gemacht?" — „Nein!"

„Wohin bist Du von der Wohnung gegangen?" — „Auf den Franz-Josefs-Bahnhof."

„Zu Fuss oder mit der Strassenbahn?" — „Zu Fuss und dann habe ich zwei Stunden warten müssen."

„Was hast Du auf dem Bahnhof gemacht?" — „Ich bin gesessen und habe ein Schmalzbrot gegessen."

„Hat der Vater auch immer etwas mitgenommen, wenn ihr zusammen nach Tulln gefahren seid?" — „Ja, und das habe ich tragen müssen."

„Hast Du auf dem Bahnhof Angst gehabt, dass man Dich erwischen wird?" — „Nein! Es kommt ja niemand von uns hin."

„Hast Du gewusst, wo Du aussteigen musst?" — „Ja, ich kenne den Bahnhof sehr gut."

„Was hast Du gemacht, wie Du in Tulln ausgestiegen bist?" — „Nichts."

„Bist Du auf dem Bahnhof geblieben?" — „Nein, ich bin gleich in den Wald gegangen."

„Dann hast Du ja doch etwas gemacht!" — „Das schon, aber ich habe geglaubt, ob ich etwas angestellt hab'."

„Was hast Du im Wald gemacht?" — „Ich bin zu den Kirschenbäumen gegangen."

„Hast Du Kirschen gepflückt?" — „Die waren ja noch nicht reif und da hab' ich Angst vor zu Hause bekommen."

„Was hast Du dann gemacht?" — „Ich bin im Walde herumgegangen."

„Warum?" — „Weil ich mir Erdbeeren gesucht habe. Es waren auch noch andere Kirschenbäume da. Die haben reife Kirschen gehabt. Ich habe mir genommen und gegessen."

„Hast Du auch für die Mutter von diesen Kirschbäumen genommen?" — „Nein!"

„Wie lange bist Du im Walde geblieben?" — „Bis es ganz finster war. Es hat auch angefangen zu regnen."

„Wohin bist Du am Abend gegangen?" — „Ich hab' in einem Stadel (Scheune) übernachtet."

Ferdinand beschreibt nun die Situation seines Nachtlagers näher, auch wie vorsichtig er am Abend sein musste, damit die Bauersleute ihn nicht bemerkten. Er erzählt von seiner gedrückten Stimmung, als er so allein hoch oben im Heu schlafen sollte, zuerst sich ängstigte, dass er am Morgen nicht rechtzeitig erwachen und vom Bauern könnte erwischt werden, dann überhaupt nicht einschlafen konnte und als der Tag kaum zu grauen begann, sich davonmachte. Obwohl es tagsüber fortgesetzt, wenn auch leicht regnete, blieb er, um nicht gesehen zu werden, im Walde. Viel Gedanken über zu Hause machte er sich nicht. Seine einzige Sorge war nur, ob es ihm wieder möglich sein werde, in derselben Scheune zu übernachten. Er wartete den Eintritt der Dunkelheit ab, schlich sich zur Scheune vom Tage vorher und kam wieder unbemerkt auf sein Heulager. Diesmal verbrachte er eine sehr gute Nacht und erwachte erst, als es schon heller Tag war. Er musste zuwarten, bis der Bauer das Haus verlassen hatte und lief dann schleunigst in den Wald zurück. Vom restlichen Fahrgeld hatte er für andere Zwecke nichts verwendet, sondern es für die Rückreise aufgespart, gelebt von Erdbeeren, Kirschen und seinen drei Schmalzbroten. Das letzte ass er am Freitag früh, als es schon ganz hart geworden war. Nach Hause trieb ihn der Hunger. Er fuhr ohne besondere Gewissensbisse nach Wien. Erst beim Haustor erfasste ihn wieder grosse Angst, die er aber überwand. In der Wohnung traf er die Mutter nicht an, sondern nur die Schwester, die ihm mitteilte, dass die Eltern über sein Davonlaufen sehr böse seien, und die Mutter gleich vom Geschäft zurückkommen werde. Ferdinand wusch sich gründlich, zog frische Wäsche, auch andere Kleider an und ging der Mutter entgegen. Auf der Strasse traf er sie. Sie machte ihm nicht viele Vorwürfe, schlug ihn auch nicht, sagte ihm aber, weil er ein so schlechter Kerl sei, müsse er in eine Besserungsanstalt.

In einer nochmaligen kurzen Rücksprache mit der Mutter liess sich die Richtigkeit der Angaben Ferdinands feststellen. Ihr erschien der Diebstahl und die Fahrt nach Tulln sehr entschuldbar, als sie hörte, wie der Junge diese begründete. Sie konnte sich nur nicht erklären, warum er ihr das nicht selbst gesagt hatte.

Ob die Sache wirklich so einfach liegt, wie Frau S... meint? Dazu müssen wir uns die Diebstahlshandlung des Jungen und sein Durchgehen, sagen wir besser sein Nichtnachhausezurückkehren doch noch näher ansehen. Schon ein ganz oberflächliches Eingehen lässt ganz deutlich zwei getrennte Abschnitte, die aus wesentlich verschiedenen psychischen Situationen kommen, erkennen. Der Junge selbst gibt uns an, wo die eine endet und die andere beginnt: vor den Kirschbäumen, als er sah, dass die Kirschen noch nicht reif waren. „Die Kirschen waren noch nicht reif und da habe ich Angst vor zu Hause bekommen.” Lassen wir den zweiten Teil heute unberücksichtigt und kehren wir zum Ausgangspunkte zurück. Ich meine, dass wir für die anzustellenden Überlegungen von vornherein Verschiedenes, das als Ursache dieser dissozialen Äusserungen in Betracht kommen könnte, ausschliessen dürfen. Krankhaftes liegt nicht vor, auch kein angeborenes Vagantentum, kein Wandertrieb, kein Dämmerzustand. Es fehlen auch jedwede Anhaltspunkte, sie auf Furcht vor Strafe zurückzuführen oder als Angstreaktion zu erklären.

Eines steht fest: er selbst begründet sie uns mit der Absicht, der Mutter Kirschen zu bringen.

Gehen wir an die Erörterung dieses Falles vorläufig ohne jedwede psychoanalytische Überlegung.

Zunächst, der Junge ist nicht einwandfrei, somit erscheint seinen Angaben gegenüber Vorsicht geboten. Wir wissen noch nicht, hat er die Wahrheit gesprochen, oder mich angelogen. Ich möchte Ihnen bei dieser Gelegenheit überhaupt empfehlen, Mitteilungen Verwahrloster ohne eingehende Nachprüfung nicht ohne weiteres als stichhaltig anzunehmen. Wir werden gewöhnlich mehr angelogen als uns lieb ist, haben es, wie die Psychoanalyse sagen würde, nicht nur mit unbewussten, sondern recht häufig mit sehr deutlich bewussten „Widerständen" zu tun. Weil wir das wissen, regen wie uns darüber nicht auf, sondern rechnen mit dieser Tatsache und richten uns darauf ein, aber ohne uns etwas anmerken zu lassen. Ertappen wir den Dissozialen während einer Aussprache bei einer Lüge, so beschämen wir ihn nicht. Wir werden Redewendungen wie: „Du hast gelogen", „Du musst bei der Wahrheit bleiben", „lüge nicht", oder „lügen darf man nicht" vermeiden. Es ist viel zweckmässiger, sich so zu benehmen, als ob eine nicht beabsichtigte Erinnerungsfälschung vorläge. Das erreichen wir beispielsweise durch die Frage: „Stimmt das, was Du jetzt gesagt hast?" oder durch die Aufforderung: „Denk' einmal nach!", „Lass Dir Zeit, wiederhole mir das nochmals!" usw.

Wie steht es mit Ferdinand? Hat er wirklich der Mutter von Tulln Kirschen bringen wollen, oder gebraucht er dies vor mir nur als Ausrede und das Motiv zu seinen dissozialen Äusserungen ist anderswo zu suchen? Wir werden es mit absoluter Sicherheit nicht feststellen können, sondern uns mit einer grösseren oder geringeren Wahrscheinlichkeit, zu der wir aus seinem sonstigen Verhalten kommen, begnügen müssen.

Ob er mich angelogen hat? Möglicherweise! Er hat der Mutter bisher nichts eingestanden, weiss, dass er von ihr zu mir gebracht worden ist, um durch mich in eine Besserungsanstalt zu kommen. Die Entscheidung hängt daher von dem Eindruck ab, den er auf mich macht. „Operiere ich geschickt", so könnte sich der Junge gedacht haben, „dann komme ich glatt aus dieser unangenehmen Geschichte heraus." Wenn er sein Benehmen auf diese Überlegung aufgebaut hat, dann kannte er seine Mutter genau. Sie haben ja gehört, wie rasch diese ihren Standpunkt änderte, als sie hörte, dass Ferdinands Tat sich durch ein zärtliches Motiv erklären liesse. Berechtigt uns auch das sonstige Verhalten des Jungen zu der Annahme, dass es so hätte gewesen sein können? Ja! Denn er hat zuerst angegeben, nach Tulln in den Wald fahren zu wollen, und kam erst später auf die Kirschbäume. Erinnern Sie an diese Stelle der Unterredung mit ihm? Nach längerem Herumtasten, wann in ihm die Absicht nach Tulln zu fahren aufgetaucht sei, lautete unser Gespräch folgendermassen: „Ist Dir der Gedanke (nach Tulln zu fahren) während des Essens gekommen?", — „Ich war schon fertig und hab' mir gedacht, ich fahre nach Tulln." —

„Warum gerade nach Tulln?" — „We i l i c h i n d e n W a l d g e h e n
w o l l t e." — Erst auf die Frage: — „Gibt es denn nur in Tulln einen
Wald?" — fällt ihm ein: — „N e i n ! a b e r i c h w o l l t e d e r
M u t t e r K i r s c h e n b r i n g e n." — „Warum gerade von Tulln"?
— „W e i l d e r V a t e r d o r t K i r s c h b ä u m e g e k a u f t h a t."
Prüfen wir nun ohne Voreingenommenheit, ob auch die Annahme
möglich wäre, dass er die Wahrheit gesprochen hat. Die Wahrscheinlichkeit
wird eine sehr grosse, wenn wir seine Angaben mit denen der Mutter, die
sicher nicht im Einverständnis mit ihm spricht, vergleichen. Was nach-
prüfbar ist, stimmt, abgesehen von den verschiedenen Gesichtswinkeln
beider, vollständig überein. Einen Zug von Aufrichtigkeit verrät auch
seine Mitteilung über den Kirschendiebstahl in Tulln von fremden Bäumen,
die er ohne Aufforderung und auch ohne besondere Nötigung macht,
obwohl er wissen konnte, dass das für ihn nicht sehr vorteilhaft sei. Dazu
kommt noch, dass er wirklich eine Tasche zur Unterbringung der Kirschen
mitnimmt, von dem leicht erreichbaren Geld nicht mehr entwendet, als
die Fahrtauslagen ausmachen, nichts für sich verbraucht, sondern den Rest
für die Rückfahrt aufspart und von Angst erfasst wird, als er in Tulln wegen
Unreife der Kirschen seine Absicht nicht ausführen kann: „Die Kirschen
waren noch nicht reif und da hab' ich Angst vor zu Hause bekommen."
Geben wir noch den Eindruck, den die ganze Unterredung mit ihm machte,
dazu, so können wir die Behauptung, dass er mich anlügen wollte, nicht
aufrecht erhalten.

Und doch befriedigt uns die Annahme, dass er die Wahrheit gesprochen
hat, auch nicht. Es war doch gar kein Anlass vorhanden, besonders liebevoll
an die Mutter zu denken. Im Gegenteil: am Abend vorher der Ärger über
sie, dass die Schwester früher als er Schuhe bekommen werde, unmittelbar
vor dem Davonlaufen der Groll wegen der Briefmarken: „Ich hab' mir
gedacht, das ist mir schon zu dumm."

Aber vielleicht ist er das gute Kind, war über den Ärger hinweggekom-
men, vom Essen des Schmalzbrotes satt geworden, die in der Waschküche
arbeitende Mutter, die nichts hatte, wurde von ihm bemitleidet: das
Kirschenholen war eine Versöhnungshandlung. Diese Überlegung wäre
ohneweiters zulässig, wenn nicht etwas anderes sie ausschlösse. Er entwendete der Mutter und aus der Sparkasse der Schwester Geld, Handlungen
in ganz entgegengesetztem Sinne. Wäre es ihm wirklich nur darum zu tun
gewesen, der Mutter Kirschen zu bringen, so hätte er es doch viel einfacher
machen können: sie von seinen Ersparnissen beim nächsten Greisler
kaufen. Es wäre auch nicht notwendig gewesen, unverrichteter Sache

nach Hause zu kommen; so wie er für sich von fremden Kirschbäumen gepflückt hatte, hätte er auch die Tasche für die Mutter füllen können.

Also hat er doch gelogen? Wir sind noch nicht genötigt, das anzunehmen. Vielleicht war seine eigene Naschhaftigkeit, ohne dass er es wusste, die Ursache. Das heisst, sein Brot war aufgegessen, er wollte noch etwas haben, sah die Kirschkerne auf dem Fensterbrett liegen und nun tauchte aus irgend einer von unserer Fragestellung noch nicht aufgedeckten Ursache die Vorstellung auf, der Mutter Kirschen zu bringen. Die Lust, diese selbst zu essen, kleidete sich in die Vorstellung, der Mutter welche zu bringen. Sein Diebstahl wird ihm zur sozial entschuldbaren Handlung, wenn er von dem Gelde für sich selbst nichts verwendet. Von den mitgebrachten Kirschen bekommt er doch auch, ohne an sich denken zu müssen.

Aber wenn seine Naschlust so gross war, dass sie zum Diebstahl führte, dann vertrug ihre Befriedigung nicht einen stundenlangen Aufschub, wie er durch das Warten auf dem Bahnhofe und die Fahrt nach Tulln bedingt war. Er hätte ihr früher nachgegeben und irgendwo Einkäufe gemacht. Es wäre ihm auch ein Leichtes gewesen, mehr Geld mitzunehmen, um vorhandene Gelüste zu befriedigen. Er hat auch, wie wir wissen, zwei Tage von Waldfrüchten, Erdbeeren und seinen drei Schmalzbroten gelebt: „Wie ich das letzte gegessen habe, war es schon ganz hart," weder von seinem noch vorhandenen Geld etwas für Lebensmittel ausgegeben noch anderswo gestohlen. Die Hemmungen, deren Fehlen uns in anderen Fällen den Diebstahl aus dem Fresstriebe heraus erklären lassen, waren bei ihm vorhanden.

Dass ich von Ferdinand angelogen worden war, lässt sich nicht gut sagen. Dass er die Wahrheit gesprochen hätte, will uns nach dem jetzt dagegen Gehörten auch nicht mehr richtig erscheinen. Gefühlsmässig würden wir am liebsten ein Kompromiss eingehen, halb auf halb: er hat die Unwahrheit gesprochen, ist aber vom Gegenteil überzeugt. Gibt es so etwas überhaupt und lässt sich auf einer derart unsicheren Voraussetzung eine Untersuchung aufbauen? Die Unsicherheit vergrösserte sich noch, wenn ich eine bisher absichtlich unterlassene Erörterung andeute: warum der Junge das Geld aus der Sparkasse der Schwester entwendete und weder von seinen, noch von den leicht erreichbaren Ersparnissen des Vaters, noch von der Geldtasche der Mutter nahm.

Ich bin der Meinung, dass wir in unseren Überlegungen nun an einer Stelle angelangt sind, von der wir nicht mehr recht weiter können. Vielleicht fallen Ihnen noch andere Möglichkeiten ein, die für das Tun des Jungen in Betracht zu kommen scheinen, möglicherweise werden Sie aber ungeduldig und fragen, wozu ein so Langes und Breites, weil einer gestohlen hat und von zu Hause fortgelaufen ist? Darauf müsste ich Ihnen entgegnen: da wir uns einmal die Untersuchung dieser dissozialen Äusserung zur Aufgabe gestellt haben, können wir unmöglich abbrechen, wenn wir noch so unbefriedigt sind.

Es scheint, dass wir ohne Psychoanalyse nicht auslangen. Ich schlage Ihnen daher Hilfe vor, die von dort zu bekommen ist.

Diebstahl und Fahrt nach Tulln als Zufallshandlungen aufzufassen, ist schon ausgeschlossen, sobald wir unsere Untersuchung unter psychoanalytischen Gesichtspunkten weiterführen. Die Zuneigung Ferdinands zur Mutter, oder seine eigene Naschhaftigkeit scheinen auch nicht die Ursache zu sein. Wo ist also das Motiv zu suchen? Wir haben uns bisher mit einer einzigen Äusserung des Jungen beschäftigt. Nehmen wir, wenn uns diese nicht weiter führt, eine andere vor.

Als er der Mutter Seife, Soda und eine Zeitung in die Waschküche gebracht hatte, machte diese eine Bemerkung über die dem Freunde weggekommenen Briefmarken; er war sehr verärgert, dass der Verdacht auf ihn fiel und dachte sich: „Das ist mir schon zu dumm!" In gut wienerischer, dem Jungen nicht unbekannter Ausdrucksweise würde dasselbe so lauten: „Habt's mi gern, i geh'!" Womit eine auf das Weggehen gerichtete Tendenz ausgedrückt wird. Woher diese? Ferdinand hat sich am Abend vorher, weil die Schwester Geld für Schuhe bekam, und nochmals in der Waschküche über die Mutter geärgert. Er befindet sich in einer durch diese verursachten unangenehmen Situation, zu deren Erledigung es ihn treibt. Ein Impuls davonzulaufen wäre daher möglich. Dieser erklärt uns aber nicht, warum er den Diebstahl beging, nur Mutter und Schwester Geld wegnahm, gerade nach Tulln fuhr und angibt, die Absicht gehabt zu haben, der Mutter Kirschen zu bringen. Lassen wir uns dadurch nicht beirren, ja, gehen wir sogar noch einen Schritt weiter und entschliessen wir uns zuzugeben, dass Ferdinand über die Absichten oder Tendenzen seines Handelns im Unklaren sein könne, diese gar nicht wisse. Wir bewegen uns dann in der Ihnen vorgeschlagenen psychoanalytischen Denkrichtung und dürfen erwarten, dass wir zu uns befriedigenden Aufklärungen kommen werden.

Wenn Ferdinand die Determinanten für sein Tun nicht weiss, dann sind sie in seinem Bewusstsein nicht auffindbar; wir können sie von ihm nicht erfragen, aber nicht, weil er sie uns nicht sagen will, sondern weil er selbst sie nicht kennt; sie sind ihm nicht bewusst, müssen im Unbewussten gesucht werden.

Wir haben schon von der dynamischen Betrachtungsweise gesprochen, das heisst von der Möglichkeit, psychische Vorgänge als Wirkungen psychischer Kräfte aufzufassen. Ferdinands Fahrt nach Tulln mit allen ihren Begleitumständen wäre dann auch das Ergebnis solcher. In kurzer Ausdrucksweise: irgend ein psychischer Antrieb muss da sein. Ob nun eine einzelne Kraft ihn bedingt, oder ob mehrere sich zu einer Resultierenden vereinigen müssen und welche, ehe er zustande kommt, wissen wir noch nicht. Wir behaupten nur, dass er unbewusst ist und setzen folgerichtig fort, dass ein zweiter Antrieb vorhanden sein muss, der das Bewusstwerden des ersten verhindert. Die Klarstellung der dissozialen Handlung läuft daher letzten Endes auf die Aufdeckung dieses psychischen Kräftespieles hinaus. Wir können uns dieser Aufgabe erst unterziehen, bis wir etwas mehr von den ihn bedingenden psychischen Vorgängen wissen. Wir brechen daher vorläufig die Besprechung der besonderen Angelegenheit ab und wenden uns mehr allgemeineren Betrachtungen psychischer Vorgänge zu.

Da wir uns zum erstenmal mit einem schwierigeren Problem der Psychoanalyse beschäftigen, mache ich Sie aufmerksam, dass Sie im Verlaufe meiner Vorträge nie erschöpfende Ausführungen erwarten dürfen. Sie werden sich immer mit der Mitteilung von Einzelheiten, die gerade ausreichen, das zu beleuchten, worauf es im gegebenen Falle ankommt, begnügen müssen; und noch etwas wollen Sie zur Kenntnis nehmen. Wenn wir die zu uns gebrachten verwahrlosten Kinder und Jugendlichen sprechen lassen und mit ihnen reden, so ist das keine psychoanalytische Behandlung. Wir ziehen aus ihren Mitteilungen und sonstigen Äusserungen Schlüsse, denen wir dann unseren Erziehungsvorgang anpassen. Sie wissen schon, dass wir in der Psychoanalyse Hilfen suchen, wie sonst in der Psychologie; die Psychoanalyse ist ein Heilverfahren, das hier ebensowenig zur Besprechung kommen wird, als Sie durch mich zum Psychoanalytiker ausgebildet werden.

Kehren wir nach dieser kurzen Einschaltung zu unserem Thema zurück. Wir wollen uns ein wenig über die unbewussten Vorgänge orientieren. Was uns berechtigt, das Vorhandensein eines Unbewussten anzunehmen, habe ich Ihnen im einleitenden Vortrag mit Freuds Worten mitgeteilt. Wir haben uns das Unbewusste nicht als Hilfsmittel zur Erklärung seelischer Vorgänge vorzustellen, sondern als wirklich vorhanden, ebenso wie das Bewusstsein, und können dann verstehen, dass es auch seine besondere Bedeutung und seine bestimmten Funktionen hat. Wenn wir an das Bewusste und das Unbewusste denken, dürfen wir aber nicht meinen, dass es irgendwo in uns zwei voneinander getrennte Fächer gibt, die so benannt werden; die seelischen Vorgänge als solche scheiden sich im allgemeinen in zwei Zustandsphasen und diese werden unterschieden, je nachdem man von ihnen weiss oder nicht. Im Unbewussten ist mancherlei eingebettet und es hat verschiedene Aufgaben zu erfüllen. Von ihm gehen beispielsweise die Trieb- und Wunschregungen aus, auch unsere Gefühlsbeziehungen zu den Personen und Dingen der Umgebung. Was wir die Zuneigung zum anderen nennen, ist im Unbewussten viel früher da, als wir uns im Bewusstsein darüber Rechenschaft geben. Wenn wir die Reaktionen des neugeborenen Kindes auf seine organischen Bedürfnisse und die von aussen kommenden Eindrücke beobachten, so wird uns verständlich, dass Freud die unbewussten seelischen Vorgänge als die ursprünglichen erkannt hat; denn von bewussten ist wirklich nicht viel zu sehen. Erst im Heranwachsen wird dem Kinde sein eigener Körper deutlich, kommt es zu bewussten Körperempfindungen, wird ihm das durch die Sinnesorgane Aufgenommene auffällig und baut sich aus dem Unbewussten und über dem Unbewussten das Bewusstsein auf. Jenes verschwindet aber nicht, wird nur teilweise eingeschränkt, bleibt in manchen Belangen bestehen und auch beim reifen Menschen mächtig. Es gibt auch im Erwachsenen noch genug dem Unbewussten angehörende psychische Abläufe.

Was wir gewohnt sind, beim Kinde den Nachahmungstrieb zu nennen, ist auch eine Funktion des Unbewussten. Ohne dass das Kind davon weiss, entstehen in ihm zärtliche Beziehungen zu den Eltern. Dadurch gefällt ihm Vieles, was diese tun und einzelne ihrer Züge macht es sich zu eigen. Wir sagen: es identifiziert sich mit ihnen. Nachahmen ist dann, in der Identifizierung das tun, was die anderen machen. Wenn das kleine Mädchen mit der Puppe so spielt, wie es die Mutter mit dem kleinen Geschwisterchen tun sieht, mit seinem Kochgeschirr die Kochtätigkeit der Mutter ausführt, so ist das eine Identifizierung mit der Mutter. Wenn der kleine Junge den Hut des Vaters aufsetzt, dessen Stock nimmt und gravitätisch durch das Zimmer spaziert, abends sich nicht zu Bett bringen lassen will, weil der Vater auch noch nicht schlafen geht, so identifiziert er sich mit seinem Vater. Solchen Identifizierungen begegnen wir auf Schritt und Tritt, wenn wir das Verhalten der Kinder genauer beachten. Sie identifizieren sich aber nicht nur mit Personen, sondern auch mit Tieren und manchmal mit leblosen Objekten; so werden beispielsweise auch Spielgeräte in den Kreis der Objekte einbezogen, die Züge zur Identifizierung liefern.

Warum ich mich jetzt gerade mit der im Kinde gegebenen Identifizierungstendenz beschäftige? Weil uns dieser allgemeine Zug Ferdinands Tun zwar noch nicht erklärt, aber doch schon zeigt, auf welchem Wege er eine Konfliktssituation mit der Mutter erledigt. Auch der Vater geht und bleibt eine Zeitlang weg, wenn ihm Auseinandersetzungen mit der Mutter sehr unangenehm werden. Identifiziert er sich mit ihm, macht er es also wie dieser, so entgeht er inneren und äusseren Bedrängnissen. Fährt er nach Tulln und bleibt er dort, so wiederholt er nur, was der Vater erst am vergangenen Sonntag ausgeführt hat.

Dazu kommt noch, dass er der Mutter Aufregung verursacht, wie sie ihm. In der Zeitung hat er kurz vorher vom Verschwinden der Marchart gelesen, um die sich sicherlich jemand sorgt, was auch die Mutter seinetwegen tun wird, wenn er nicht rechtzeitig zurückkehrt. Er kann ihr etwas antun, verstärkt, wenn er ihr und der Schwester Geld entwendet; er hebt deren Bevorzugung vom Tage vorher auf; denn ist das Geld weg, dann kann sie nicht früher Schuhe bekommen als er.

Vielleicht, obwohl ich dessen nicht ganz sicher bin, stimmen einige von Ihnen meinen Schlussfolgerungen zu, soweit sich Ferdinands Handeln aus seiner Identifizierung mit dem Vater ableiten lässt. Möglicherweise halten mir diese aber entgegen, dass sich nicht einsehen lässt, warum er dann die Identifizierung nicht eingesteht, etwa sagt: Ich habe mich über die Mutter geärgert und bin fortgegangen, sondern ein zärtliches Motiv (der Mutter Kirschen zu bringen) vorschiebt und woher er die anderen Züge für sein dissoziales Handeln nimmt? Der Vater hat doch nichts gestohlen! Dieser Einwand wäre noch der ungefährlichere, aber was fange ich an, wenn jemand die Frage aufwirft, ob denn, wie ich es voraussetze, ein allem Anscheine nach doch verhältnismässig harmloser Junge so raffiniert denken könne? Ich müsste augenblicklich die Berechtigung dieser Zweifel anerkennen, zugeben, dass ich an dieser Stelle noch nicht in der Lage bin, die Einwände zu widerlegen. Bei der Kompliziertheit der seelischen Vorgänge kommen wir in der Ergründung der Motive von Ferdinands Tun nur schrittweise vorwärts. Und solange Ihnen die seelischen Abläufe nicht durchsichtiger sind, werden Sie unbefriedigt bleiben.

Ich komme Ihnen gegenüber aber sofort in eine günstigere Situation, wenn wir nicht weiter darauf bestehen, für den Diebstahl und das Davonlaufen nur eine einzige Absicht finden zu wollen, sondern die Möglichkeit nicht ausschliessen, dass mehrere Tendenzen sich vereinigt haben, um das zustande zu bringen, was in Erscheinung getreten ist. Dazu ist aber notwendig, dass wir wieder vorübergehend Ferdinand verlassen und uns aus der Psychoanalyse ein weiteres Stück Einsicht holen.

Stellen wir uns vor, dass im Unbewussten eine Trieb- oder Wunsch-regung wach wird und zum Handeln drängt, etwa: Auf dem Küchentisch liegt in einer Schale Zucker. Ein kleiner Junge steht daneben und in ihm regt es sich, ein Stück davon zu essen. Er hat nie gehört, dass es unstatthaft ist, ohne zu fragen zu nehmen. Er wird zugreifen und sich konfliktlos befriedigen. Hier steht einer Wunschregung kein Verbot gegenüber. Ein anderer Junge, der dieses Verbot zwar kennt, dem es aber nicht sehr deutlich bewusst ist, wird aus einem unbestimmten Gefühl heraus zögern, dann aber essen und ohne besondere Gewissensbisse bleiben. Einer Wunsch-regung steht ein zu schwaches Verbot gegenüber. Ein dritter, dem das Unerlaubte recht deutlich bewusst ist, dessen Wunschregung aber über-mächtig wird, nimmt und ist hinterher von Schuldgefühl gepeinigt. Eine Wunschregung hat die Tendenz überwältigt, die sonst unrechtes Tun verhindert. Wir können uns noch verschiedene Möglichkeiten denken, sicher aber auch die, dass die durch die Erziehung festgewurzelte Ten-denz, du sollst Zucker nicht nehmen, eine auftauchende Wunschregung sofort wieder ins Unbewusste zurückdrängt, ja sie gar nicht ins Bewusstsein durchlässt, auch wenn sie im Unbewussten da ist. Wir können nun ganz allgemein sagen: Gerät eine Wunschregung mit religiösen, moralischen oder sonstwie durch die Erziehung gewordenen bewussten Grundsätzen in Widerspruch, so geht von diesen eine Tendenz aus, die Wunschregung von vornherein verdrängt zu halten, oder, wenn sie bewusst geworden ist, wieder zu verdrängen. Am Mechanismus der Verdrängung sind daher immer zwei Tendenzen beteiligt, eine unbewusste, die sich durchsetzen will, und eine bewusste, die deren Durchsetzung zu verhindern trachtet, oder anders gesagt, eine verdrängte und eine verdrängende. Das Endergebnis dieser beiden widerstreitenden Tendenzen ist von vornherein nicht aus-gemacht. Es kann die verdrängte stärker sein und in der Überwältigung der verdrängenden sich durchsetzen, es ist aber auch der umgekehrte Fall möglich. Stellen wir uns nun einmal den Sachverhalt so vor, dass keine von beiden quantitativ ausreicht, die andere vollständig zu überwältigen, so muss das auch irgendwie sichtbar werden. Dazu ein Beispiel aus dem All-tag: Wir haben im Berufsleben Anlass, uns so zu ärgern, dass wir in heftigen Affekt kommen, der zur Entladung drängt. Es wäre uns eine wesentliche Erleichterung, wenn wir kräftig losdonnerten. Die Tendenz zu schimpfen steigt auf. Im selben Augenblick rührt sich der gut erzogene Mensch in uns mit der anderen Tendenz, das tut man nicht. Nun sind zwei Tendenzen ausgelöst, die einander widerstreiten, die eine, die will, und die andere, die verbietet. Überwiegt die eine, so brechen wir mit einem Donnerwetter los, bekommt die andere die Oberhand, so schweigen wir. In dem Falle, den ich im Auge habe, trat keines von beiden ein, sondern der Betreffende bekam im entscheidenden Moment einen heftigen Hustenanfall. Was hatte der zu bedeuten? Er war ein Kompromiss der zwei Tendenzen, von denen sich keine ganz durchzusetzen vermochte. Schimpfen ist eine sprechmotorische Affektabfuhr; durch den Hustenanfall werden die von der einen Tendenz innervierten Muskelpartien in einer Weise betätigt, gegen die die andere Tendenz nichts einzuwenden hat; denn Husten ist kein Schimpfen, daher erlaubt. Die Vereinigung zweier, einander widerstreitender Tendenzen zu einer Äusserung, wie hier zum Hustenanfall, nennt die Psychoanalyse ein Symptom. Wir sehen, dass am Zustandekommen dieses Symptoms beide Tendenzen beteiligt sind, oder, wie Freud sagt, dass es von beiden Seiten gehalten wird, von der verdrängenden und der verdrängten.

Solche Symptombildungen treten häufig als neurotische Krankheitsäusserungen auf, und so manche Handlung auch des gesunden Menschen lässt sich auf denselben Mechanismus zurückführen. Freud hat eine Gruppe davon genau untersucht, sie sind in der Psychoanalyse als Fehlhandlungen oder Fehlleistungen bekannt.

Das Ihnen mitgeteilte Beispiel einer Symptombildung zeigt Ihnen nicht nur ganz allgemein den Aufbau des Kompromisses zwischen zwei widerstreitenden Tendenzen, es vermittelt uns auch den Übergang zurück zu unserem dissozialen Jungen. Dürfen wir aus dem durch seine Handlung gegebenen Sachverhalt den Schluss ziehen, dass ihr derselbe Mechanismus zugrunde liegt? Spielen zwei Tendenzen gegeneinander, von denen sich keine ganz durchsetzt und treffen sich beide im Symptom? Wenn das so ist, müssten wir die verdrängte und die sie verdrängende Tendenz finden und auch angeben können, welches das Symptom ist, das sie miteinander bilden.

Sehen wir einmal nach!

Es steht sicher ausser Zweifel, dass der Junge, bevor er den Diebstahl beging und davonlief, zur Mutter in Gegensatz gekommen war. Ich brauche Ihnen die darauf bezüglichen Angaben nicht mehr zu wiederholen. Nehmen wir nun an, dass ihn die Vorstellung beherrschte, fortzugehen, es so zu machen wie der Vater, dass diese Vorstellung die eine Tendenz beinhalte. Dann darf sie entweder bewusst bestehen bleiben, oder sie wird verdrängt, wenn sich ein inneres, im Innern des Jungen selbst aufrichtendes Verbot, die zweite Tendenz, dem Fortlaufen widersetzt. Im ersten Falle wäre er nach Tulln gefahren und hätte gewusst warum. Eine verdrängende Tendenz, etwa die: ein anständiger Junge läuft nicht davon, oder, wenn ich weglaufe, bekomme ich Schläge, die stärker gewesen wäre als der Impuls zum Weggehen, hätte ihn zu Hause zurückgehalten. Aus seinem Tun ersehen wir das Gegenteil. War sie wirklich da, so ist sie überwältigt worden, also weder ein Kompromiss zwischen beiden noch eine Erklärung für Diebstahl an Mutter und Schwester noch für die Angabe, dass er Kirschen holen wollte.

Versuchen wir die verdrängte und die verdrängende Tendenz aus einem etwas anderen Zusammenhange zu erkennen und damit zu dem zu kommen, was die Aufgabe unserer heutigen Untersuchung bildete. Durch den Ärger über die Mutter am Tage vorher und kurz vor dem Diebstahl ist in ihm eine Ablehnung der Mutter entstanden, die sich immer mehr verstärkte, bis sie schliesslich in den Rachegedanken einmündete, ihr etwas anzutun. Damit ist die eine Tendenz gegeben, die aber im Bewusstsein nicht bestehen bleiben darf, ja vielleicht zum Bewusstsein gar nicht zugelassen wird, weil die andere, durch die Erziehung geschaffene, „Die Mutter muss man lieben", sie verdrängt. Was geschieht, wenn im Jungen tatsächlich diese beiden Tendenzen vorhanden sind? Überwiegt die Rachetendenz die moralische, so begeht er den Diebstahl und läuft davon, weiss aber auch, warum er seine Haltung vollführt hat. Ist die moralische Tendenz die stärkere, so unterbleibt die dissoziale Handlung, wie wir schon früher gesehen haben. Setzt sich keine ganz durch, so hätten wir die schon bekannten Bedingungen zur Symptombildung vor uns.

Ein Symptom, gebildet aus Rachetendenz und moralischer ist möglich, wenn beide in einer einzigen Handlung zu vereinigen sind, das heisst, wenn es eine Handlung gibt, in der beide zum Teil realisierbar sind. (Denken Sie an den Hustenanfall!) Tulln mit seinen reifenden Kirschbäumen ist das geeignete Ziel. Die Fahrt nach Tulln ermöglicht ihm, beide widerstreitende Tendenzen zu vereinigen, das Symptom zu bilden. Die Zeit, während er das Schmalzbrot isst und dem Hunde davon hinunter wirft, können wir uns ausgefüllt denken durch den Widerstreit beider, der beendet ist, als er die Kirschenkerne auf dem Fensterbrett liegen sieht.

Warum?

Die Rachetendenz, die uns in der Art ihrer Realisierung aus all dem, was wir bereits gehört haben, verständlich geworden ist und in der Identifizierung des Jungen mit seinem Vater ihre Erklärung findet, ermöglicht es ihm, den Vater nachzuahmen, es so zu machen wie dieser und der Mutter um seine Person die gleiche Sorge und Aufregung zu bereiten, die sie am vergangenen Sonntag um den Vater empfand, als dieser nicht rechtzeitig heimkehrte.

Die moralische Tendenz, die von der Erziehung kommende, vermag nun nicht, die dissoziale Handlung aufzuhalten. Sie fügt dem Rachegedanken das zärtliche Motiv hinzu. Sie benützt die vorbewusst vorhandene Vorstellung von den Kirschen, um sie mit der anderen Absicht zu verknüpfen, und bewusst wird: „Ich will der Mutter Kirschen bringen": das Symptom ist fertig gebildet. Nach dieser Verhüllung wird erst die Tat möglich und, wie wir sehen, folgt auch sofort die Ausführung.

Um wie vieles stärker die Rachetendenz an der Symptombildung beteiligt war, zeigt die Ausführung des Diebstahles an der Mutter und Schwester, deren Bevorzugung, früher als er Schuhe zu bekommen, er dadurch rückgängig macht.

Aus dem Gefüge des neurotischen Symptoms fehlt uns hier das Gefühl des Unangenehmen, die Unlustbetonung, die dem Neurotiker das Kranksein erst bewusst werden lässt und ihn zur Behandlung reif macht. Welcher Unterschied in den beiden Mechanismen das bedingt, kann ich Ihnen heute noch nicht sagen, wohl aber, dass darin eine der wesentlichen Schwierigkeiten für eine analytische Behandlung Dissozialer liegt.

Wir haben nun in recht mühevoller Arbeit eine dissoziale Handlung auf einen Mechanismus zurückgeführt, wie er ähnlich beim neurotischen Symptom regelmässig zu erkennen ist. Wenn wir nicht zu sehr verallgemeinern, sehr vorsichtig sind und nicht meinen, dass jeder dissozialen Äusserung derselbe zugrunde liegen müsse, so haben wir heute schon einiges für die Diagnostik Verwahrloster erfahren. Wir haben aber auch schon etwas für die Therapie gelernt.

Der Fürsorgeerzieher darf sich nicht begnügen, zu hören, ein Junge habe gestohlen und sei durchgegangen, er muss den genauen Sachverhalt wissen.

Zur Aufdeckung der wirklichen Zusammenhänge reicht es nicht aus, die Eltern, den Jungen und seine Umgebung auszufragen, weil allen diesen das, worauf es ankommt, gar nicht bewusst zu sein braucht.

Der Fürsorgeerzieher ist ohne psychoanalytische Schulung nicht in der Lage, den verborgenen Vorgängen nachzugehen.

Erzieherische Erfolge sind in diesem Falle weder mit guten Worten noch mit Strenge, mit der wir den Jungen immer mehr in seine Hassregungen hineintrieben, zu erreichen. Diese dissoziale Äusserung läuft ganz zwangläufig ab, und wir können eine Änderung nur erzielen, wenn es uns gelingt, das Kräftespiel, durch das sie bedingt wurde, anders zu richten. Die gewöhnlichen Erziehungsmittel, Milde und Güte und Strenge, Lohn und Strafe reichen nicht mehr aus, die Verankerung im Unbewussten muss gelöst werden.

EINIGE URSACHEN DER VERWAHRLOSUNG

(Erster Teil)

Meine Damen und Herren! Wir sind schon aufmerksam gemacht, dass uns das Ergebnis einer einzigen Symptomanalyse noch nicht zu der Annahme berechtigt, alle Verwahrlosungserscheinungen seien auf ein und denselben Mechanismus zurückzuführen. Wir müssen uns besonders in acht nehmen, weil die sehr verbreitete Tendenz zu verallgemeinern gerade für den Fürsorgeerzieher eine beständige Gefahrt bedeutet. Die Freude über zutreffende Überlegungen und gelungene Erziehungsmassnahmen wirkt nach und verleitet ihn leicht, bei ähnlichen Äusserungen verschiedener Zöglinge Analogieschlüsse zu machen. Er merkt oft erst nach Wochen aus der Erfolglosigkeit seines Bemühens, dass er sich die Schlussfolgerungen nicht aus den Reaktionen des Zöglings geholt hat, sondern ganz unbewusst diesen jene anpasste und vernachlässigte, was nicht in seinen theoretischen Aufbau hineinstimmen wollte.

Ich halte es auch nicht für überflüssig, Ihnen zu sagen, dass Sie den Verwahrlosten voraussetzungslos gegenübertreten müssen, und auch nicht bei jedem eine besondere psychoanalytische Angelegenheit vermuten dürfen. Nicht jeder Dissoziale ist das gesuchte „interessante Problem". Versuchen Sie immer vom Anfang an mit den einfachsten Hilfsmitteln auszukommen. Wenn Sie die Wirkung Ihrer Erziehungsmassnahmen gut beobachten, kommen Sie im Verlaufe der Erziehung ganz von selbst in jene Tiefen, die aufzuhellen sind. Erschrecken Sie nicht, wenn nicht alles lösbar ist; es gibt auch für den psychoanalytisch durchgebildeten Erzieher heute noch oft dichteste Undurchdringlichkeit.

Es scheint mir weniger zweckmässig zu sein, schon in diesem Kurse durch Vorführung ähnlich laufender Verwahrlosungserscheinungen eine Vertiefung der Auffassung zu erzielen, als vielmehr wichtig, durch Aufzeigen von Verschiedenartigem, Ihnen das Vielgestaltige des Dissozialenproblems anzudeuten.

Fragen wir aber vorher noch, ob aus den bisher erschlossenen Tatsachen schon eine allgemeingültige Formel aufgestellt werden kann, die auch neuer Erkenntnis standzuhalten vermag.

Es lässt sich der Versuch wagen, wenn wir uns begnügen, einem Sachverhalt näher als bisher gekommen zu sein, und nicht verlangen, gleich besonderen Einblick in tiefe Zusammenhänge zu erhalten.

Fassen wir alles Handeln als Wirkung psychischer Kräfteabläufe im Sinn der Psychoanalyse auf, so ist auch das dissoziale durch solche bedingt, und wir hätten die gesuchte Formel in dem einfachen Satze: „Die Verwahrlosungsäusserungen sind die Anzeichen, dass in einem Individuum die das soziale Handeln bedingenden Mechanismen nicht mehr normal ablaufen". Diese recht allgemeine Aussage, die übrigens auch von einem Werturteil ausgeht, das aus dem jeweiligen Gesellschaftsideal kommt, ermöglicht uns doch schon, das Verwahrlosungsproblem zum Teile psychoanalytisch zu fassen und die Richtung anzugeben, in der dessen Lösung zu suchen sein wird. Die Verwahrlosungsäusserung hat einen dynamischen Ausdruck erhalten; sie ist die auf psychische Kräftewirkungen zurückgeführte jedesmalige Erscheinungsform der Verwahrlosung, die, ein irgendwie gewordener Zustand, durch sie bemerkbar wird. So sind beispielsweise Diebstahl und Durchgehen unseres Jungen vom letztenmal die Verwahrlosungsäusserungen, die Wirkungen nicht mehr sozial gerichteter psychischer Kräfteabläufe, oder Symptome, dass der Minderjährige sich in einem vom normalen abweichenden Zustande befindet: verwahrlost ist.

Trennen wir die Verwahrlosungsäusserung oder das Verwahrlosungssymptom so von der Verwahrlosung, dann haben wir zwischen beiden dieselbe Beziehung hergestellt, wie sie zwischen Krankheitssymptom und Krankheit auch besteht. Aus dieser Parallele erkennen wir zum Beispiel, dass Schulstürzen und Vagieren, Stehlen und Einbrechen nur Verwahrlosungssymptome sind, wie etwa Fieber, Entzündungen, Rasselgeräusche, empfindliche Druckstellen Krankheitssymptome sind.

Beschränkt sich der Arzt auf die Beseitigung der Krankheitssymptome, leitet er eine symptomatische Behandlung ein, so ist damit nicht immer auch schon die Krankheit geheilt, es kann noch die Fähigkeit, neue zu bilden, zurückgeblieben sein. Das schliesst er aus, wenn er sich nicht nur die Aufgabe stellt, Symptome zu entfernen, sondern die Krankheit zu heilen. An die Stelle der einen Symptome können dann nicht mehr andere treten. In der Erziehung des Verwahrloten kommt es analog auch nicht auf die Beseitigung der Verwahrlosungserscheinungen, sondern auf die Behebung der Verwahrlosung an. Man sollte das als selbstverständlich voraussetzen und doch werden die Zusammenhänge vielfach nicht erfasst. Wir erleben sowohl in der Erziehungsberatung als auch in der Fürsorgeerziehungsanstalt immer wieder, dass Verwahrlosungssymptom und Verwahrlosung gleich gesetzt werden. Was Eltern gewöhnlich unternehmen, und worauf schliesslich unser Strafvollzug auch hinausläuft, ist letzten Endes doch nur die Schaffung eines psychischen Zustandes, in dem eine dissoziale Äusserung unterdrückt gehalten wird.

Weil diese nicht mehr da ist, wird die Aufgabe als gelöst betrachtet und übersehen, dass sie bei günstiger Gelegenheit wieder zum Vorschein kommen kann. Eine Verwahrlosungsäusserung zum Verschwinden bringen, ist nicht notwendig gleichbedeutend mit Behebung der Verwahrlosung. Wird einem psychischen Kräfteablauf bloss eine Äusserungsmöglichkeit unterbunden, bleiben aber die ihn bedingenden psychischen Energien in ihrem Zusammenhange bestehen, so kann er in der Linie eines geringeren Widerstandes eine neue Richtung einschlagen und in unserem Falle statt der unterdrückt gehaltenen Verwahrlosungsäusserung eine andere zutage treten: möglicherweise entsteht ein nervöses Symptom. Weit häufiger aber hat es den Anschein, als ob von irgendwoher Vestärkungen herangezogen werden würden; denn nach einer Zeit vollständigen Sozialseins erscheint die ursprüngliche Verwahrlosungsäusserung wieder, nun aber fester verankert, tiefer fundiert, ausgeprägter und verstärkt. In der Fürsorgeerziehung haben wir es gewöhnlich schon mit einer zweiten Auflage solcher Verwahrlosungserscheinungen zu tun. Es wird Ihnen nun auch verständlich sein, warum und weswegen ich Verwahrlosungssymptom und Verwahrlosung so strenge voneinander geschieden wissen möchte.

Die Verwahrlosungsäusserungen haben nur diagnostische Bedeutung, zu behandeln ist die Verwahrlosung.

Durch die dynamische Betrachtungsweise, zu der uns die Psychoanalyse geführt hat, sehen wir nun schon deutlicher und werden gleich auch in der Lage sein, eine häufig gemachte Verwechslung richtig zu stellen. Wenn ich Eltern Dissozialer frage, wie sie sich erklären, dass ihr Kind verwahrloste, bekomme ich regelmässig als Ursache die schlechten Freunde, die Gefahren der Strasse, die günstige Gelegenheit angegeben. Irgendwie stimmt das, und doch, tausend andere Kinder wachsen unter denselben ungünstigen Bedingungen auf und verwahrlosen nicht. Es muss gewiss etwas im Kinde selbst vorhanden sein, damit das Milieu im Sinne der Verwahrlosung wirksam werden kann. Nennen wir dieses uns noch unbekannte Etwas vorläufig die Disposition zur Verwahrlosung, so haben wir den Faktor, dessen Fehlen selbst ungünstigste Einflüsse der Umgebung machtlos macht.

Im Begriffe der Disposition liegt eine Bereitschaft, die wir gerne aus der Erbanlage gegeben annehmen. Die Psychoanalyse hat uns gezeigt, dass die

Erbanlage nicht immer alles ausmacht, sondern für gewisse nervöse Erkrankungen die ersten Kindheitserlebnisse sehr mitbestimmend werden. Unsere Erfahrungen in der Fürsorgeerziehung erlauben uns, auch hier wieder eine Parallele zu ziehen. Auch die Verwahrlosungsdisposition ist noch nicht durch das vom Kinde bei seiner Geburt Mitgebrachte fertig; die Gefühlsbeziehungen, in die es durch seine erste Umgebung gedrängt wird, also erste Kindheitserlebnisse, legen sie endgültig fest. Das heisst aber nicht, dass sich jede Disposition zur Verwahrlosung auch in Verwahrlosung auswachsen müsse. Zu dazu Erforderlichem gehören zweifellos die schlechte Gesellschaft, die Gefahren der Strasse und manch anderes, das in derselben Richtung liegt. Alles das ist aber nicht, wie viele meinen, die Ursache, sondern nur der unmittelbare oder mittelbare Anlass zur Verwahrlosung.

Mit dieser Richtigstellung sind wir ein kleines Stück vorwärts gekommen, aber noch nicht dort angelangt, wohin ich Sie heute noch führen möchte. Der Verwahrloste setzt sich durch sein Tun immer wieder der Gefahr aus, darauffolgende Unlusterlebnisse ertragen zu müssen (Strafe!). Warum er sich trotzdem nicht ändert, interessiert uns noch nicht, sondern nur, dass sein Benehmen mit den Forderungen der Wirklichkeit im Widerspruch steht. Das überrascht den Psychoanalytiker nicht, er weiss, dass der Neurotiker seine eigene Realität hat und auch der Psychotiker, warum soll nicht auch der Verwahrloste seine besondere haben? Damit rückt aber die Verwahrlosung in ein anderes Licht, wird psychoanalytischen Untersuchungsmethoden zugänglich, und wir können psychoanalytische Termini (Fachausdrücke) verwenden. Dort wird verschiedentlich das Wort „manifest" für das Sichtbarwerden von Äusserungen gebraucht, „latent", wenn derselbe Zustand ohne diese besteht.

Scheiden wir durch Einführung dieser beiden Begriffe die Verwahrlosung in zwei Phasen, die latente und manifeste, so ist die der manifesten gegeben, wenn es zu Verwahrlosungsäusserungen kommt. Der Junge, der die Schule schwänzt, vagiert, stiehlt, einbricht, ist manifest verwahrlost; der andere, bei dem diese Art der Realitätsäusserungen, also die Verwahrlosungssymptome, fehlen, der aber die dazu notwendigen psychischen Mechanismen vorgebildet hat, ist in der Phase der latenten Verwahrlosung. Es bedarf dann nur mehr des entsprechenden Anlasses, um die latente in die manifeste überzuführen, die psychischen Mechanismen zum Ablauf zu bringen. Das gewöhnlich als Ursache Angeführte (Gesellschaft, Strasse) erscheint damit zur Verwahrlosung ins richtige Verhältnis gebracht.

Die Ursache der Verwahrlosung aufsuchen, heisst dann auch nicht, nachsehen, was die latente Verwahrlosung zur manifesten macht, sondern ergründen, was die latente hervorruft. Die Behebung der Verwahrlosung kann dann nicht darin bestehen, durch eine symptomatische Behandlung, etwa durch Anwendung von Strafmitteln, die Verwahrlosungsäusserung zu beseitigen, die latente Verwahrlosung aber bestehen zu lassen, sondern sie muss auf die die Verwahrlosung verursachenden Momente eingehen und dadurch auch die latente Verwahrlosung beheben.

Die Fürsorgeerziehung wird ihrer Aufgabe um so mehr gerecht werden, je mehr sie die Neigung zu Verwahrlosungsäusserungen zum Schwinden bringt, ihr der Abbau der latenten Verwahrlosung gelingt. Dass dies gleichbedeutend mit einer Änderung der Ichstruktur ist, werden wir erst im Verlaufe der Vorträge erkennen können.

Wenn wir bedenken, dass Anlass zur Verwahrlosung mit Ursache verwechselt wird, die Verwahrlosungserscheinung für die Verwahrlosung selbst genommen wird, so ist uns die vielfach falsche Auffassung, was mit Verwahrlosten zu geschehen hat, begreiflich; wir wundern uns auch nicht mehr über die Mängel in den Lösungsversuchen des Dissozialenproblems.

Die Behebung der Verwahrlosung ist ohne vorherige Ergründung der sie bedingenden Ursachen eine Zufallsleistung, wertvoll für den einen, zwecklos für die vielen, die der Hilfe bedürfen. Die erste Aufgabe einer systematisch vorgehenden Fürsorgeerziehung ist daher in der Aufsuchung der Verwahrlosungsursachen gegeben. Die Ursache aufdecken heisst die Kräftekonstellation auffinden, die zur latenten Verwahrlosung geführt hat. Das sind aber, wie Ihnen nicht mehr unbekannt ist, dynamische, ökonomische und topische Probleme der Psychoanalyse.

Was ich Ihnen heute an Verwahrlosungserscheinungen vorzuführen beabsichtige, stammt mit einer Ausnahme aus der Fürsorgeerziehungsanstalt. Dieser eine Fall liegt vier Jahre zurück, die anderen wurden vor einem halben Jahre in die Erziehungsberatung gebracht. Nicht unmittelbar zu unserem Thema gehört es, wenn ich erwähne, dass die Fürsorgeerziehungszöglinge aus der Anstalt geheilt entlassen wurden und dass fortlaufende, bis in die allerletzte Zeit reichende Mitteilungen von durchaus einwandfreiem Verhalten berichten.

Anfangs 1919 wurde uns ein damals noch nicht sechzehnjähriger Jugendlicher überstellt, wie der Terminus lautet. Zu Ihrer Orientierung diene, dass mit jedem Fürsorgeerziehungszögling dessen wichtigste Dokumente und auch ein Auszug aus dem Erhebungsbogen mitkamen. Der Erhebungsbogen ist eine Drucksorte, die zur Aufnahme aller wichtigen Daten dient, die zur Kenntnis des Jugendamtes gelangen; das meiste davon erfährt die Fürsorgerin bei ihren Hausbesuchen.

Aus dem Auszuge für diesen Jugendlichen war unter anderem zu entnehmen, dass er nach dem Ableben der Mutter zur verheirateten Schwester gekommen war, dort ohne Aufsicht blieb und durch Herumtreiben auf der Strasse verwahrloste. Besonders wurde ihm Vagieren und Lehrflucht zur Last gelegt.

Das Gutachten der heilpädagogischen Abteilung der Wiener Kinderklinik, wo jeder vor seiner Unterbringung bei uns untersucht werden musste, war sehr kurz, es lautete: „Für Ober-Hollabrunn geeignet". (Die Fürsorgeerziehungsanstalt befand sich in einem ehemaligen Flüchtlings-Barackenlager in Ober-Hollabrunn in Niederösterreich.) Das Fehlen besonderer Angaben musste einen tieferen psychischen Defekt als ausgeschlossen erscheinen lassen. Der Leiter der heilpädagogischen Abteilung — gleichzeitig auch unser psychiatrischer Konsulent — hätte es nicht unterlassen, auf Wichtiges aufmerksam zu machen.

Das Abgangszeugnis aus der II. Klasse der Bürgerschule wies in Sitten 1, Fleiss 2 und Fortgang 2 auf. Infolge verspäteten Schuleintrittes war der Jugendliche, ohne eine Klasse wiederholt zu haben, nicht in die III. Klasse gekommen. Nach dem Lernerfolge konnte zumindest normale Intelligenz angenommen werden. Aus der Sittennote war zu ersehen, dass es zum Vagieren erst nach dem Austritt aus der Schule gekommen sei; denn dieses hätte sich als „Schulstürzen", eigenmächtiges Fernbleiben von der Schule, bemerkbar gemacht und eine schlechtere Sittennote nach sich gezogen. Bei der mit ihm vorgenommenen Intelligenzprüfung wurde auch tatsächlich normale Intelligenz festgestellt. Auffällig war nur der schlechte Aschaffenburg. Was der Aschaffenburg ist, wird Ihnen bekannt sein, wenn nicht: der Prüfling hat mit geschlossenen Augen rasch die ihm einfallenden Wörter zu sagen; das Ergebnis wird durch drei Minuten, halbminutenweise, festgehalten. Für unsere Verhältnisse galten 65 in der vorgeschriebenen Zeit gesprochene als mittlerer Durchschnitt. Der Junge blieb mit 16, sehr langsam, zögernd und in Pausen gebrachten, weit darunter. Diesem ausserordentlich gehemmten Vorstellungsablauf entsprach auch sein Gesamteindruck: körperlich recht gut entwickelt, gross, kräftig, von nicht unangenehmem Äussern, dabei sehr träge Bewegungen, höfliches Benehmen, doch ungemein zurückhaltend, zurückgezogen, verschlossen, ohne Mitteilungsbedürfnis, eine mehr passive Natur. Allem Anscheine nach ein guter Mensch, ein harmloser Verwahrloster, jedenfalls einer, der wenig Führungsschwierigkeiten erwarten liess.

40

Aus seinen Mitteilungen, die sich natürlich auf Monate erstreckten und das Verschiedenste betrafen, führe ich Ihnen nur das für uns heute Wesentliche an: „Mein Vater war Hilfsarbeiter und ist am .. in ... spital an ... gestorben" (das Sterbedatum erinnert er genau und gleich als wir zum erstenmal auf den Tod des Vater zu sprechen kamen). „Die Mutter hat mir sehr erbarmt, weil sie nun allein war." „Ich habe eine um fünfzehn Jahre ältere Schwester; vier Geschwister sind gestorben, die habe ich aber nicht gekannt." „Wir haben Zimmer und Küche gehabt, ich habe in der Mitte zwischen Vater und Mutter geschlafen, die Schwester auf dem Divan." „Wie sie geheiratet hat, war ich zwölf Jahre alt; ich bin aber bei den Eltern liegen geblieben." „Wie der Vater gestorben ist, habe ich mich in sein Bett gelegt und mich viel mehr um die Mutter gekümmert." „Ich habe die Wohnung aufgeräumt, eingeheizt und zum Kochen hergerichtet gehabt, wenn die Mutter von der Fabrik nach Hause gekommen ist." „Im Jahre 1918 ist die Mutter gestorben."

Die ersten Mitteilungen vom Tode der Mutter geschahen ganz gleichmütig, ohne Bewegung, als etwas ihn scheinbar gar nicht Berührendes. Es fehlten auch alle näheren Angaben über die Todesart. Die Einzelheiten wurden erst im Laufe der Zeit, wohl unter Weinen, aber ohne wirklich starke Affektäusserung nachgetragen. Auch das Sterbedatum erinnerte er erst verhältnismässig spät. Die Mutter hatte ein entsetzliches Ende genommen. Sie war von einer Maschine erfasst und grässlich verstümmelt, getötet worden.

Der Junge erhielt die Nachricht davon ganz unvermittelt: „Ich war zu Mittag in der Wohnung, und da ist eine Frau gekommen und hat gesagt, dass die Mutter in der Fabrik ohnmächtig geworden ist." „Ich bin sofort mit der Schwester in die Fabrik gefahren und in der Kanzlei haben sie uns ganz genau erzählt, wie die Mutter verunglückt ist; mir ist so schlecht geworden, dass ich zusammengefallen bin." „Wie ich wieder zu mir gekommen bin, ist die Schwester neben mir gestanden und hat mir gesagt, dass sie schon in der Totenkammer gewesen sei und wir sind nach Hause gefahren." „Sie ist in der Nacht bei mir aufgeblieben, weil ich mich so gefürchtet habe; zum Leichenbegängnis haben sie mich nicht mitgehen lassen." „Ich habe mich mit meinem Matador gespielt, weil ich nicht habe weinen können und die Mutter immer so grosse Freude gehabt hat, wenn etwas schön geworden ist." „Ich bin dann zu meiner Schwester gezogen, die Wohnungseinrichtung ist verkauft worden und wir haben geteilt; sie hat sich von mir nichts bezahlen lassen, aber wenn ich verdiene, bekommt sie alles zurück." „Im Juli bin ich zu einem Mechaniker in die

Lehre gekommen, dort war ich zwei Monate." „Ich habe keine Freude gehabt; ich habe immer an meine Mutter denken müssen, wie sie nach dem Unfall ausgeschaut hat, da bin ich von der Lehre davongelaufen." „Dann bin ich zu einem Wirte auf dem Land gekommen, wir haben selber abgestochen, da haben mir die Tiere so erbarmt, dass ich es nicht habe sehen können, und ich bin wieder davon." „Dann war ich bei einem Tischler, dort hat es mich aber gleich nicht gefreut; mein Vormund war sehr böse auf mich und hat gesagt, ich bin arbeitsscheu und er wird mich in eine Besserungsanstalt geben." „Ich habe mir dann selbst eine Lehre gesucht, bin aber auch dort nicht lange geblieben; ich weiss nicht warum, ich habe es nicht ausgehalten." „Ich war die meiste Zeit im Prater und habe zugesehen, wie die Soldaten exerziert haben ; es haben viele Leute zugeschaut und das hat mir sehr gut gefallen; am schönsten war es, wenn die Militärmusik vor den Soldaten marschiert ist, da bin ich immer mitgegangen." Mein Vormund und meine Schwester haben mir zugeredet, ich soll doch etwas lernen; ich bin deswegen auch nicht mehr nach Hause schlafen gegangen, bin über Nacht unter der Reichsbrücke gelegen." „Die Polizei hat mich öfters aufgegriffen und auf die Elisabethpromenade gebracht." (Polizeigefangenenhaus.) „Mein Vormund hat gesagt, dass er nicht länger mehr zuschaut, wie aus mir ein Gauner wird und einmal ist er mit mir aufs Jugendamt gegangen, die haben mich aber nicht dort behalten; wir sind wieder nach Hause gegangen; nach einer Woche ist ein Herr gekommen, der hat mich geholt und auf den Nordwestbahnhof geführt; dort waren schon andere Buben und Mädchen und wir sind alle daher gefahren."

Von seinem Aufenthalt bei uns berichte ich Ihnen noch, dass er sich weder an seine Mitzöglinge noch an seinen Erzieher besonders anschloss. Er kam auch zu mir in kein auffallend inniges Verhältnis, obwohl er bei seinen öfteren Aussprachen mit mir nach und nach sehr mitteilsam wurde. — Eine psychoanalytische Behandlung wurde nicht gemacht, es fehlte uns der Analytiker. — Seine Einstellung zu den Kameraden und Erziehern zeigte sich am deutlichsten, wenn sich ein Zögling Unzukömmlichkeiten zuschulden kommen liess. Er richtete bei der Austragung sein Verhalten immer so ein, dass er niemandem weh tat, die Erzieher sich nicht ärgerten oder kränkten und der Zögling ohne Strafe davon kam. Trotz seiner höheren Intelligenz im Verhältnis zu den Arbeitskameraden in der Landwirtschaft, wo er zugeteilt war, versuchte er nie, eine Führerrolle zu erreichen. Stolz war er auf seine Kenntnisse in seinem Fache, als seinen ärgsten Fehler empfand er seine grosse Vergesslichkeit. Während seines Aufenthaltes in der Anstalt schwand seine depressive Stimmung bis auf einen

kleinen Rest. Seine Vergesslichkeit nahm wesentlich ab, seine Arbeits-
willigkeit zu, aber seine Arbeitsgeschwindigkeit hob sich nicht bedeutend,
und nach wie vor machte sich ein besonderes Anschlussbedürfnis nicht
bemerkbar. Er blieb bei uns bis zur Auflösung des Jugendheimes, wie die
Fürsorgeerziehungsanstalt offiziell hiess, kam dann in einen grösseren
Landwirtschaftsbetrieb und hat seither nicht mehr die geringste Verwahrlosungserscheinung gezeigt, so dass er als geheilt betrachtet werden muss.

Wenn wir nun versuchen wollen, die Ursache der Verwahrlosung dieses
Jungen festzustellen, müssen wir uns hüten, nicht auch Verwahrlosungserscheinung mit Verwahrlosung und Anlass mit Ursache zu verwechseln.
Rufen wir uns daher heute darüber schon Gehörtes in Erinnerung. Die Verwahrlosungserscheinungen oder -äusserungen sind nur die Symptome eines
nicht mehr sozial gerichteten Kräfteablaufes im Individuum. Sie haben nur
diagnostische Bedeutung. Ehe es zu den Verwahrlosungserscheinungen kam,
war schon ein Zustand vorgebildet, den wir latente Verwahrlosung genannt,
haben. In diesem sind die Verwahrlosungsmechanismen bereits ausgebildet,
das Individuum hat nun die Neigung zu Verwahrlosungsäusserungen. Es
bedarf nur mehr eines entsprechenden Anlasses, um die Mechanismen so
zum Ablauf zu bringen, dass das bisher verborgen Gebliebene, scheinbar
nicht Vorhandene, nun deutlich sichtbar in Erscheinung tritt. Die latente
Verwahrlosung wird zur manifesten, zu dem Zustand, den man gewöhnlich
als Verwahrlosung bezeichnet. Der Anlass zur Verwahrlosung bedingt
nur die manifeste, er hat aber keinen Einfluss auf das Werden der latenten.
Am Zustandekommen der latenten Verwahrlosung sind mehrere Faktoren beteiligt, die man als Ursache der Verwahrlosung zusammenfassen
könnte. Zunächst die aus der Erbanlage gegebene Konstitution, dann
soweit wir es bis jetzt schon zu übersehen vermögen, erste Kindheits-
und sonstige Erlebnisse, die ähnlich denen sein müssen, die für die Ätiologie
(Ursache) der Neurose und Psychose von Bedeutung sind. Inwieweit
Unterschiede bestehen, ist noch aufzuklären. Wir werden daher zur Auf-
findung der Verwahrlosungsursachen, soweit exogene Faktoren, äussere,
aus der Umgebung stammende, in Frage kommen, die Psychoanalyse, ihre
Forschungsart und ihre Ergebnisse mit Vorteil verwerten. Wir werden
aber auch wie diese, dieselbe Sorgfalt und Vorsicht in unserer Sonderarbeit
walten lassen und gar nicht mit der Erwartung an unsere Untersuchung
gehen, dass es uns im ersten Anlauf gelingen könnte, zu restlos befriedigenden Ergebnissen zu kommen.

Brechen wir hier ab, um uns ein klein wenig Verständnis für die Neuro-
senpsychologie zu erwerben. Es kommt vor, dass einzelne Menschen nicht

imstande sind, ein schreckhaftes, stark affektbetontes Erlebnis zu erledigen. Sie vermögen nicht, in der zur Verfügung stehenden Zeit den Reizzuwachs, so wie es normalerweise notwendig wäre, aufzuarbeiten. Der plötzliche Energieüberschuss, der das darauf völlig unvorbereitete Individuum trifft, wirkt stossartig und schädigt psychische Mechanismen derart, dass sie dauernd gestört bleiben. Zeitigt ein stark affektbetontes Erlebnis solche Folgen, so sagen wir, es hat traumatisch gewirkt, sprechen auch von einem traumatischen Erlebnis oder einem psychischen Trauma. Unter bestimmten Voraussetzungen führen dann solche in die Neurose, auf die hier einzugehen, von der uns gestellten Aufgabe wegführen würde. Ich führe Ihnen nur eine Stelle aus F r e u d s „Vorlesungen" (Ges. Schriften VII, S. 284) an: „Die traumatischen Neurosen geben deutliche Anzeichen dafür, dass ihnen eine Fixierung an den Moment des traumatischen Unfalles zugrunde liegt." „Es ist so, als ob diese Kranken mit der traumatischen Situation nicht fertig geworden wären, als ob diese noch als unbezwungene aktuelle Aufgabe vor ihnen stünde."

Kehren wir nun zu dem verwahrlosten Jungen zurück. Was zeigt sich? An Verwahrlosungserscheinungen: Vagieren, Lehrflucht und Äusserungen, die als allgemeine Verwahrlosung zusammengefasst sind. Diese werden als Grund der Überstellung, als Ursache das unbeaufsichtigte Herumlaufen auf der Gasse angegeben.

Die Verwahrlosungserscheinungen treten nach dem Tode der Mutter, bald nach der Übersiedlung zur Schwester auf und verstärken sich zusehends bis zu einer Unterbringung in der Fürsorgeerziehungsanstalt.

Nach unserer Auffassung musste schon, ehe er zur Schwester kam, beziehungsweise ehe die Verwahrlosungserscheinungen auftraten, die latente Verwahrlosung bestanden haben; denn sonst hätte sie nicht durch die Einflüsse der Strasse, die doch nur der Anlass und nicht die Ursache sind, manifest werden können. Die Ursachen, die die latente Verwahrlosung bedingten, haben wir in der Konstitution, in Kindheits- und anderen Erlebnissen zu suchen, wie sie ähnlich sonst in die Neurose führen. Von der Konstitution wissen wir nichts Normabweichendes, von ersten Kindheitserlebnissen vermögen wir nichts auszusagen, weil wir keine Psychoanalyse gemacht haben. Aber etwas wissen wir: ohne jedwede Vorbereitung wurde ihm die schreckliche Art vom Tode der Mutter erzählt. Das Entsetzen darüber warf ihn buchstäblich zu Boden. „Mir ist so schlecht geworden, dass ich zusammengefallen bin." Die Schwester musste auch des Nachts bei ihm aufbleiben, weil er sich fürchtete. Dass man ihn nicht zum Leichenbegängnis mitgehen liess, zeigt ganz deutlich, wie sehr seine Umgebung das

Abnorme seines Zustandes erkannte. Es ist auch aus dem Spielen mit dem Matadorbaukasten, während man den Leichnam der Mutter zu Grabe trug — für einen vierzehnjährigen Jungen gewiss nicht normal — zu ersehen. Er hatte im Fabrikkontor ein psychisches Trauma erlitten, das psychischen Mechanismen eine dauernde Störung brachte. Dass seine Lehrflucht damit zusammenhängt, sagt er uns selbst : „Ich habe keine Freude gehabt, ich habe immer an meine Mutter denken müssen, wie sie nach dem Unfalle ausgeschaut hat." Freilich verdrängt er dann später alles, was mit dem Tode der Mutter zusammenhängt. Wir ersehen es, wie er sich in den Aussprachen erst nach und nach der Einzelheiten erinnert. Dafür schreitet seine Verwahrlosung weiter fort.

Wir können uns denken, dass dieses traumatische Erlebnis allein die latente Verwahrlosung nicht hätte hervorbringen können, weil es gewiss möglich ist, dass das gleiche Erlebnis andere Jugendliche in eine Neurose geführt hätte, ebenso, dass andere ohne dauernde Schädigung davongekommen wären. Wir können aber annehmen, dass das psychische Trauma das letzte Glied in einer Kette war, dass durch frühe Kindheitserlebnisse der Boden schon vorbereitet war. Wir können aber unmöglich für diese Verwahrlosung die ganz gleiche Ätiologie annehmen wie für die traumatische Neurose. Es sieht aus, als ob sein Vagieren für eine Neurose stünde, vielleicht entging er dadurch auch einer Melancholie. Welche Zusammenhänge auf gedeckt werden müssen, um zu einem vollen Verständnis dieser Verwahrlosung zu kommen, lässt sich gegenwärtig noch nicht sagen. Ob in solchen Fällen eine Psychoanalyse imstande wäre, die Verwahrlosung zu beheben, wissen wir noch nicht, dürfen es aber annehmen; sicherlich hätte sie uns aber Einblick in die sie verursachenden Kindheitserlebnisse oder sonstigen Zusammenhänge gebracht und wir blieben nicht auf Vermutungen angewiesen. Es drängt sich uns die Annahme auf, dass die traumatischen Wirkungen des Unfalles nicht eingetreten wären, wenn der Junge seine Mutter weniger geliebt hätte. Es mag für den ersten Augenblick sehr paradox klingen, eine Verwahrlosungsursache in zu grosser Zuneigung zu suchen. Das Verhältnis beider zueinander und auch das des Jungen zum Vater war wirklich ein sehr inniges; wir erfahren es aus seinen Mitteilungen; es wird uns auch erklärlich, wenn wir die Familiensituation überschauen. Von sechs Kindern sind nur zwei am Leben geblieben, das älteste, die um fünfzehn Jahre ältere Schwester und er, der Jüngste. Er wird verzärtelt, schläft in der Mitte zwischen Vater und Mutter, die Schwester auf dem Divan. Dieser wird, als er zwölf Jahre alt ist, frei, weil die Schwester heiratet; er benützt ihn nun nicht, sondern bleibt bei den Eltern liegen. Nach des Vaters Tod nimmt er sich dessen Bett und umsorgt die Mutter recht sehr. Er sagt mir selbst: „Wie der Vater gestorben ist, habe ich mich in sein Bett gelegt und mich mehr um die Mutter gekümmert." „Ich habe die Wohnung aufgeräumt, eingeheizt und zum Kochen hergerichtet gehabt, wenn die Mutter von der Fabrik nach Hause gekommen ist." Diese Beziehungen dauern bis zum Tode der Mutter an.

Aus dem Tun des Jungen erkennen wir eine übermässige Identifizierung mit dem Vater und auch eine über das Normale hinausgehende Beziehung zur Mutter. Er hat mit ihr gelebt, als wäre er der Vater. Sie dürfen mich hier aber nicht missverstehen, als ob ich meinte, es wäre zwischen beiden auch zu unerlaubten Beziehungen gekommen. Wir gewinnen aber doch aus der Art seiner Reaktion auf die Mitteilung vom Tode der Mutter den Eindruck, als wäre ihm mehr entrissen worden als nur die Mutter. Die abnormen Beziehungen zu ihr dürften Teil daran gehabt haben, dass in seinem psychischen Kräfteablauf jene Störungen eingetreten sind, aus denen sich dann später die Verwahrlosung ergab.

Wir werden in den weiteren Vorträgen noch mehrmals Gelegenheit haben zu hören, dass frühzeitig übermässig zärtliche Beziehungen zu den Eltern oder Geschwistern später in die Verwahrlosung führen können. Für heute merken wir uns nur ganz allgemein: zärtliche Zuneigung des Kindes zu den Familienangehörigen gehört zu den normalen Entwicklungsbedingungen. Diese Zuneigung darf aber nur soweit gehen, dass sie sich in der Pubertät zu lockern vermag; denn in diesem Zeitpunkt muss der Heranwachsende die libidinösen Objekte innerhalb der Familie aufgeben und gegen solche ausserhalb der Familie einzutauschen vermögen. Gelingt das nicht, waren die zärtlichen Beziehungen zu stark, kam es zu einer libidinösen Fixierung, so ist der Weg in die Neurose, manchmal auch in die Verwahrlosung, wie wir bei unserem Jungen annehmen dürfen, offen.

Wir wollen uns nun anschliessend mit der Verwahrlosung einer beinahe vierzehnjährigen Bürgerschülerin beschäftigen, mit der ich in der Erziehungsberatung zu tun hatte, weil von der Schule die Mitteilung einlangte, dass das Kind zu Hause misshandelt werde. Wir werden natürlich wieder den Versuch machen, die Verwahrlosungsursache aufzudecken. Dazu müssen Sie vorher aber vom Sachverhalt, soviel als notwendig ist, wissen.

Die Minderjährige, nennen wir sie Leopoldine, ist Vollwaise und bei dem verheirateten Bruder ihrer Mutter, einem kleinen Geschäftsmann eines äusseren Wiener Gemeindebezirkes, in Pflege. Sie besucht die zweite Klasse der Bürgerschule. Um einen ersten Einblick zu gewinnen, lasse ich die

Pflegemutter mit dem Mädchen kommen. Diese macht durchaus keinen ungünstigen Eindruck und es scheint mir, dass nicht eine Kindermisshandlung im gewöhnlichen Sinne vorliegt, sondern irgendwelche noch nicht klar sichtbare Zusammenhänge gesucht werden müssen. Ich spreche in Abwesenheit des Kindes zuerst mit der Tante. Sie klagt, dass Leopoldine, die beinahe vierzehn Jahre alt, gesund, und kräftig entwickelt ist, ihnen nur Sorgen und Unannehmlichkeiten macht, statt dankbar anzuerkennen, was Onkel und Tante für sie tun. Ihre beiden Eltern sind gestorben; sie würde heute bei fremden Leuten herumgestossen werden, wenn der Mann sie nicht aus dem tschechischen Heimatsdorfe geholt hätte. Dass kein materielles Interesse dazu den Anlass gab, sei klar; denn niemand gebe ihnen irgend etwas zur Erhaltung des Kindes. Ihr Mann habe aber seiner Schwester versprochen, sich um Leopoldine anzunehmen, und das tun beide nun auch: sie werde in der Familie wie das eigene Kind gehalten. Zu keinerlei häuslichen Arbeiten sei sie zu gebrauchen, stehe oder sitze, wenn sie aus der Schule nach Hause komme, beschäftigungslos herum, müsse unaufhörlich angetrieben oder ermahnt werden; sei unpünktlich, trotzig, unverlässlich und verlogen. Nicht einmal zur Versorgung des dreieinhalbjährigen Kindes sei sie verwendbar, weil auch da befürchtet werden muss, dass sie in ihrer Verlorenheit einmal dem Kinde etwas geschehen lasse. Wie gefühllos sie sei, erkenne man daraus, dass sie sich um die verstorbenen Eltern gar nicht kränkt, dass sie beim Leichenbegängnis nicht geweint habe und sich auch jetzt nicht aufrege, wenn die Rede auf die Eltern kommt.

Aus der Schilderung der Verhältnisse im Elternhaus ist zu entnehmen, dass der Vater in einem kleinen tschechischen Dorfe dasselbe Gewerbe betrieb wie der Onkel in Wien, in durchaus geordneten materiellen Verhältnissen lebte, aber Trinker und tuberkulös war. Das Kind ist im Elternhaus immer liebevoll behandelt und gut gehalten worden. Nach dem Tode des Vaters hatte die Mutter das Geschäft verkauft, aber sehr bald eingesehen, wie sehr sie dadurch materiell zu Schaden gekommen war. Sie wollte es wieder zurück haben, konnte das aber nicht durchsetzen und starb infolge der Aufregungen ein halbes Jahr nach dem Vater.

Zum Schluss betont die Tante nochmals, dass von einer lieblosen Behandlung keine Rede sein könne, man aber begreiflich finden müsse, dass ihr bei dem garstigen Verhalten des Mädchens manchmal die Geduld ausgehe. Sie gibt auch ohne weiteres zu, dass sie Leopoldine körperlich gezüchtigt hat, wenn Ermahnungen ergebnislos geblieben waren, aber Misshandlungen seien nie vorgekommen.

Alle Angaben machte die Frau affektlos, überzeugt, dass es sich nur um ein Missverständnis handeln könne, durchaus nicht aus dem Gefühl heraus, sich verantworten zu müssen.

Ich stelle Ihnen nun den Angaben der Tante die des Kindes gegenüber, mit dem ich kurz darauf, natürlich auch unter vier Augen, sprach.

Leopoldine kommt sofort auf die Schule zu sprechen und berichtet, dass sie diese sehr gerne besucht, besondere Zuneigung zur Klassenlehrerin empfindet (von dieser ging auch die Misshandlungsanzeige aus), sonst aber nicht viel Anschluss hat, von keiner Schulkameradin sagen kann, dass sie ihr besonders befreundet sei. Obwohl sie vom Tschechischen ins Deutsche umlernen musste, gebe es für sie keine besonderen Schwierigkeiten.

Über die häuslichen Verhältnisse berichtet sie nur vorsichtig und ängstlich zögernd, obwohl sie von der Misshandlungsanzeige Kenntnis hat und weiss, dass die Berufung aufs Jugendamt eine Massregel zu ihren Gunsten ist. Sie erwähnt die körperliche Züchtigung nicht, wohl aber, dass die Tante sehr viel herumzankt. Auf die Frage, warum die Tante so häufig zankt, schweigt sie einige Zeit und sagt dann: „Ich muss sehr viel an das Zuhausesein bei den Eltern denken."

Ihr bisheriger verlegener Gesichtausdruck bekommt in diesem Augenblick etwas krampfhaft Verzerrtes und verrät, dass mit der Frage eine wunde Stelle getroffen worden war. Ich sehe mich daher veranlasst, mich mit dieser Andeutung eingehender zu beschäftigen, und erfahre nun, dass sie unter ständigem Heimweh leidet, gezwungen ist, sich das Leben im Elternhause in immer wiederkehrenden Phantasien vorzustellen, die sich ganz ungewollt aufdrängen, dass sie von angstvollen Träumen gequält wird und insbesondere die Sterbestunde der beiden Eltern immer wieder vor sich sieht.

Sie schildert nun sehr genau, wie der Vater im letzten Stadium der Tuberkulose, als sie mit ihm allein war, von ihr Wasser zu trinken verlangte, wie sie ihm das Glas reichte, er trank, einen Hustenanfall bekam, der sich in einen Erstickungsanfall fortsetzte, von dem er sich nicht mehr erholte, sondern tot in die Kissen zurückfiel. Es kam niemand herein, obwohl sie schrecklich um Hilfe rief; sie wagte nicht hinauszulaufen, sondern sah den Todeskampf mit an. Erst später erschien die Mutter.

Ein halbes Jahr später, am Ostersonntagmorgen, schickte die Mutter sie in die Kirche. Wie sie sich von ihr verabschiedete, stand diese am Fenster und hantierte mit einem Staubtuch. Ein dabei entstehendes Klappern veranlasste Leopoldine, nochmals zur Mutter zurückzugehen, ihr das Tuch aus der Hand zu nehmen und nachzusehen, woher das Geräusch kommt.

Sie fand darin einen Strick. Weil die Mutter sich schon einmal mit einem Sacktuch erwürgen wollte, nahm das Kind den Strick zu sich und warf ihn dann weg. Als es von der Kirche nach Hause kam, hing die Mutter tot am Fensterkreuze.

Als ihr vor mir diese Szenen in Erinnerung kamen, nahm sie ein ganz eigenartiges Verhalten an. Sie sass mit ineinander geschlagenen Händen, den Kopf seitwärts gesenkt, und überliess sich, den Blick zu Boden gerichtet, ihren Gedanken. Dabei schien sie der Wirklichkeit entrückt und hatte Mühe, sich nachher zurückzufinden. Auf die Frage, ob sie im Hause der Pflegemutter auch öfter so sitze, erhielt ich zur Antwort, dass sie dieser oft nicht ins Gesicht sehe, mit abgewendetem Kopfe zuhöre; denn dann könne sie antworten und sich trotzdem mit ihren eigenen Gedanken beschäftigen, ohne diese verscheuchen zu müssen. Werde sie aber laut angerufen, so erschrecke sie und könne dann nicht sofort zu den anderen zurückkommen. Wenn sie nachmittags allein in der Wohnung gelassen wird, um diese aufzuräumen, lege sie sich im Halbdunkel gerne aufs Sofa, um besser träumen zu können. Störungen überhöre sie leicht, die Pflegemutter sage ihr oft, dass sie schon eine halbe Stunde an der Wohnungstüre angeläutet habe. Dieser getraue sie sich nichts zu sagen, gebrauche dann allerlei Ausreden, die als solche durchschaut werden und die als verlogen erscheinen lassen, was sie aber nicht sei, nur wisse man das nicht. Die Gedanken, die von selbst kommen und sich nicht immer verscheuchen lassen, seien nicht immer schreckhaft, sondern machen ihr oft auch Freude, weil sie frohe Erlebnisse aus dem Heimatdorfe in der Tschechoslowakei in Erinnerung bringen. Diese kommen mit grosser Genauigkeit, stellen sich auch während der Arbeit ein, während des Spieles mit dem Kinde und drängen sich auch auf der Gasse auf, besonders des Morgens, oft nach Träumen; nur in der Schule nicht, wo sie sie absichtlich verscheucht, was ihr dort auch möglich sei. Die häuslichen Arbeiten freuen sie nicht, auch mit dem Kinde spiele sie nicht gerne, weil sie immer Verdruss mit der Pflegemutter habe, wenn dieses raunzig sei oder weine. Aus Ärger darüber spreche sie nichts, die Pflegemutter werde dann sehr böse, es komme zu recht unangenehmen Auseinandersetzungen, die damit enden, dass sie verstockt, trotzig und boshaft genannt werde.

Die Angaben des Kindes scheinen mir um so eher vollständig glaubhaft, weil sein ganzes Verhalten durchaus den Eindruck der Wahrhaftigkeit machte.

Um ein möglichst abgerundetes Bild zu erhalten, sah ich mich veranlasst, auch noch von der Bürgerschule einen Bericht einzuholen. Dort verhielt sich Leopoldine vollständig anders als zu Hause. Die Klassenlehrerin schildert sie als fleissig und aufmerksam, verlässlich und gewissenhaft in ihren Aufgaben, bei den Mitschülerinnen als gefällige und gutmütige Kameradin beliebt. Das Mädchen hatte sich auch nur bei Mitschülerinnen über die Misshandlung beklagt und diese haben der Lehrerin davon Mitteilung gemacht, worauf die Misshandlungsanzeige erstattet worden sei.

Sie haben jetzt die Mitteilungen der Pflegemutter, des Kindes und der Schule gehört und sind gewiss mit mir einer Meinung, dass wir trotz der Ausführlichkeit, mit der wir jedes von diesen zu Worte kommen liessen, noch nicht wissen, welche Massnahmen von unserer Seit zu ergreifen sind.

Vergleichen wir die Schilderungen der Pflegemutter mit dem von Leopoldine Gehörten, so lässt sich eine Kindermisshandlung im gewöhnlichen Sinne des Wortes tatsächlich nicht feststellen. Zu Hause erscheint sie boshaft, trotzig, verlogen, zu keinen häuslichen Arbeiten zu gebrauchen, unzuverlässig, zeigt also ausgesprochen Verwahrlosungserscheinungen, die von ihr, ohne es direkt zu sagen, doch zugegeben werden. In der Schule dagegen ist ihr Verhalten vollständig einwandfrei.

Nach dem uns über die Verwahrlosung bereits Bekannten erscheint es nicht mehr verwunderlich, dass auch hier von der Pflegemutter Verwahrlosungserscheinung und Verwahrlosung miteinander verwechselt werden, und diese versucht, durch strenges Vorgehen, mit Beseitigung der Anzeichen, auch den Zustand zu beheben.

Lassen wir vorläufig unerörtert, ob die dissozialen Äusserungen des Mädchens tatsächlich aus einer Verwahrlosung hervorgehen, sondern nehmen wir an, dass es so sei, dann erschwert sich das Problem gegenüber dem heute schon besprochenen, in welchem das aufsichtslose Herumtreiben auf der Gasse der Anlass war, die latente Verwahrlosung zur manifesten zu machen, die dann dauernd bestehen blieb. Bei Leopoldine sehen wir einen latenten Zustand sich nur zeitweilig, zu Hause, manifestieren, in der Schule nicht. Das stört uns aber; denn wir sind nur vorbereitet, dass ein psychisches Trauma mit zu jenen Ursachen gehört, die ganz eindeutig einen latenten Verwahrlosungszustand zum manifesten machen. Obwohl ein solches vorliegt, das schreckhafte Erleben des in so entsetzlicher Weise erfolgten Todes beider Elternteile, kommt es doch nur zeitweise zur Bildung von Verwahrlosungserscheinungen, wie aus dem so widersprechenden Verhalten zu Hause und in der Schule hervorgeht. Dieses müssen wir uns zunächst zu erklären versuchen.

Die Verwahrlosungserscheinungen zu Hause verdecken zweierlei: dass Leopoldine durch die unfreiwillige Wiederkehr schreckhafter Vorstellungen gequält wird und in lustbetonte Erinnerungen versinkt, wofür wir eine Bezeichnung haben: Tagträumereien.

Was Tagträume sind, dürfte Ihnen bekannt sein. Jeder von uns hat Augenblicke in seinem Leben, in denen er, unbefriedigt von der ihn umgebenden Wirklichkeit, sich in eine schönere Phantasiewelt zurückzieht, seine Luftschlösser baut. Wir sagen in psychoanalytischer Ausdrucksweise, dass wir in solchen Momenten ein Stück unseres Interesses, unserer Libido, von der Realität abgezogen haben. Wir geben Objektbesetzungen auf und überbesetzen in der Phantasie vorhandene Vorstellungen, die dadurch erhöhte Bedeutung gewinnen. Solange dadurch unsere Beziehungen zur Umwelt nicht gestört werden, bleibt das ein ganz normaler Vorgang. Eine Störung tritt erst dann ein, wenn zu viel an Interesse oder Libido dem wirklichen Leben entzogen und für diese Tagträume verwendet wird. Es ergibt sich dann, dass die Tagträume ein Stück der Realität ersetzen, dass sie Energien verbrauchen, die sich im realen Leben auswirken sollten, und dass das lustbetonte Erleben in der Phantasie die Anpassung an die rauhe Realität erschwert. Sie wissen, dass all das bei uns Normalen noch nicht der Fall ist. Wir sind jederzeit in der Lage, das schönste Luftschloss zusammenfallen zu lassen, wenn die Erfordernisse des täglichen Lebens, die Realität dies verlangen, und sind gewohnt, uns dadurch in der Erledigung der Tagesaufgaben nicht stören zu lassen, uns die Tagträume für unbenutzte Augenblicke, etwa auf Spaziergängen, Fahrten auf der Strassenbahn, vor dem Einschlafen vorzubehalten.

Können Sie sich vorstellen, dass es Menschen gibt, bei denen sich diese Tagträume aufdrängen, wenn die Unlust in der Realität zu gross wird, und dass diese es nicht in der Hand haben, nicht immer bereit sind, sich von ihren Phantasien zu befreien? Wir würden psychoanalytisch sagen, dass diese Menschen schon ein grösseres Quantum Libido von der Aussenwelt abgezogen haben, als normal zulässig ist.

Können Sie sich nun noch weiter vorstellen, dass das Interesse für das wirkliche Leben so gut wie verloren gehen kann, dass es Menschen gibt, für welche die Phantasiewelt solche Bedeutung gewinnt, dass sie in den Mittelpunkt des Lebens tritt? Wir haben dann den pathologischen Fall vor uns; die gesamte Libido ist von der Realität abgezogen.

Kehren wir von dieser theoretischen Abschweifung zu Leopoldine zurück. Sie wissen bereits, dass schreckhafte Erlebnisse zu psychischen Traumen führen können, die eine Störung im Ablaufe psychischer Mechanismen so nach sich ziehen, dass unter bestimmten Voraussetzungen, die wir allerdings noch nicht kennen, die latente Verwahrlosung hervorgerufen wird. Das psychische Trauma ist nur die letzte der Ursachen, die in ihrer Gesamtheit die Verwahrlosung zustande bringen. Leopoldine erledigt nun das psychische Trauma nicht so wie der Jugendliche, ja wir können sehen, dass sie sich erst auf dem Wege zur endgültigen Erledigung befindet. Ihm gelingt die Verdrängung des psychischen Traumas; die Versetzung in das andere Milieu ermöglicht ihm den Lustbezug aus seinen dissozialen Handlungen. Warum das so ist, vermögen wir nicht zu sagen, wir vermuten, dass ganz bestimmte Kindheitserlebnisse dabei in Frage kommen. Sie steht noch auf halbem Wege. Die schreckhaften Erlebnisse sind noch nicht vergessen, sie drängen sich noch immer als angstvolle Erinnerungen auf. Ihr nimmt die Versetzung in das andere Milieu alle vertrauten Menschen, die lieben Freundinnen und Bekannten, trennt sie von ihr liebgewordenen Dingen und der Heimat. Sie erfährt eine ungemein starke äussere Versagung, die sie in den lustbetonten Tagträumen wieder rückgängig zu machen sucht. Es ist sehr wahrscheinlich, dass ihr diese auch die Möglichkeit bieten, das psychische Trauma endgültig zu erledigen. Wir sehen auch, wie das Kind für Stunden in seine Tagträume versinkt, schon jetzt gelegentlich schwer den Rückweg in die Wirklichkeit findet und in der Realität des häuslichen Lebens als verwahrlost erscheint. Wir würden schon jetzt das Vorhandensein einer schweren psychischen Störung annehmen müssen, wenn das Kind nicht in der Schule ein ganz anderes Verhalten zeigte. Dort ist es, nach eigener Aussage, imstande, die auftauchenden Phantasien abzuweisen und sich nicht von ihnen stören zu lassen.

Es besteht wohl kein Zweifel mehr, wie dieses Kind aufzufassen ist: es befindet sich auf dem Wege zu einer ernsthaften psychischen Erkrankung, die weitab von Verwahrlosung liegt. Gelingt es nicht, diesen Tagträumen Einhalt zu gebieten, so wird das Kind immer mehr den Anschluss an die Wirklichkeit verlieren und schliesslich nach Abziehen der gesamten Libido von der Realität in eine Phantasiewelt versinken.

Für uns ergibt sich die Frage, was wir zu veranlassen haben! Leopoldine zeigt uns mit ihrem Verhalten den Weg dazu. Sie benimmt sich normal, wo sie sich wohl fühlt, ein Stück des lustbetonten Lebens in der Heimat real reproduzieren und ihr Anschlussbedürfnis befriedigen kann. Sie benimmt sich abnorm, wo ihr das unmöglich wird. Das eine ist in der Schule, das andere zu Hause der Fall. Dort ist sie bei Lehrerinnen und Mitschülerinnen beliebt, gerne gesehen und gewinnt ein Stück des heiteren, geselligen Lebens der Heimat wieder. Im Hause der Pflegeeltern dagegen ist sie wenig mehr als geduldet, findet nicht sehr viel Entgegenkommen und hat statt der ehemaligen bevorzugten Stellung des einzigen Kindes im Elternhause die des Kindermädchens für die dreieinhalbjährige Cousine. Dazu kommt noch die vollständige Verständnislosigkeit, — Böswilligkeit liegt sicher nicht vor, — mit der namentlich die Pflegemutter dem ganzen Wesen des Kindes gegenübersteht.

Es ist sehr wahrscheinlich, dass es uns nicht gelingen wird, dieser Pflegemutter die Richtigkeit unserer Überlegungen begreiflich zu machen und sie dadurch zu einem geänderten Verhalten dem Kinde gegenüber zu veranlassen. Da wir ausserdem keinen Einfluss auf die sonstigen Verhältnisse in der Pflegestelle nehmen können, wird sich die Notwendigkeit als zwingend herausstellen, Leopoldine anderswo unterzubringen. Eine Unterredung mit den Pflegeeltern bestätigte unsere Annahme und es war nun noch zu überlegen, wohin mit dem Kinde? Es erschien uns nicht zweckmässig, das Mädchen einer anderen Familie zu übergeben, weil das für eine so schwierige psychische Situation erforderliche Verständnis in Pflegefamilien kaum zu finden ist und der gute Wille allein hier nicht mehr ausreicht. Sie kam in die Hand einer verständnisvollen, psychoanalytisch geschulten Erzieherin, die ihr durch Aussprachen die Möglichkeit verschafft, sich von den Nachwirkungen der traumatischen Erlebnisse zu befreien, ausserdem in eine Umgebung, die ihr im Zusammenleben mit Gleichaltrigen ein reicheres Erleben als bisher sichert. Wir nahmen an, dass so die von der Realität gebotene Lust erfolgreich mit der des Tagtraumes in Widerstreit treten werde. Ich kann Ihnen auch mitteilen, dass diese, Leopoldine gebotenen günstigen Entwicklungsbedingungen, im Verlaufe von mehr als einem Jahre schon solche Veränderungen in ihr hervorgerufen haben, dass wir sehr beruhigt die weitere Entwicklung abwarten können. Obwohl bei Leopoldine trotz der Verwahrlosungserscheinungen zu Hause eine Verwahrlosung nicht bestand, habe ich Ihnen doch davon berichtet, weil Sie aufmerksam werden sollen, dass uns manch Krankhaftes auch als Verwahrlosung gebracht wird. Der Fürsorgeerzieher, der gelernt hat, Anzeichen nicht mit einem Zustande zu verwechseln, wird sehr vorsichtig sein und immer mit der Möglichkeit rechnen, Verwahrlosungserscheinungen gegenüber zu stehen, die aus krankhafter Disposition erwachsen sind.

Die Auswirkung schreckhafter früherer Erlebnisse kann sich auch in Führungsschwierigkeiten einzelner Fürsorgeerziehungszöglinge in der Anstalt zeigen. Ich führe Ihnen dazu zwei Fälle an. Als ersten ein Mädchen aus einer Gruppe Schulentlassener, das immer verträglich, fleissig und sehr verwendbar war, plötzlich und scheinbar ganz unmotiviert aber ein gänzlich anderes Verhalten zeigte. Als zweiten ein zwölfjähriges Schulmädchen, das dadurch unangenehm auffiel, dass es vom Tage seiner Überstellung an fortwährend versuchte, seine Kameradinnen zu schrecken.

Die Erzieherin der jugendlichen Mädchen versuchte alles mögliche, um über die so ganz unerwartete und unerklärliche Führungsschwierigkeit hinwegzukommen. Je mehr sie sich mit der Minderjährigen beschäftigte, desto unverträglicher, störrischer und arbeitsunwilliger wurde diese, so dass schliesslich mit der so vollständig aus dem Gleichgewicht Geratenen in der Gruppe nichts mehr anzufangen war.

Zu mir gebracht, brach das Mädchen nach verhältnismässig kurzer Zeit in heftiges Weinen aus, ohne dass die Ursache gleich zu ersehen gewesen wäre. Sie erzählte noch unter Schluchzen, dass sie seit einigen Tagen immer vom selben Traum gequält werde und dabei grosse Angst ausstehe. Er ist kurz folgender: Aus einer Ecke des Schlafsaales kommt die bereits verstorbene Mutter auf sie zu, setzt sich auf den Bettrand, hebt langsam die Hände zu ihrem Hals und würgt sie. Jedesmal, bevor sie ganz tot ist, wird sie wach und hört sich noch aufschreien. Ich frage sie nach der Erzählung des Traumes, wie sie sich zu Hause aufgeführt habe und ob die Mutter mit ihr immer zufrieden gewesen sei. Sie schildert das Zusammenleben mit der Mutter so, dass anzunehmen gewesen wäre, es gäbe keine bessere Tochter als sie. Die überschwengliche Darstellung des Verhältnisses zur Mutter liess aber das Gegenteil vermuten. Auf die Frage, ob sie der Mutter nie Kummer bereitet habe, wurde sie auffallend stille. Ich begann von anderem zu sprechen und kam dann unmerklich wieder auf die Mutter zurück. Sie erwähnte jetzt, dass die Mutter vor ihrem Tode lange bettlägerig gewesen war und so ganz nebenbei, dass sie dieser einmal Wäsche gestohlen habe. Ich begnüge mich nicht mit dieser Andeutung, sondern dringe auf eine genauere Darstellung des Diebstahles. Sie erzählt nun folgendes: Die Mutter liegt auf dem Sterbebette. Sie selbst steht abends mit einer Freundin beim Haustor und diese drängt mit dem Hinweise auf das Ungefährliche einer Entwendung, der Mutter Wäsche zu stehlen. Nach deren Ableben wisse niemand, wieviel vorhanden war, es könne daher nie etwas aufkommen. Am nächsten Vormittag steht unser Zögling beim Küchenherd und kocht, als die Freundin kommt, die gestohlene Wäsche zu holen. Diese liegt noch im Kasten. Das Mädchen hatte sich zum Diebstahl nicht entschliessen können und wehrt sich auch jetzt noch gegen den Einfluss der Verführerin; sie will nicht stehlen. Die Freundin wird immer dringlicher. Endlich gelingt es ihr, die Bedenken zu zerstreuen, als sie auf die Leichtigkeit hinweist, mit der der Diebstahl auszuführen wäre: „Der Wäschekasten ist von der Küchentüre aus zu sehen; man braucht nur auf den Zehenspitzen zu gehen, vorsichtig aufzutreten und nirgends anzustossen, dann den Kasten leise aufzusperren, so werde die Mutter, deren Bett zwar dem Kasten gegenübersteht, die aber mit dem Gesicht zur Wand liegt, nichts merken." Der Widerstand ist überwunden und das Mädchen geht, doch immer noch zögernd, in das Zimmer. Die Freundin bleibt in der Küchentüre stehen und nickt der nicht ganz Entschlossenen Mut zu, als sie auf halbem Weg umkehren will. Nun erst unterliegt sie dem Einflusse der Freundin. Beim Kasten angelangt, merkt sie, dass dieser nicht versperrt ist, sie daher überflüssigerweise den Schlüssel mitgenommen hat. Im Aufmachen knarrt die Kastentür und sie lässt in grösstem Schreck den Schlüssel fallen. Sie hat entsetzliche Angst, dass die sterbende Mutter sich umwenden und sie bemerken könnte. In höchstem Affekt rafft sie zusammen, was rasch erreichbar ist, stürzt in die Küche zurück und gibt der lachenden Freundin die entwendeten Wäschestücke. Diese nun befriedigt, entfernt sich, nachdem die beiden Mädchen noch eine Zusammenkunft für den nächsten Tag vereinbart hatten; die Freundin übernimmt den Verkauf. Sie kommen wirklich zusammen; der Erlös wird aber nicht geteilt, sondern ein gemeinsamer Ausflug in den Prater beschlossen. Sie fahren Ringelspiel, mit dem Riesenrade, gehen in die verschiedentlichen Schaubuden und vergeuden den letzten Rest des Geldes in einem Pratergasthaus. An die Mutter wird nicht gedacht, im Gegenteil, sie unterhalten sich prächtig. Als das Mädchen spät am Abend nach Hause kommt, ist die Mutter tot. Das macht ihr nichts; sie ärgert sich nur, dass Verwandte, die in der Wohnung anwesend sind, ihr Vorwürfe machen. Sie wird mit diesen frech, weil man wissen will, wo sie den ganzen Nachmittag gewesens ei. Über den Diebstahl macht sie sich keinerlei Gewissensbisse, auch dann nicht, als Angehörige, die doch über den Wäschestand unterrichtet waren, den Vormund verdächtigen, er hätte Wäsche fortgeräumt.

Das Mädchen teilte mir diese Vorgänge stockend, in abgerissenen Sätzen, mit, weint ausserordentlich heftig und gerät dabei in höchste Erregung. Sie spricht das erstemal über diese Dinge, die sie auch noch nicht lange quälen. In der Aussprache mit mir meint sie, dass es anfing, ihr unerträglich zu werden, seit die Tante, so wurde die Erzieherin genannt, sie liebgewonnen hatte. Sie sagte mir auch wörtlich: „Ich wollte alles schon so oft der Tante sagen, habe mich aber gefürchtet, dass sie mich dann nicht mehr mag. Wenn sie weiss, was ich für ein Luder bin, kann sie mich nicht mehr gerne haben." Wir sprachen hernach beide gemeinsam mit der Erzieherin, die sich mit grossem Verständnis in die gegebene Situation hineinfand. Sie ging mit der sehr erleichterten Jugendlichen in die Gruppe zurück. Das Mädchen begab sich sofort zur Arbeit und jede Widerspenstigkeit der Erzieherin und den Mitzöglingen gegenüber war verschwunden. Für die Erzieherin blieb aber noch manches zu tun. Sie beschäftigte sich durch einige Zeit intensiver vor dem Schlafengehen mit ihr. Sie gedachten in den Aussprachen immer noch der verstorbenen Mutter. Es kam viel zutage und das Mädchen selbst zur Einsicht, dass es aus seiner grossen Schuld der Liebe der Erzieherin nicht würdig gewesen sei. Dass solches Verhalten wirklich aus diesem Zusammenhange hervorgehen kann, werden wir im letzten Vortrag, beim „Verbrecher aus Moral", besprechen. Ihre Angst vor dem Traume schwand, je mehr sich ihr Schuldgefühl verringerte und sich durch die fortschreitende Identifizierung mit der Erzieherin eine immer mehr sich ändernde Einstellung zum Leben ergab.

Als zweiten Fall, dass Führungsschwierigkeiten in der Anstalt durch schreckhafte Erlebnisse bedingt sein können, habe ich Ihnen schon das Schulmädchen angekündigt, das immer wieder versuchte, seine Kameradinnen zu schrecken. Auffällig war, dass das zwölfjährige Kind dazu nur ganz bestimmte rot gefärbte Dinge, die sich zu Gesichtslarven oder ängstigendem Kopfputz eigneten, verwendete. Es entwickelte auch eine ganz besondere Sucht und ungemeine Geschicklichkeit, sich rotfarbige Sachen anzueignen. Was als Schreckmittel dienen konnte, wurde auch dazu benützt: Papier, Tuch, Bänder usw.

Es währte ziemlich lange, bis wir mit der Aufdeckung der dem Kinde mit ganz geringen Schwierigkeiten klar zu machenden Ursache diese Führungsschwierigkeit beseitigen konnten. Zuerst deckten wir auf, dass das Mädchen, als es in die erste Volksschulklasse ging, sehr erschreckt worden war. Am Nikolotage holte es wie gewöhnlich dem Lebensgefährten der Mutter vom benachbarten Gasthause Bier und traf in der Dämmerung auf der Stiege einen Krampus mit roter Gesichtslarve. Im ersten Schrecken liess es das Glas fallen und lief laut schreiend in die Wohnung zurück. Der Krampus sprang hinter ihm nach, schlug es mit der Rute und liess auch in der Wohnung von ihm nicht ab, trotzdem es sich hinter das Bett flüchtete. Die Kleine erinnert sich noch, dass der Krampus sie hervorholte. Was weiter war, weiss sie nicht mehr.

Dieses Erlebnis wurde in den Aussprachen sehr affektiv zur Reproduktion gebracht, ohne dass nachher eine Änderung im Verhalten zu bemerken gewesen wäre. Erst als es gelang, ein noch früheres aufzudecken, ergab sich ein Erfolg.

Als Vierjährige, dieses Alter konnte einwandfrei festgestellt werden, weil unmittelbar nachher die Ehetrennung der Eltern erfolgte, trug sie die

Mutter auf dem Arme zu einer rothaarigen Frau. Zwischen beiden kam es zu einer heftigen Auseinandersetzung und nachher zu einem Raufhandel, in dessen Verlauf die Mutter die Rothaarige so bei den Haaren riss, dass sich die Frisur löste. Das Kind, das im Verlaufe der Streiterei neben die Mutter gestellt worden war, kam zu Falle und schlug sich das Gesicht blutig. Der Streit endete damit, dass die beiden, Mutter und Kind, aus der Wohnung der anderen Frau hinausgeworfen wurden. Der letzte Eindruck, den die Kleine von diesem Auftritt hat, ist ein blutiges, von roten Haaren umrahmtes Gesicht, das der Frau, die sie aus der Wohnung hinausgeworfen hat. Als sie nach Hause kamen, entstand zwischen den Eltern nach vorherigem grossem Schreien der Mutter eine Rauferei. Das Kind weiss, dass es den Vater dann nicht mehr gesehen hat. Wir wissen, dass der erste Raufhandel zwischen der Mutter und der Geliebten des Vaters sich abgespielt hatte und dass unmittelbar nachher die Mutter vom Vater wegzog.

Ich kann heute auf eine Erläuterung, warum das Mädchen den erlittenen Schrecken nun anderen zufügen will, noch nicht eingehen, weil wir dazu Vorbereitungen brauchen, die ich Ihnen erst später geben werde. Das zu erkennen, ist augenblicklich auch nicht unsere Aufgabe. Wir sollen zur Erkenntnis kommen, dass schreckhafte Erlebnisse zu psychischen Traumen und dadurch zur Verwahrlosung oder zu Verwahrlosungserscheinungen führen können.

EINIGE URSACHEN DER VERWAHRLOSUNG

(Fortsetzung)

Meine Damen und Herren! Wir haben zur Untersuchung von Verwahrlosungsäusserungen eine Ihnen noch nicht geläufige Betrachtungsweise gewählt, und trotzdem ist es uns schon gelungen, einige tiefere seelische Zusammenhänge zu erkennen. Dass wir noch weitab vom Ziele stehen, liegt nicht an ihr, sondern in unserer bis nun unzulänglichen Erkenntnis. Und doch besteht kein Anlass zur Unzufriedenheit. Wir halten bei aller Vorsicht in der Verallgemeinerung von Einzelergebnissen bei einer wesentlichen Einsicht: Die Verwahrlosungsäusserungen sind auch nur eine von der Norm abweichende Erscheinungsform psychischer Akte und deswegen darf eine Lösung des Verwahrlostenproblems ohne vorhergehendes Erfassen seines psychologischen Inhaltes nicht erwartet werden. Verbleiben wir in der psychoanalytischen Denkrichtung, dann führt uns diese Auffassung vom Wesen der Verwahrlosungsäusserung dazu, in ihr das wohldeterminierte Ergebnis psychischer Abläufe zu erkennen, an denen jedesmal auch irgendwie Erregungsgrössen, Affektbeträge, beteiligt sind. Das Schicksal dieser Besetzungsenergien bedingt mit, wohin sich das Individuum entwickelt: ob es psychisch normal bleibt, irgendwie nervöse Störungen oder Erkrankungen aufweist oder auch ins Dissoziale ausweicht. Unsere Fragestellungen bei der Untersuchung von Verwahrlosungserscheinungen werden daher dynamische Vorgänge und quantitative Unterschiede, Verschiebungen, Verdichtungen, Aufstauungen und Entladungen psychischer Energiemengen betreffen. Das sind aber die Untersuchungsvoraussetzungen der psychoanalytischen Psychologie oder mit ein Teil der Freudschen Metapsychologie, die daher für unsere Arbeit von allergrösster Bedeutung ist.

Warum ich Ihnen bereits Gesagtes mit etwas anderen Worten und ein wenig vollständiger wiederbringe? Weil ich die Befürchtung hege, dass Sie sich eine recht schwierige Sache zu leicht vorstellen. Die bisher angestellten Überlegungen und Schlussfolgerungen erscheinen Ihnen durch ihr Ergebnis vielleicht als selbstverständlich und sehr einfach, so dass Sie die Notwendigkeit eines gründlichen Studiums der psychoanalytischen Wissenschaft unterschätzen. Es wäre auch nicht ausgeschlossen, dass sich Ihnen die Meinung aufdrängt, man könne mit einigen psychoanalytischen Überlegungen Fürsorgeerziehung betreiben, da man bisher ohne sie ausgekommen ist. Wenn Sie sich davon leiten liessen, steuerten Sie einem wilden Dilettantismus zu, mit dem Sie mehr Schaden anrichteten, als wenn Sie von Psychoanalyse nie etwas gehört hätten.

Wenn auch nicht jeder Verwahrloste das interessante psychoanalytische oder neurotische Problem ist, werden doch die einzelnen Verwahrlosungserscheinungen durch die Vielheit von Determinierungsmöglichkeiten so kompliziert, dass wir ohne gründliche theoretische Vorbereitung bei unseren Untersuchungen in einer Sackgasse landen müssten. Ich will Sie aber auch nicht ängstlich, sondern nur aufmerksam machen, dass jede Oberflächlichkeit und Voreiligkeit vermieden werden muss, wenn wir nicht Gefahr laufen wollen, an irgendeiner Stelle zu scheitern. Bleiben wir ausserdem immer recht vorsichtig und bescheiden, so können wir den Versuch, die Ursachen von Verwahrlosungserscheinungen aufzudecken, fortsetzen.

Ich werde Ihnen zunächst von einem Verwahrlosten berichten, der mir privat gebracht wurde, der aber mit einem anderen, fast gleichzeitig amtlich behandelten nahezu dieselben Determinanten aufwies.

Um nicht am Pathologischen, das zum Arzt und nicht zum Erzieher gehört, vorüberzugehen, empfahl ich der Mutter, ihren achtzehnjährigen Sohn zuerst auf der heilpädagogischen Abteilung der Wiener Kinderklinik untersuchen zu lassen. Dort wurde festgestellt, dass die Arbeitsscheu und die argen Exzesse des Jugendlichen zu Hause, wegen welcher Erscheinungen die Mutter zu mir kam, auf einen Familienkonflikt zurückzuführen seien und dass krankhafte psychische Störungen nicht vorliegen.

Sehen wir uns zuerst wieder die Familienkonstellation an: Die Mutter ist Witwe, der Vater vor vier Jahren gestorben. Er war Werkmeister in einem grösseren Fabrikbetrieb, sie bis dahin zu Hause. Nach seinem Tode übernahm die Mutter eine Stelle als Kontoristin, die ihr und den Kindern nur ein kärgliches Auskommen ermöglichte. Seit einem halben Jahre geht es besser, weil die älteste, um ein Jahr jüngere Tochter als der Sohn ihren Arbeitsverdienst beisteuert. Diese ist ausgelernte Damenschneiderin und arbeitet gegenwärtig in einem grösseren Wiener Modesalon. Ausser den beiden genannten Kindern besteht die Familie noch aus drei Mädchen im Alter von fünfzehn, dreizehn und zehn Jahren.

Ich nehme, als Mutter und Sohn nach der ärztlichen Untersuchung wieder zu mir kommen, zuerst den Jugendlichen vor und lasse die Mutter in einem anderen Raume warten.

Er zeigt stark femininen Habitus, verlegenes, ängstliches, schüchternes Benehmen und ist anfänglich in seinen Mitteilungen recht zurückhaltend. Man würde diesem Jungen so arge Exzesse nicht zutrauen; sie können auch unmöglich der Ausdruck eines brutal veranlagten Menschen sein, sondern müssen als momentane Affektäusserungen gewertet werden.

Die Unterredung mit ihm währte ziemlich lange. Das für uns heute Wesentliche aus seinen Mitteilungen:

Er besuchte die Volks- und Bürgerschule in Wien, trat mit gutem Abgangszeugnis aus der dritten Bürgerschulklasse aus und konnte nicht, was beabsichtigt war, die Mittelschule besüchen, weil der Vater bald darauf starb. Bis gegen Weihnachten suchte er eine geeignete Anstreicherlehre, fand nichts und trat, um zu verdienen, bei einem Drogisten als Laufbursche ein. Da die Mutter wollte, dass er ein Gewerbe lerne, verliess er nach einigen Wochen diese Stelle und kam bald darauf in eine Tischlerei als Lehrling. Dort fühlte er sich recht wohl und blieb über ein Jahr, bis er erfuhr, dass sein Lehrherr nicht das Meisterrecht besass und daher Lehrlinge nicht freisprechen konnte. Darüber verärgert, lehnte er eine zeitlang Tischlerlehren ab, bis es der Mutter doch gelang, ihn zum Eintritte in eine andere Werkstätte desselben Gewerbes zu bewegen. Dreiviertel Jahre später sagte die Firma Konkurs an, der Betrieb wurde gesperrt und unser Jugendlicher war neuerlich ohne Lehrstelle. Er hatte, wie er selbst sagt, nun von der Tischlerei endgültig genug. Als gutes Zureden der Mutter nichts vermochte, versuchte sie, ihn durch Schläge zu einer Änderung seines Entschlusses zu bringen. Alles war vergeblich, der Widerstand nicht zu überwinden, er wollte nicht mehr, wollte überhaupt kein Gewerbe mehr lernen, suchte wochenlang nach einer passenden Arbeitsgelegenheit, bis er abermals als Laufbursche, diesmal in ein Papiergeschäft, eintrat. Nach sechs Wochen wurde er entlassen: er führte einen Auftrag, der seinem Empfinden zuwiderlief, nicht aus. Nun nahm sich ein Verwandter seiner an, denn die Mutter erklärte, sie behalte ihn nicht mehr. Er kam von Wien weg in eine Drechslerlehre, war aber nach acht Wochen bei der Mutter zurück. Zwischen seinen früheren Lehr- und Dienstplätzen hielt er sich immer nur einige Wochen zu Hause auf. Diesmal blieb er ein halbes Jahr beschäftigungslos, bis er nun zum drittenmal eine Stelle als Laufbursche in einem Wirkwarengeschäft übernahm. Dort hielt er sich aber wieder nur ganz kurze Zeit, und als er zu mir gebracht wurde, war er schon wieder über einen Monat ohne Arbeit.

Er gibt zu, dass er, der gesunde, kräftige Junge, der Mutter nicht zur Last fallen könne, wehrt sich aber, als gewöhnlicher Hilfsarbeiter zu gehen, wozu ihn die Mutter zwingen will. Er wäre einverstanden, die Tischlerei auszulernen, wenn sich jemand bemühe, dass ihm das erste Jahr Lehrzeit eingerechnet werde, aber darum habe sich bisher niemand gekümmert.

In den beschäftigungslosen Zeiten hatte er der Mutter in den häuslichen Arbeiten, die ihm viel Vergnügen machen, geholfen. Am liebsten wäscht er Geschirr ab und reibt die Wohnung aus. Die freien Stunden verbringt er mit Lesen von Büchern. In der Wahl seiner Lektüre ist er nicht sehr anspruchsvoll. Er hat keine besondere Vorliebe für bestimmte Bücher, sondern liest, was ihm unterkommt.

Beim Besprechen seiner Beziehungen zu den Familienangehörigen wird er sehr erregt, namentlich als die Rede auf die älteste Schwester, Leopoldine, die seinen ganzen Hass auf sich gezogen hat, kommt. Man erfährt von ihm, dass seine Wutausbrüche und Angriffe zumeist ihr gelten. Er empfindet es als Schmach, von den Schwestern nicht vollwertig genommen zu werden, betont nachdrücklichst, dass man ihn immer auslache, Leopoldine dabei die Anführerin sei und die Mutter, statt für ihn einzutreten, auf Seite der Mädchen stehe. Er setzt mir in ziemlichem Affekt auseinander, dass in einer Familie nicht nur die Schwestern zu reden haben, sondern er auch wer sei. Am liebsten ist ihm die Mutter, die Schwestern folgen in der Reihenfolge ihres Alters, die jüngste zuerst. Leopoldine mag er gar nicht, weil sie immer so ekelhaft ist und meine, es müsse alles nach ihrem Kopfe gehen.

Die Schwestern sind in ihrer äusseren Erscheinung voneinander sehr verschieden; Leopoldine höher gewachsen als er, mit länglichem Gesicht, blauen Augen und lichtblondem Haar. Sie sieht der Mutter ähnlich, die anderen haben mehr Ähnlichkeit mit dem Vater.

Mutter und Schwestern sind sehr religiös, er nicht, ist sozialdemokratisch gesinnt, hat darüber mit seinen Familienangehörigen noch nie gesprochen. Diese verkehren nur in streng katholischen Kreisen und Vereinen. Er wird immer mitgenommen, ohne dass man seinen Widerwillen ahnt. Seinen Konflikt über den Gegensatz in den Weltanschauungen wagt er der Mutter nicht mitzuteilen. In einer der mütterlichen Gesellschaften gefällt es ihm, weil er dort ein Mädchen kennen gelernt hat, für das er schwärmt, obwohl sonst auch dort unausstehliche Menschen sind.

Auf die Frage, ob ihm schon einmal ein Mädchen gefallen habe, wird er äusserst verlegen, gibt dann aber freimütig zu, dass er als Dreizehnjähriger eine Schulkameradin der Leopoldine, die viel bei ihnen war, sehr geliebt habe. Er hat sie als der Schwester sehr ähnlich sehend in Erinnerung, nur waren ihre Haare dunkler blond und die Augen blaugrau. Als ich wissen wollte, ob er auch gegenwärtig verliebt sei, errötet er sehr stark, spricht aber dann sehr begeistert von dem schon erwähnten Mädchen aus dem Gesellschaftskreise der Mutter. Ob er sie schon einmal geküsst habe? „Das tut man doch nicht", entgegnete er unter abermaligem Erröten sehr verlegen. Er schildert sie, ohne dass es ihm aufgefallen wäre, in ihrem Wesen und der äusseren Erscheinung der Poldi ganz entgegengesetzt. Obwohl sie um zwei Jahre älter ist als diese, hat sie nicht seine Körpergrösse erreicht, und die älteste Schwester ist noch grösser als er. Ausserdem sind ihre Haare schwarz und die Augenfarbe dunkelbraun. Über Aufforderung, mir zu sagen, ob er aus seiner Kindheit solche Haare und Augen erinnere, nennt er die jüngste Schwester.

Über Kindheitserinnerungen befragt, gibt er einige an, davon zwei:

Die eine: Das „Wunsch-Aufsagen" zu festlichen Anlässen, war in der Familie immer eine besondere Angelegenheit. Einmal, er besuchte damals die Schule noch nicht, kam es zwischen ihm und Poldi zu einem Konkurrenzkampf. Der Vater versprach demjenigen von beiden ein Bilderbuch, der den „Geburtstagswunsch" schöner sage. Dem Vater gefiel Poldis Vortrag besser und sie erhielt die Prämie. Das ärgerte den Jungen so sehr, dass er das Bilderbuch zerriss. Die Erinnerung an diesen Vorfall stellte sich so ein, dass er zuerst schildert, wie er vom Vater für diese Untat über das Knie gelegt und fest gezüchtigt wurde.

Die andere: Er und Poldi spielen sehr häufig und gerne „Vater und Mutter", die jüngste Schwester war bei diesem Spiele immer ihr Kind.

Die Mutter, die ich nun vornahm, war vom langen Warten in etwas gereizter Stimmung, und gleich nachdem sie Platz genommen hatte, setzte sie mir recht entrüstet auseinander, dass sie nicht begreifen könne, wozu eine so lange Unterredung mit dem Jungen notwendig gewesen sei. Warum sie meine Hilfe in Anspruch nehme, wisse ich ohnehin seit unserem ersten, kurzen Zusammensein, ehe ich sie zum Arzte schickte. Es war ganz deutlich zu erkennen, dass sie sich in ihrer mütterlichen Autorität beeinträchtigt fühlte. Sie ist eine hagere, mittelgrosse Frau mit scharf geschnittenem Gesicht und harten Augen. Aus ihrem Auftreten gewinnt man den Eindruck, es mit einem energischen, sicher im Leben stehenden Menschen zu tun zu haben. Das Leben hat ihr arg mitgespielt, schon in der eigenen Kinderstube, dann später in der Ehe und nach dem Tode des Mannes. In der Ehe hatte sie ein materiell sehr gesichertes Leben, aber nicht die richtigen Beziehungen zu ihrem Mann, nachher sehr schwer zu kämpfen, um sich und ihre fünf Kinder erhalten zu können, bis Poldi zum Verdienen kam, die ausserodentlich brav ist und den ganzen

Arbeitsverdienst abliefert. Jetzt ginge es soweit, aber nun wird es mit dem Jungen immer ärger.

Sie ist eine tiefere Natur, deren Lebensbedürfnissen der Gatte nie Verständnis entgegengebracht hatte. Er war ein heiterer Mensch, der das Leben von der schönen Seite nahm, sich unterhielt, wo immer es ging, und dabei nicht wählerisch war, auch nicht mit Frauen. Obwohl es nie zu offenen Differenzen kam, entfremdete sie sich ihm immer mehr. „Ich musste stets abseits vom Leben gehen", sagt die Frau, „bin sehr religiös erzogen worden, habe dann später einen Widerspruch des Lebens mit den mir anerzogenen Grundsätzen gesehen und mich jahrelang gequält, bis ich endlich innerlich mit mir ins Reine gekommen bin."

Von ihrem Sohne spricht sie sehr geringschätzig, und so, als ob er ihr nichts mehr bedeutete. „Er ist kein Mann, ein eigensinniger, dummer Bub, und dabei will er der Gescheite sein. Wenn er mit den Schwestern allein zu Hause ist, kehrt er den Herrn heraus; das lassen sich die Mädchen natürlich nicht gefallen. Er schimpft und redet dabei einen rechten Unsinn zusammen, die Schwestern lachen ihn aus, er wird brutal und geht namentlich auf die Poldi wie ein wildes Tier los. Ich muss ihn von zu Hause wegbringen, sonst geschieht noch ein Unglück. Mir gegenüber ist er gefügig und wagt es nicht sich aufzubäumen, weil ich ihn sonst trotz seiner achtzehn Jahre noch züchtige. Hat er etwas angestellt, dann benimmt er sich wie ein kleines Kind, ist besonders brav und macht die Wohnung ganz aussergewöhnlich nett. Er ist zwar ein ordnungsliebender Mensch, hat seinen Kasten schöner eingeräumt als seine Schwestern; es gibt viel Zank, wenn diese ihm seine Ordnung stören, aber auf sich selbst hält er nichts. Er steht wohl eine Stunde vor dem Spiegel, kämmt und bürstet die Haare, damit der Scheitel nur schön und die Krawatte gut gebunden ist, aber ich muss nachsehen, ob er Ohren und Hals gewaschen hat. Das halten ihm natürlich seine Schwestern auch vor. Er ist ein Egoist, hat nur sich selbst gerne, steht in der Frühe nicht auf und putzt sich seine Schuhe nicht. Er hat überhaupt nicht den Trieb, selbst etwas zu machen. Zu Hause in der Wirtschaft mithelfen und Bücher lesen, das möchte er; das ist aber keine Beschäftigung für einen so alten Jungen, er muss endlich in eine geordnete Beschäftigung hinein. Ich erhalte ihn nicht länger, ich habe kein Geld für ihn, er muss begreifen, dass wir uns nicht mehr für ihn plagen werden. Er ist auch nicht ehrlich. Wenn ich ihn einkaufen schicke, macht er mir kleine Veruntreuungen und vernascht das Geld, wie ein Schulbub. Ich sehe dem absolut nicht weiter zu, er muss weg und soll sich als Hilfsarbeiter sein Brot selbst verdienen."

Sie können sich an dieser Stelle der Erörterung gewiss nicht des Eindruckes erwehren, dass die Klagen der Mutter der Berechtigung nicht entbehren und dass sie mit Recht Hilfe sucht, um ihren erwachsenen Sohn in geregelte Arbeitsverhältnisse, zum Verdienen und in ein mögliches Verhältnis zum Hause zu bringen.

Was haben wir zu tun? Vielleicht erscheint es Ihnen richtig, nun, da beide streitende Parteien angehört wurden, Mutter und Sohn gemeinsam vorzunehmen, um einen Mittelweg zur Verständigung zu finden; dem einen und dem anderen zuzureden, ein wenig nachzugeben, und so etwas wie ein Kompromiss herzustellen zu versuchen. Ein solches Vorgehen wäre ebensowenig am Platz, als eine moralische Wertung der Tat des Verwahrlosten. Der Fürsorgeerzieher ist weder Friedensrichter, noch hat er den Jugendlichen zu verurteilen oder freizusprechen. Ihm obliegt eine andere, uns schon bekannte Aufgabe.

Er hat vor allem die Ursachen, die zur Verwahrlosung geführt haben, aufzudecken, muss daher die psychische Situation, aus der heraus das Handeln erfolgte, erfassen und hinter diesem den Kräfteablauf, der die Dissozialität bedingte, auffinden. Sie werden verstehen, dass wir in diesem Abschnitte unserer Arbeit uns nur um die psychischen Reaktionen der Verwahrlosten kümmern müssen. Von Bedeutung ist daher nicht der objektive, sondern der subjektive Tatbestand. Und alles, was wir vom Dissozialen selbst oder sonstwie hören, dient nur dazu, diesen festzustellen. Daraus folgt aber, dass wir uns ganz eindeutig auf Seite des Verwahrlosten stellen. Weil ja auch alles Psychische determiniert ist, sagen wir uns: er hat recht, das heisst, es müssen Gründe für sein Tun vorhanden sein. Sollten Sie Zweifel hegen, ob diese Auffassung richtig ist, dann wollen Sie überlegen, was zur Aufdeckung einer Verwahrlosungsursache gewonnen ist, wenn wir uns über den Verwahrlosten moralisch entrüsten, oder auf das Empfinden jener eingehen, die sich durch ihn beeinträchtigt fühlen. Soziale, moralische oder ethische Werturteile helfen uns ebensowenig wie die Parteinahme für Eltern und Gesellschaft. Freilich ist auch das Verhalten der näheren Umgebung eines Verwahrlosten und das der Gesellschaft ihm gegenüber determiniert. Das kommt aber erst später in Frage, wenn zu überlegen ist, welche Erziehungsmassnahmen zur Behebung der Verwahrlosung einzuleiten sind.

Wir sind durch diese allgemeinen Auseinandersetzungen etwas von unserem Jugendlichen abgekommen. Beschäftigen wir uns zunächst mit seinem unangenehmsten Zuge, der Brutalität zu Hause, namentlich gegen seine älteste Schwester.

Sie darf also weder als schlecht aufgefasst noch sonst irgendwie gewertet werden, sondern muss als das gelten, was sie tatsächlich ist: eines der Anzeichen, dass ein latent längst vorgebildeter Zustand sich jeweils manifestiert; oder in dynamischer Ausdrucksweise, dass der psychische Kräfteablauf nicht mehr die soziale Richtung einhält.

Diese den Jungen dissozial in Erscheinung bringenden psychischen Mechanismen könnten die Folgen einer natürlichen brutalen Veranlagung sein, mithin sich konstitutionell begründen. Wäre das anzunehmen, so käme eine weitere Untersuchung dieser Verwahrlosungserscheinung nicht in Frage und wir hätten uns nur mehr mit seiner Arbeitsscheu zu befassen. Diese Annahme ist aber nicht zu halten. Ich habe eingangs der Besprechung erwähnt, dass schon der erste Eindruck vom Jungen kaum die Meinung aufkommen lasse, dass es sich hier um Akte einer brutalen Veranlagung handle. Wir haben dann von der Mutter einzelne Züge des Jugendlichen geschildert bekommen, die eine solche vollständig ausschliessen. Was der Junge selbst uns mitteilt und angibt, lässt seine Aggressionen viel eher als momentane Affektausbrüche erscheinen, und als solche nehmen sie unser Interesse in Anspruch.

Wir finden, dass diese Ausbrüche sich vorwiegend gegen die älteste Schwester richten, und der Hass gegen sie ist auch aus seinen eigenen Äusserungen deutlich zu erkennen. Die eine der Kindheitserinnerungen, die der Junge spontan bringt, könnte uns den Weg zur Entstehung dieser Hassgefühle weisen. Er hat schon als kleiner Junge ihn schwer kränkende Zurücksetzungen erfahren. Die Szene mit dem Bilderbuch am Geburtstage des Vaters ist Ihnen gewiss noch erinnerlich. Wir dürfen aus den bei der psychoanalytischen Behandlung Kranker gewonnenen Erfahrungen annehmen, dass in weiteren Unterredungen, bei einer gründlicheren Ausforschung oder gar bei einer Psychoanalyse, hinter dieser einen Erinnerung noch andere, ähnlich laufende zum Vorschein kämen. Wir sehen den Vater sehr unvorsichtig handeln, sich um die zärtlichen Strebungen seines Buben nicht kümmern, für die er allem Anscheine nach überhaupt kein Verständnis hat. Wahrscheinlich hat der Junge nicht nur subjektiv recht, dass die kleinen Töchter auf seine Kosten bevorzugt wurden. Wir könnten daher sagen, dass die Ablehnung der in solcher Überzahl vorhandenen Schwestern auf seine in der Kindheit erfahrene Zurücksetzung durch den Vater zurückzuführen ist, und uns mit der Erklärung zufrieden geben, dass der Hass gegen die älteste Schwester in deren besonderer Bevorzugung durch den Vater motiviert wird.

Wir haben es in dieser Familie tatsächlich mit einer Konstellation zu tun, wie wir sie recht oft finden. Der Vater hat seine Töchter lieber, die Mutter kein besonderes Bedürfnis nach Zärtlichkeitsbezeigungen und der Sohn kommt nicht auf seine Rechnung. Dadurch ergeben sich für ihn Kindheitserlebnisse, die erfahrungsgemäss sehr oft mit die latente Verwahrlosung herbeiführen. Wir werden in einem späteren Kurse, bei genauerem Eingehen auf die Bedingungen zur latenten Verwahrlosung, mehr darüber hören und auch, dass Töchter unter denselben ungünstigen Entwicklungsbedingungen aufwachsen können, wenn die angedeuteten Beziehungen zwischen Mutter und Sohn bestehen.

Ich möchte an dieser Stelle eine allgemeine Bemerkung nicht unterlassen. Wer als Vater, Mutter oder Erzieher Einblick in das Leben der Kinderstube hat, der wird in der Praxis des täglichen Lebens unaufhörlich mit einer Erscheinung zusammenstossen, die trotz eifrigsten Bemühens der Erwachsenen nicht zu vermeiden ist. In jeder Kinderstube mit mehreren Kindern stören Regungen von Neid und Eifersucht das gute Einvernehmen der Kinder untereinander, auch wenn die Eltern noch so sehr bestrebt sind, jede Bevorzugung eines der Kinder zu unterlassen. Alle Vorsicht ist vergeblich, auch wenn tatsächlich jede Ungerechtigkeit vermieden wird. Die Psychoanalyse lehrt uns in dieser Beziehung, was wir aus eigener Beobachtung leicht hätten selbst finden können: Jedes Kind betrachtet seine Geschwister argwöhnisch als gefährliche Konkurrenten, mit denen es um den so wichtigen „ersten" Platz in der Liebe der Eltern zu kämpfen hat. Dieser Kampf bleibt für die Entwicklung der Kinder ungefährlich, wenn vernünftige Eltern der jeweiligen Situation Rechnung tragen. Viele Mütter treffen da ganz gefühlsmässig das Richtige, andere tappen immer daneben, ohne dass sie die leiseste Ahnung davon haben. In solchen Fällen bleibt häufig für das spätere Leben eine gewisse Kühle in den Beziehungen der Geschwister untereinander bestehen. Je ungünstiger sich die Verhältnisse gestalten, desto mehr Anlässe zu Erlebnissen, die in die Verwahrlosung führen können, ergeben sich.

Für unseren verwahrlosten Jungen bestand in der Kinderstube eine recht ungünstige Konstellation. Wir brauchen uns nur neben diesen Vater auch noch die zwar lebenskluge, aber harte Mutter vorzustellen. Und trotzdem können wir die Erklärung, dass am Zustandekommen der latenten Verwahrlosung die tiefempfundene Zurücksetzung stark mitbeteiligt war, nicht annehmen.

Warum nicht? Weil uns eine andere der gebrachten Kindheitserinnerungen dies verwehrt.

Wir hörten, dass die Schwester, weit entfernt davon, ihm schon vom Anfange an verhasst zu sein, durch Jahre hindurch seine bevorzugte Spielgefährtin war, was uns unmöglich erschiene, wenn der Gegensatz schon zu dieser Zeit zwischen ihnen bestanden hätte. Wir könnten noch eine ambivalente Gefühlseinstellung annehmen, wenn die Kinder nicht gerade Vater und Mutter miteinander gespielt hätten, was er uns aber selbst sagt, noch mit der Bemerkung, dass dabei die Jüngstgeborene ihr Kind war. Wir wissen zwar nicht, wie lange das Verhältnis der Kinder in dieser Form andauerte, können aber sicherlich auch hier, so wie bei der anderen Kindheitserinnerung, hinter dieser zahlreiche ähnliche annehmen.

Was fangen wir damit an? Sie soll uns helfen, eine der Verwahrlosungsursachen zu finden. Dazu stellen wir die Behauptung auf, dass der Hass gegen die Schwester sich aus einer unbewussten erotischen Bindung an diese determiniert.

Sie sind psychoanalytisch noch so wenig orientiert, dass es Ihnen vielleicht ungeheuerlich erscheint, dort von einer erotischen, wenn auch unbewussten Bindung zu sprechen, wo so deutlich ärgster Hass in Erscheinung tritt. Der Wahrscheinlichkeitswert dieser Annahme wäre, auf die Kindheitserinnerung allein gestützt, auch sehr gering, wenn wir nicht noch andere Anzeichen hätten, die ihn wesentlich erhöhen; aber davon später.

Warum wir überhaupt auf so unsicheren Voraussetzungen eine Behauptung gründen, da wir doch aus der psychoanalytischen Erfahrung wissen, dass erste Bekenntnisse durch später hinzukommendes, tiefer gelegenes Material erst erläutert, oft in andere Richtung gedrängt, ja nicht selten auch völlig umgestossen werden? Weil unsere Tätigkeit eine andere ist als die des Psychoanalytikers. Wir sind nicht in der Lage, zuwarten zu können; wir haben immer möglichst rasch irgend etwas zu veranlassen und sind daher gezwungen, uns aus einer oder wenigen Unterredungen ein Bild zu machen. Wir wissen, dass unsere Schlussfolgerungen nur einen grösseren oder geringeren Wahrscheinlichkeitswert beanspruchen dürfen, müssen uns mit dieser Unsicherheit abfinden und abwarten, ob der Erziehungsverlauf die Richtigkeit der Überlegungen erhärtet. Wir werden, um diese zu verringern, nach möglichst vielen Anhaltspunkten Umschau halten. Was für unseren Jugendlichen in dieser Beziehung in Frage kommt, werden wir heute noch hören.

Wir haben uns vorher aber noch klar zu werden, was wir unter unbewusster erotischer Bindung verstehen. Wir dürfen wohl, ohne fehlzugehen, annehmen, dass Bruder und Schwester bei diesen Spielen ein starkes Erleben miteinander geteilt haben. Wir wissen heute, dass dieses kindliche Tun nicht immer so harmlos ist, und dass die Kinder oft mehr in dieses Spiel hineinlegen als für gewöhnlich vermutet wird, dass die Kinder es häufig auf

67

ein wirkliches Mann- und Frau-Spielen abgesehen haben, dass es dabei zum Beschauen und Betasten, also zur Befriedigung des kindlichen Forschungstriebes kommt. Wir haben in unserer Praxis auch sehr oft Gelegenheit zu sehen, dass in diesen Spielen nachgemacht wird, was die Kinder von den Eltern zu sehen bekommen. Als ich mich vor nicht sehr langer Zeit in einer ähnlich laufenden Angelegenheit mit einem Vater über die Unmöglichkeit des Fortbestehenlassens einer Situation, die die Kinder zu Zuschauern des elterlichen Geschlechtsverkehrs machte, besprach, entgegnete dieser, dass er sich sein Recht nicht nehmen lasse, man möge ihm eine grössere Wohnung zuweisen. Wer in der Fürsorgearbeit steht, wird wissen, dass das nicht die Meinung eines Einzelnen ist. Und doch haben wir es nicht notwendig zu sagen, dass uns diese Verhältnisse erzieherische Arbeit unmöglich machen. Es gibt auch da Mittel und Wege zu erfolgreicher Tätigkeit, und die Psychoanalyse gibt uns wichtige Winke. Ich käme von der heute zu erledigenden Aufgabe zu weit ab, wenn ich mich auf dieses Problem einliesse. Ich wollte Ihnen nur, weil wir gerade darauf zu sprechen kamen, andeuten, dass die Erziehung nicht erstarren darf, sondern sich den stets ändernden Bedürfnissen immer gleich anzupassen und neue Kräfte und Gegenkräfte zu mobilisieren hat.

Kehren wir zu dem Kinderspiel des Jungen zurück, dann müssen wir sagen, dass es für das Kind zu einer Quelle von Erregungen wird, die wir im psychoanalytischen Sinne nur als Sexualerregungen bezeichnen können, wobei das Wort sexuell viel weiter, als dies gewöhnlich geschieht, aufzufassen ist. Die zurückbleibenden Erinnerungen verursachen eine starke Bindung der Spielgefährten aneinander, die um so grösser wird, je gefühlsbetonter die Erlebnisse waren. Die begangenen Handlungen und die sie begleitenden Gefühlserregungen lernt das Kind durch den Einfluss der Erziehung als unerlaubt empfinden, ohne dass es dazu unbedingt erforderlich wäre, die Kinder bei derartigen Spielen zu überraschen.

Es ergibt sich auf alle Fälle ein Widerspruch zwischen dem lustbetonten, gewollten Spiel und dem dem braven Kinde erlaubten oder unter Strafandrohung gestellten. Bleibt das lustbetonte Streben stärker, so wird das Spiel fortgesetzt, überwiegt die andere Tendenz, so setzt die „Verdrängung" ein, weil eine Erledigung des Konfliktes im Bewusstsein, eine Verurteilung des verpönten Spieles, noch nicht möglich ist. Das Kind bemüht sich, von dem, was war, nichts mehr zu wissen, es will nicht mehr daran denken, seinen eigenen Anteil am Spiel und alles damit in assoziativem Zusammenhang Stehende vergessen, namentlich auch seine zärtlichen Beziehungen zum Spielpartner, weil diese die grösste Gefahr sind, wieder zum selben

Tun zu kommen. Durch den Verdrängungsvorgang werden wohl dem Verdrängten die bisherigen Äusserungs- und Entwicklungsmöglichkeiten gesperrt, es bleibt aber im Unbewussten bestehen und wird dort, der Kontrolle des Bewusstseins entzogen, anderen Kräftewirkungen ausgesetzt; es ist zu dem gekommen, was die Psychoanalyse eine „Fixierung" nennt. Wir können unschwer erkennen, dass damit die Beziehungen zum Spielpartner nicht gelöst, sondern nur verschoben worden sind (unbewusste erotische Bindung).

Die Gefahr, dass diese Bindung wieder bewusst wird, vermindert sich, wenn die Gefühlsbeziehungen mit dem negativen Vorzeichen versehen werden, das heisst, wenn im Bewusstsein sich die Liebe als Hass äussert.

Wir wissen nun im allgemeinen, was wir unter unbewusster erotischer Bindung verstehen, wenn es auch nicht leicht ist, dieses Ergebnis psychoanalytischer Forschung gleich zu verarbeiten. Aber für die Behauptung, dass auch der Hass unseres Jungen gegen die Schwester sich so determiniert, haben wir noch keinen anderen Beweis erbracht, als die Möglichkeit seiner Entwicklung aus dem Kinderspiel. Wenn wir das annehmen, so machen wir einen Analogieschluss vom Neurotiker, bei dem wiederholt diese Hassquelle aufgedeckt wird, auf den Verwahrlosten und ich muss dann gefasst sein, Sie könnten den Einwand machen, dass der Junge ein Verwahrloster und kein Neurotiker ist, der Analogieschluss daher nicht ohne weiteres zulässig sei.

Ich habe mir diesen Einwand selbst gemacht und ihn auch angedeutet, als ich sagte, dass unsere Behauptung, gestützt auf die Kindheitserinnerung allein, nur sehr geringen Wahrscheinlichkeitswert hat, dass wir erhöhte Sicherheit erst erlangen, wenn es uns gelingt, noch von anderswoher Anhaltspunkte zu gewinnen, weil wir auf die direkte Mitarbeit des Jugendlichen nicht warten können.

Woher sind diese zu nehmen?

Wir werden es gleich hören. Ich will nur noch ausdrücklich wiederholen, dass nicht die Richtigkeit, sondern nur die hohe Wahrscheinlichkeit des Richtigseins unserer Behauptung zu beweisen ist. Halten wir fest, dass der Fürsorgeerzieher stets durch die Verhältnisse, in denen er seine Arbeit leistet, in eine unvermeidbare Unsicherheit hineingezwungen ist, die erst im Erziehungsverlauf schwindet, weil ihm zum Zuwarten keine Zeit gelassen wird. Gestatten Sie hier auch eine nicht ganz überflüssige Einschaltung. Ich werde im Anschluss an in der Tagespresse veröffentliche Gerichtsverhandlungen wiederholt gefragt, welches die Ursache dieser Verwahrlosung und jener verbrecherischen Handlung sei. Ich lehne jedesmal eine Beantwortung ab. Es ist ganz unmöglich, auf Zeitungsberichte hin, ohne genaue Kenntnis des Falles, einen Schluss auf die verursachenden Determinanten zu ziehen, dessen Wahrscheinlichkeitswert hoch genug wäre, ihn ernstlich zu diskutieren, geschweige denn, von ihm ableiten zu können, was mit dem Angeklagten zu geschehen hätte.

Sie wollen jetzt sicherlich schon unsere übrigen Anhaltspunkte kennen lernen. Ich muss Sie noch um ein wenig Geduld bitten, weil es zu deren richtigem Erfassen noch einer theoretischen Überlegung bedarf.

Welche Entwicklungsphase des Menschen die Pubertät genannt wird, ist Ihnen bekannt. Im allgemeinen wird aber angenommen, dass nur physiologische Vorgänge in Frage kommen, dass in ihr der männliche Organismus befähigt wird, Samenzellen und der weibliche Eizellen zu produzieren. Nun besteht die Tatsache, dass eine Reihe von Menschen, trotzdem ihr Geschlechtsapparat vollständig normal entwickelt ist, nicht imstande sind, ihre Arterhaltungsaufgabe zu erfüllen. Es gelingt ihnen nicht, die dazu notwendigen Gefühlsbeziehungen zum anderen Geschlecht aufzubringen, oder sie sind aus ihrer psychischen Konstellation heraus gezwungen, ihre geschlechtliche Lustbefriedigung anderswie als normal zu suchen.

Freud hat uns gezeigt, dass die Pubertät nicht richtig erfasst werden kann, wenn nur ihre physiologische Seite gesehen und die psychologische übersehen wird. Er hat uns tiefen Einblick in jene seelische Entwicklung verschafft, die in der Pubertät ihren normalen Abschluss findet, und erforscht, was eintritt, wenn es da und dort an den erforderlichen Entwicklungsbedingungen fehlt.

Für uns kommt zunächst folgendes Ergebnis in Betracht:

Der Jugendliche hat in der Pubertät seine ersten Liebesobjekte innerhalb der Familie aufzugeben und sie durch andere Objekte ausserhalb der Familie zu ersetzen. Dasselbe in psychoanalytischer Ausdrucksweise: Die infantil libidinösen Besetzungen müssen gelöst werden, um Libido für Objektbesetzungen ausserhalb der Familie frei zu bekommen.

Sind zu stark libidinöse Beziehungen, Fixierungen, an Familienmitglieder vorhanden, so wird deren Lösung in der Pubertät erschwert, möglicherweise unmöglich gemacht.

Jetzt sind wir so weit, nach einem weiteren Anhaltspunkt für unsere Beweisführung Ausschau zu halten.

Unser Jugendlicher steht dem Weibe in einer Art gegenüber, die uns ganz deutlich zeigt, dass ihm die der Pubertät gestellte Aufgabe zwar nicht misslungen ist, wohl aber sehr erschwert wird, was, wie wir jetzt wissen, dann der Fall ist, wenn eine infantil libidinöse Fixierung an ein Familienmitglied vorliegt. Der Achtzehnjährige hat nicht normale Beziehungen zur Frau, wenn er, befragt, ob er schon ein Mädchen geküsst hat, unter Erröten sehr verlegen sagt: „Das tut man doch nicht.‘‘

Es gibt uns daher dieser Zug im Wesen des Jugendlichen, ganz unabhängig von der Kindheitserinnerung, einen Anhaltspunkt für unsere Behauptung. Ich kann mir aber leicht denken, dass diese, doch erst dem schärferen Beobachter in die Augen springende Tatsache für Sie nicht sehr beweiskräftig ist, und dass Sie, um nicht zu unsicher zu bleiben, gerne einen auffälliger in Erscheinung tretenden Anhaltspunkt sehen wollen. Der ist auch zu finden, wenn wir beachten, was uns der Jugendliche über seine Liebesobjekte mitteilt.

Das erste, den Dreizehnjährigen begeisternde Mädchen kommt aus dem Freundinnenkreis der Schwester Poldi, besucht mit ihr dieselbe Schulklasse und ist ihr gleichaltrig; im Aussehen und Wesen beider sind nicht viele Unterschiede, nur Haar- und Augenfarbe zeigen eine verschiedene Schattierung. Das Liebesobjekt ist noch ganz die Schwester, und doch ist sie es nicht mehr selbst. Seine gegenwärtige Liebe hat mit der Schwester nur den Beruf gemeinsam. Ähnlichkeit ist nicht mehr vorhanden. Im Gegenteil, sie sieht gerade entgegengesetzt aus.

Was sagt uns das?

Wir wissen schon, dass mit der Verdrängung des verpönten Kinderspieles auch damit in assoziativer Verbindung Stehendes der Verdrängung anheimfällt, womit aber die Zuneigung zur Schwester nicht gelöst, sondern nur ins Unbewusste verschoben wird und die Gefahr, dass sie sich wieder in die Wirklichkeit durchsetzt, bestehen bleibt. Nun setzt in der Pubertätszeit der grosse Libidovorstoss ein, der den heranreifenden Knaben erst sexuell angriffsfähig macht, und die Gefahr, dass diese Angriffe sich auf die Schwester richten, wird grösser. Sie wird vermindert, wenn bewusster Hass eine Annäherung unmöglich macht, oder wenn die Schwester durch irgend einen Vorgang als Sexualobjekt verlassen wird, oder wenn beides eintritt.

Wir können uns jetzt auch erklären, warum die verdrängte Libido das Schicksal der Verkehrung ins Gegenteil erfahren musste, die Verwandlung der Liebe in Hass eingetreten ist. Eine das Ich des Jungen schützende Tendenz hat diesen Vorgang herbeigeführt. Der bewusste Hass ist eine Sicherung. Er muss solange bestehen bleiben, als die unbewusste, erotische Bindung nicht gelöst wird, und deren Durchbruch aus dem Unbewussten verhindern.

Es kommt nun noch in Frage, ob im Heranwachsen des Jungen eine Tendenz wirksam war, die zu einem Verlassen der Schwester als Sexualobjekt führt, und welches dieser Vorgang ist.

Aus den Forschungen Freuds wissen wir, dass die Knaben in der Pubertätszeit neben dem grossen Libidovorstoss auch eine Verdrängungswelle über sich ergehen lassen müssen, die, wenn sie auch lange nicht so mächtig ist wie die bei den Mädchen, doch die ersten infantilen Liebesobjekte ergreift, wodurch diese als Sexualobjekte nicht mehr in Frage kommen, sie scheiden als solche aus. Die Psychoanalyse sagt, die Inzestschranke richtet sich auf. Zur Erklärung des Wortes Inzest, wenn Ihnen diese nicht ohnehin bekannt ist: der Geschlechtsverkehr der Familienmitglieder untereinander.

Wie wirksam in unserem Falle die Verdrängung arbeitete, erkennen wir aus den Mitteilungen des Jugendlichen. Wir sehen förmlich, wie sich im Dreizehnjährigen die Inzestschranke aufzurichten beginnt, für die Schwester die ihr so sehr ähnliche Freundin eingetauscht wird. Wir entnehmen aus seinen gegenwärtigen Liebesbeziehungen aber noch mehr. Die Inzestschranke legt auch ein Verbot auf den Typus, dem die Schwester angehört, und macht ihn dadurch ebenfalls sexuell nicht mehr annehmbar.

Und doch bleibt unser Junge innerhalb der Familie haften, nur entnimmt er die Züge bei der Wahl seiner Liebesobjekte dort, wo die geringere Bindung bestanden hat: von der jüngsten Schwester.

Fassen wir, um den Überblick nicht zu verlieren, die bisherigen Ergebnisse zusammen. Wir haben einen achtzehnjährigen Jugendlichen mit **argen** Aggressionen zu Hause, ärgsten Angriffen gegen seine älteste Schwester vor uns. Aus einer brutalen Veranlagung kommen diese nicht. Die erste Annahme, dass tiefempfundene Zurücksetzung durch den Vater und besondere Bevorzugung der ältesten Schwester sie verursachen, ist nicht haltbar. Eine mitgeteilte Kindheitserinnerung weist uns die Richtung, die Determinanten in einer unbewussten erotischen Bindung zu suchen, was wir auch behaupten. Wir treten den Wahrscheinlichkeitsbeweis mit einem Analogieschluss vom Neurotiker her an, erkennen diesem aber nicht ausschlaggebende Bedeutung zu. Wir finden unabhängig von diesem und von der Kindheitserinnerung noch andere Anhaltspunkte: Eine Erschwerung der der Pubertät gestellten Aufgabe, erkennbar an der unter Erröten sehr verlegen vorgebrachten Äusserung: „Das tut man doch nicht", und als stärkstes Beweismittel die deutlich wahrnehmbare Tatsache, dass die Inzestschranke nicht nur die Schwester, sondern auch den Typus, dem die Schwester angehört, als Sexualobjekt ausschaltet.

Ich habe Ihnen gerade diesen Verwahrlosten gebracht, weil wir für eine erste Einführung in der Aufdeckung der Determinanten genügend tief vordringen und Sie trotzdem ersehen konnten, wie der Fürsorgeerzieher, ohne auf die direkte Mitwirkung des Zöglings zu warten, sichtbaren Spuren nachgeht und sich daraus ein Bild macht, das die Unsicherheit, der er immer ausgesetzt ist, möglichst weitgehend verringert.

Sie werden mir gewiss auch zugeben, dass es zur Einleitung von Erziehungsmassnahmen nicht gleichgültig ist, ob eine der den Hass determinierende Komponenten einer Zurücksetzung entspringt, oder ob dieser die Folge einer wenn auch unbewussten starken Liebe ist.

Wenn Sie erinnern wollen, dass die Ursachen der Verwahrlosung aufdecken heisst, auffinden, was in die latente Verwahrlosung geführt hat, so ist uns ein Teil dieser Absicht schon gelungen. Die unbewusste erotische Bindung ist eine der Kräftekonstellationen, die den Mechanismus vorbilden, der, einmal voll ausgebildet, nur mehr des entsprechenden Anlasses bedarf, um abzulaufen.

Fahren wir nun in unserer Untersuchung fort und nehmen wir einen anderen Ausspruch der Mutter des Jugendlichen vor: „Er ist kein Mann, ein eigensinniger dummer Bub." Ob uns dieser Satz etwas sagt? Vergleichen wir damit: „Mir gegenüber ist er gefügig und wagt es nicht sich aufzubäumen, weil ich ihn sonst, trotz seiner achtzehn Jahre, noch züchtige. Hat er etwas angestellt, dann ist er besonders brav und macht die Wohnung ganz aussergewöhnlich nett." Dass er kein Mann ist, scheint zu stimmen, er benimmt sich wirklich nicht wie ein solcher.

Ob aber die Meinung vom eigensinnigen dummen Buben zutrifft? Sein Verhalten weist in eine andere Richtung. Er unterzieht sich nicht nur widerspruchslos, sondern sehr gerne häuslichen Arbeiten, die sonst die Frau verrichtet; er hat seinen Kasten schöner in Ordnung als die Schwestern; steht stundenlang vor dem Spiegel, kämmt, bürstet sich und bindet die Krawatte; ist ängstlich und schüchtern wie ein Mädchen. Er zeigt also eine Menge weiblicher Züge, denen auch sein Habitus entspricht.

Wir sehen in ihm einen Jugendlichen, der vermutlich infolge einer gewissen erblichen Veranlagung und des Heranwachsens ohne Vater, nur mit Mutter und Schwestern, ein gut Stück Weib in sich entwickelt hat. In allen Mitteilungen kamen immer nur die vier Schwestern und deren Freundinnen vor, von Knaben ist nie die Rede. Wir finden übrigens recht häufig den starken weiblichen Einschlag bei Männern im Aufwachsen in ausschliesslich weiblicher Umgebung begründet. Aber sei dem, wie ihm sei; in unserem Jungen ist das Stück Weib da. Wir erkennen es nicht nur aus dem, was die Mutter von ihm sagt, und aus seinen eigenen Äusserungen, es geht auch aus seinem ganzen Wesen so deutlich hervor, dass wir daran nicht vorbeisehen können. Was die Mutter an ihrem erwachsenen Sohn unangenehm empfindet, was sie als Bub bezeichnet, ist das Stück Weib in ihm, das sich einmal äussert, ohne ihn selbst zu stören, mit dem er aber in Konflikt gerät, wenn er ganz Mann sein soll. Dieser Konflikt entlädt sich in Affekthandlungen nach aussen und ergibt uns die zweite Komponente für sein Verhalten.

Ob das richtig ist? Wir müssen uns zur Erklärung wieder neue Einsichten bei der Psychoanalyse holen. Wir wissen bereits, dass durch die zärtlichen Beziehungen des Kindes zu seinen Eltern jene psychischen Vorgänge möglich sind, die in der Psychoanalyse Identifizierung genannt werden, auch dass die Zuneigung übermässig stark werden und dann zu einer anormalen Entwicklung, manchmal auch zur Verwahrlosung führen kann. Um das zu verstehen, betrachten wir, was bei der normalen Entwicklung im Seelischen vorgeht. Zur Erleichterung der Darstellung werden wir nur den beim Knaben gegebenen Sachverhalt besprechen und analoge Verhältnisse beim Mädchen annehmen.

Die ersten Personen, die in den Erlebenskreis des kleinen Kindes eintreten, sind gewöhnlich die Eltern, und was sich an Zuneigung zu regen beginnt, sich verstärkt, vertieft, gilt im allgemeinen ganz gleichmässig diesen beiden. Die gleichzeitig libidinösen Strebungen zu Vater und Mutter laufen nebeneinander her, stören anfänglich das kleine Wesen nicht, beide sind ihm gleich lieb. Nach und nach verstärkt sich die Zuneigung zur Mutter, und trotzdem die Beziehungen zum Vater bestehen bleiben, ergeben sich Situationen, die den Knaben den Vater unliebsam empfinden lassen. Schon einem Dreijährigen können die Zärtlichkeiten des Vaters zur Mutter so unangenehm werden, dass er ihn weg haben will, damit diese ihm allein gehört. Die Gefühlseinstellung zum Vater, die früher ganz eindeutig war, wechselt nun mit dessen zeitweiliger Ablehnung. Der Junge ist, wie die Psychoanalyse sagt, zu ihm in ein ambivalentes Verhältnis gekommen.

Freud hat, um dieses ganz deutlich erkennbare Entwicklungsstadium zu charakterisieren, eine Bezeichnung gewählt, die so vielfach missverständlich aufgefasst wird. Er nennt es in Anlehnung an eine Sage des klassischen Altertums die Ödipussituation. Es ist Ihnen bekannt, dass Ödipus die Mutter heiratete, nachdem er den Vater erschlagen hatte, ohne dass beide von dem Verwandtschaftsverhältnis wussten. Der kleine Junge will den Vater weg haben, um die Mutter allein zu besitzen. Und nun erhebt sich das grosse Geschrei aller jener, die psychoanalytische Denkweise nicht verstehen wollen: Man denke nur, die Beziehungen Ödipus' zu seiner Mutter und den noch so kleinen Jungen! Welche Unmöglichkeit! Zur Aufklärung dieser, wenn Sie sich aufklären lassen wollen: So wenig er den Vater erschlagen hat, wie jener es tatsächlich tat, — nur da sein soll er nicht, ist der Wunsch — ebensowenig kann er den Geschlechtsverkehr mit der Mutter beabsichtigen, weil dazu ja seine ganze geschlechtliche Organisation noch nicht vorgebildet ist; bezeichnet wird damit die auf diese infantile Entwicklungsstufe übersetzte gleiche Tendenz, von der sich das Kind keine Rechenschaft gibt. Wir werden übrigens ein andermal hören, dass die Psychoanalyse durch ihre Forschungsarbeit zu einer viel weiteren, umfassenderen und dabei vertieferen Auffassung des Begriffes Sexualität gekommen ist, als es vor ihr möglich war.

Mit dem Fortschreiten der Entwicklung des Kindes und dem Fortbestehenbleiben der zärtlichen Beziehungen zum Vater wird die ihn ablehnende Tendenz mit den Bewusstseinsinhalten unvereinbar, darf daher nicht bewusst bleiben und erleidet das Schicksal der Verdrängung. Die reale Ödipussituation wird zum Ödipuskomplex mit allen seinen Wirkungen aus dem Unbewussten. Geht dann alles ohne Störung weiter, so treten verschiedene Umstände ein, die ungefähr im Beginne des Lernalters zu einer Überwindung des Ödipuskomplexes führen. Mit seinem Untergange, wie Freud sagt, ist so recht der Zeitpunkt gekommen, in dem die Identifizierungen mit den Eltern erfolgen, ein Angleichen an deren Wesen eintritt.

Aus den zärtlichen Beziehungen zur Mutter ergibt sich der positive Ödipuskomplex, aus denen zum Vater der negative. Aus dem einen positive Beziehungen zur Mutter und negative zum Vater, aus dem anderen positive zum Vater und negative zur Mutter. Die positiven Strebungen aus den beiden Richtungen des Ödipuskomplexes, in jedem Individuum verschieden beeinträchtigt durch die negativen, legen sich zu einer Vater- und einer Mutteridentifizierung zusammen, und im weiteren Verlaufe des Heranwachsens werden dadurch Züge der Eltern dem Wesen des Kindes einverleibt.

Kommt es nicht zur normalen Entwicklung, wird beispielsweise durch die Erbanlage oder durch die Verhältnisse, unter denen das Kind aufwächst, die Identifizierung mit der Mutter übermässig, das normale Mass überschreitend, so gelangen in das Wesen des Knaben zu viel weibliche Züge und sein Charakter erhält einen femininen Einschlag. Je stärker die Mutteridentifizierung ausfällt, desto mehr wird, wenn nicht besondere Umstände eintreten, die Vateridentifizierung beeinträchtigt und eine desto grössere Schwächung erfahren auch alle in der Richtung der männlichen Entwicklung gelegenen Tendenzen. Dem Jungen fehlt so ein Stück Männlichkeit, er wird dadurch auch mit seiner Pubertät später fertig werden.

Im allgemeinen hat das nicht viel zu sagen, hilft uns nur, verschiedene Männerindividualitäten zu erklären. Für unseren Jugendlichen, den Sie gewiss trotz der jetzt gemachten Einschaltungen noch nicht aus dem Auge verloren haben, wird das aber katastrophal. Es stirbt ihm der Vater, als er, kaum vierzehn Jahre alt, aus der Schule austritt. Er ist der älteste, nun der einzige Mann in der Familie, als die Aufgabe an ihn herantritt, den Vater zu vertreten. Das könnte er, wäre er der richtige Junge. Nun zwingen ihn die äusseren Verhältnisse doch zu einer zeitweiligen Vateridentifizierung, die aber immer wieder misslingt. Wir ersehen das aus Angaben der Mutter: „Wenn er mit den Schwestern allein zu Hause ist, kehrt er den Herrn heraus; das lassen sich die Mädchen natürlich nicht gefallen. Er schimpft und redet dabei einen rechten Unsinn zusammen; die Schwestern lachen ihn aus, er wird brutal." Er selbst erklärt in ziemlichem Affekt, dass er auch wer sei und in einer Familie nicht nur die Schwestern zu reden haben. Die Unfähigkeit, als Mann aufzutreten bringt ihn in Konflikt, über den er durch brutales Auftreten hinwegzukommen trachtet. Die Schwestern fühlen, dass ihnen nicht der kraftvolle Mann, sondern das keifende Weib gegenübersteht, lachen ihn aus, bis er in unsinnigsten Affekt gerät. Damit hätten wir seine Aggression von einer zweiten Seite her, aus der immer wieder misslingenden Identifizierung mit dem Vater, verstehen gelernt. Was ihn da stört, ist offenbar die Identifizierung mit der Mutter.

Er wird aber noch durch einen Konflikt aus dem Gleichgewichte gebracht, der mit sein Verhalten determiniert. Dieser ergibt sich aus dem Widerstreit seiner eigenen sozialistischen Weltanschauung und dem Zwange, dem er durch die streng katholische Gesinnung seiner Familienangehörigen fortwährend ausgesetzt ist. Er will diese nicht anerkennen, sie schon gar nicht für seine eigene Person annehmen, und ist doch zu schwach, sich der Mutter gegenüber durchzusetzen; er versucht es gar nicht, er spricht nicht einmal darüber, so dass diese davon nichts weiss. Er entlädt aber seinen Groll mit in den Aggressionen. Nach jedem dieser Ausbrüche bricht er zusammen und immer wieder unterordnet er sich der mütterlichen Autorität. Nur in einem bleibt er fest: Hilfsarbeiter wird er nicht. Dieser Widerstand wird nicht nur aus seiner Einstellung zur Mutter, sondern auch von einer anderen Quelle her gespeist. Er will, wie er mir sagte, dem Mädchen, das er liebt, zeigen, dass aus ihm etwas wird, und Hilfsarbeiter zu sein, das ist nichts. Solange er das nicht ist, wenn er auch sonst nichts macht, kann er immer noch etwas werden.

Wir haben nun die Determinanten der Aggressionen dieses Jugendlichen, soweit diese zur Einleitung von Erziehungsmassnahmen erforderlich sind, aufgefunden und damit auch die Ursachen der Verwahrlosung zum grossen Teil kennen gelernt. Wären wir psychoanalytisch schon geschulter, so hätten wir da und dort viel tiefer eindringen können. Die Arbeitsscheu, von der uns auch berichtet wird, ist eigentlich keine. Er befindet sich aus den gemachten schlechten Erfahrungen und infolge der Gegeneinstellung zu Hause in einem Zustande, der sich sofort wesentlich bessern wird, wenn er zur Mutter und zu den Schwestern in ein anderes Verhältnis kommt und ihm bezüglich der Arbeit ein ihm gangbarer Weg gezeigt wird.

Wenden wir uns nun den einzuleitenden erzieherischen Massnahmen zu: Vor allem erscheint es sehr wichtig und auch verhältnismässig einfach, die immer wieder misslingenden Vateridentifizierungen überflüssig zu machen, indem ich selbst für einige Zeit in dieser Familie die Vaterstelle übernehme. Anerkennt sie der Junge, dann braucht er nicht mehr der Vater zu sein und eine der Konfliktsursachen wird ausgeschaltet. In der Folge hat er dann durch mich und über mich in ein richtiges Verhältnis zu seinen Familienangehörigen zu kommen. Es ist aber noch etwas erreicht, wenn ich keine Fehler mache, seine Schwestern nicht von vornherein in Oppositionsstellung zur mir bringe, sondern das richtige Übertragungsverhältnis zu mir herstelle. Ihr Verhältnis zum Bruder, das sich durch sein Verhalten schon in günstigem Sinne verändern muss, wird durch mein Dasein und das Wissen, dass ich jederzeit auf der Bildfläche erscheine, wenn es erforderlich ist, aus der richtigen Vaterautorität heraus, auch von ihrer Seite wesentlich gebessert werden. Und noch eins: Die Mutter, die durch die vielen, ihr vom Jungen bereiteten Unannehmlichkeiten schon ganz die Orientierung verloren hat, nicht mehr weiss, was für ihn und seine Zukunft das Beste ist, wird durch mich zur entsprechenden Einstellung ihrem Sohne gegenüber gebracht werden können. Ich weiss, dass ich damit nur ganz oberflächlich andeute und nur die äussere Situation skizziert habe, die sich ergibt, wenn der Fürsorgeerzieher in solchen Fällen nicht als der Erzieher im gewöhnlichen Sinne, sondern als Vater auftritt. Auf mehr als diese Änderung des Familienbildes kommt es aber auch für den Anfang nicht an. Es ist selbstverständlich, dass die einzelnen Familienmitglieder nicht ahnten, was ich vor hatte. Ich sprach darüber natürlich nicht, sondern richtete nur mein Verhalten darnach ein.

Schon die erste Unterredung gab die Möglichkeit, die Übertragungen in diesem Sinne einzuleiten. Beim Jungen war sie sofort da, als er fühlte, mit jemandem zu sprechen, der seinen ganzen Jammer verstand. Bei der Mutter trug viel dazu bei, dass sie sich einmal gründlich aussprechen konnte, sich damit wesentliche Erleichterung verschaffte und mit der Überzeugung weg ging, jemanden gefunden zu haben, der helfen wolle und auch helfen könne. Sie gab auch schon in der ersten Unterredung den Plan auf, dass der Junge Hilfsarbeiter werden müsse, und erkannte, dass er nicht vom Hause zu entfernen sei. Es liegt auch wirklich kein Grund dazu vor. Er wird das Tischlergewerbe auslernen, weil es mir gelungen ist, die Hindernisse, die der Anrechnung des einen Jahres Lehrzeit entgegenstanden, aus dem Wege zu räumen. Er ist seit einem halben Jahre, vierzehn Tage, nachdem ich mit ihm das erstemal zusammentraf, bei einem Tischlermeister untergebracht und wird in einem weiteren halben Jahre freigesprochen werden, weil er sich tadellos hält. Von Arbeitsscheu ist keine Spur zu sehen.

Der Konflikt: sozialistische Weltanschauung hier und streng katholische Gesinnung dort, war schon nach der ersten Woche erledigt, als wir zu dritt, er, die Mutter und ich, uns in einer offenen Aussprache einigten, dass ihm vollständige Freiheit gewährt werde und er machen könne, was er wolle. Seit dieser Zeit geht er nur mehr zu jenen Zusammenkünften, bei denen auch das schon mehreremal erwähnte Mädchen anzutreffen ist.

Ich wäre nun verpflichtet, Ihnen zu sagen, welchen Plan ich mir für die Behebung aller seiner Verwahrlosungsäusserungen zurecht gelegt habe. Ich muss Ihnen aber gestehen, dass ich das nicht kann. Ich weiss nicht, ob das überhaupt jemals möglich sein wird. Meine Erfahrungen sind dazu noch zu gering. Ich stehe immer noch dort, wo ich seit Jahren stehe, sich ergebende günstige Situationen auszunützen, und wo sich solche schaffen lassen, sie zu schaffen, gefühlsmässig und mit Überlegung, wie es sich jeweilig ergibt. Es ist das freilich, über das Bewusstsein betrachtet, eine sehr unsichere Sache, aber vielleicht — ich kann es Ihnen natürlich nicht sagen, ob es so ist — gibt es solche Beziehungen zwischen dem Unbewussten des analysierten Erziehers und dem Unbewussten seines Zöglings, dass dadurch ganz exaktes Arbeiten ermöglicht wird.

Von dem eben besprochenen Fürsorgeerziehungsfall ist es noch ganz interessant, mitzuteilen, dass der Junge im ersten Abschnitte der Behandlung sich gründlich über die Schwestern „ausschimpfte“, wenn wir allein beisammen waren, und den ruhigen, überlegt handelnden grossen Bruder spielte, der mir verständnisvoll zunickte, ob ich nicht sehe, wie blöde die Mädchen sind, wenn alle vereinigt waren. In der Familie kehrte schon nach einigen Wochen ziemliche Ruhe ein, und wie sich die einzelnen früher in ihrer Gereiztheit gegenseitig herunterbrachten, hoben sie sich nun gegenseitig durch das Ruhigerwerden hinauf. Dabei nahm keines seinen eigenen Anteil daran wahr. Ich hatte keine Ursache, sie darauf aufmerksam zu machen. Als ich in dieser Zeit die Mutter fragte, wie es nun geht, sagte sie: „Viel, viel besser; er ist merklich ruhiger und vernünftiger geworden.“

Der Junge, dem ich am selben Tage die Frage vorlegte, warum es jetzt zu Hause besser gehe, meinte, weil die Poldi nicht mehr so ekelhaft ist und die Mutter ganz auf meiner Seite steht. Die Mutter hatte schon eine leise Ahnung von dem, was die Konflikte herbeiführte, und das empfand der Junge, als die Mutter ganz auf seiner Seite stehend. Ich habe Ihnen nun nicht mehr viel zu sagen. Ich traf mich mit dem Jungen zwei- bis dreimal in der Woche, nicht sehr oft zu Hause. Die ersten vier Monate kam es noch häufig zu Aggressionen, die aber nicht mehr die frühere Höhe erreichten und allmählich abflauten; in den letzten zwei Monaten sind sie vollständig ausgeblieben. Es gibt nicht mehr Differenzen, als sie eben sonst auch in Familien vorkommen. Bei unseren Zusammenkünften waren seine Wutausbrüche zu Hause unser vorwiegender Gesprächsstoff, so dass auch er einen Grossteil der Zusammenhänge erfassen konnte.

Ob mir noch Überraschungen bevorstehen und welche, und ob ich diesen dann gewachsen sein werde, weiss ich nicht im vorhinein zu sagen.

Damit ist, was ich heute mitzuteilen beabsichtigte, abgeschlossen.

EINIGE URSACHEN DER VERWAHRLOSUNG

(Schluss)

EINE AUSHEILUNG IN DER ÜBERTRAGUNG

Meine Damen und Herren! Nicht immer bedarf es zur Aufdeckung von Ursachen dissozialer Äusserungen so weitgehender Schlussfolgerungen, wie bei den im letzten Vortrage besprochenen Aggressionen des Jugendlichen. Es ist auch zur Einleitung zweckmässiger Erziehungsmassnahmen nicht erforderlich, bis auf die letzten Zusammenhänge zu kommen. Für das erste genügt es, die Richtung, in der sie liegen, festzustellen; der Erziehungsverlauf führt dann selbst in die notwendige Tiefe.

Ich werde Ihnen jetzt von einem Jugendlichen aus der Fürsorgeerziehungsanstalt berichten, bei dem es nur einer einzigen, allerdings aus psychoanalytischer Einsicht kommenden Überlegung bedurfte, um dem Fürsorgeerzieher ein genügend klares Bild zu geben. Wollen Sie aber beachten, dass ich bei dieser Mitteilung nicht beabsichtige, Ihnen auch den Verwahrlosungsanlass und die Verwahrlosungsursache streng auseinanderzuhalten zu geben. Das wäre in diesem Falle für uns noch zu schwierig und ist aus dem Wenigen, das Sie hören werden, auch gar nicht möglich. Sie sollen nur ersehen, aus welcher Situation sich der Fürsorgeerzieher manchmal seine Überlegung holt.

Kommen wir nun ohne weitere einleitende Worte zur Sache! In der Fürsorgeerziehungsanstalt langt noch vor dem Zögling dessen Erhebungsbogen ein. Ein siebzehnjähriger Tischlergehilfe wird demnächst überstellt werden. Was der Erhebungsbogen ist, wissen Sie bereits. Aus diesem ist unter anderem zu entnehmen, dass der Jugendliche vor einigen Monaten in der Werkstätte des Vaters das Tischlergewerbe ausgelernt hat und dort als Gehilfe weiter verblieben ist. Als Einlieferungsgrund wird angegeben: Fortgesetzte Diebstähle aus der Werkstätte und vom Holzlagerplatz des Vaters. Er hatte im Laufe der Zeit nicht unbeträchtliche Mengen Spiritus, der stets in grossen Quantitäten zur Herstellung von Politur vorhanden war, und gehobelte sowie auch ungehobelte Bretter entwendet. Weder durch Ermahnungen, noch, als diese erfolglos blieben, durch ganz ungewöhnliche Strenge des sehr rechtlich denkenden Vaters konnte er zur Einstellung der Diebstähle gebracht werden. Die besorgten Eltern erhofften sich durch einen Aufenthalt bei uns eine Besserung des Jungen.

Auf dem Erhebungsbogen fiel mir die Bemerkung auf, dass er, um die Spiritusentnahme zu verdecken, in die Flasche urinierte. Man kann an dieser Tatsache vorübergehen, sie als etwas Zufälliges auffassen, sich mit der Erklärung zufrieden geben, dass ihm diese Art der Ersetzung bequem und ungefährlich erschien, dass er im Urin ein Mittel hatte, nicht nur die entnommene Menge, sondern auch die Farbe des denaturierten Spiritus wieder zu bekommen, man kann bei einigem Nachdenken gewiss noch einige andere Möglichkeiten finden, warum er es gerade so und nicht anders machte, und wird doch nicht auf den Sinn dieses Tuns kommen, wenn Erkenntnisse unberücksichtigt bleiben, welche die Psychoanalyse erschlossen hat.

Ich erinnerte während des Lesens, welche Deutung ähnliche Handlungen während einer Psychoanalyse erfahren, und kam auf den Gedanken, dass das dissoziale Tun des Jungen vielleicht auch nichts anderes sei, als ein uns beim Neurotiker verständliches Handeln, deutete also das In-die-Flasche-Urinieren als einen Racheakt an dem Vater, ausgeführt mit demselben Organ, durch das er sich von diesem beeinträchtigt fühlte. Möglicherweise errege ich damit Ihren Widerspruch und Sie verwerfen diese Annahme ohne weiter nachzudenken als zu absurd oder ganz unannehmbar. Sie sollen sich nicht von vornherein auf einen ablehnenden Standpunkt stellen. Wenn sie später einmal gelernt haben werden, Dinge auch anders zu sehen als bisher, werden Sie weniger abwehren und sich sagen, dass es so sein könnte. Ob wirklich, wissen wir noch nicht, dazu müssen wir erst den Jungen selbst in der Anstalt haben.

Mir erscheint ein anderes, grundsätzliches Bedenken gegen die Deutung viel wichtiger, nicht gerade gegen diese, sondern gegen die Deutung von Einzelzügen und daraus gezogenen Schlussfolgerungen überhaupt. Wenn wir uns eine eingehendere Ausforschung des Zöglings ersparen wollen, werden wir verleitet, Tatsächliches zu übersehen, kommen dadurch zu leicht in eine falsche Richtung und handeln der wichtigen Regel entgegen, dass wir dem Verwahrlosten vorurteilsfrei, ohne Voreingenommenheit, ohne bestimmte Erwartung entgegenzutreten haben und lediglich darauf vorbereitet sein müssen, ihn mit allen seinen Äusserungen auf uns wirken zu lassen. Dass ich bei dieser dissozialen Äusserung wirklich auf einen Zusammenhang, wie er in der Analyse von Neurotikern oft zu finden ist, traf, war wahrlich nicht mein Verdienst.

Als der Minderjährige, ein kräftiger, weit über sein Alter hinaus entwickelter junger Mann, kam, übernahm ich ihn so wie jeden neu eintretenden Zögling selbst, um ihn dann durch einige Zeit nicht besonders zu beachten. Warum ich das so machte, werden wir hören, bis wir von der Herstellung der Gefühlsbeziehungen zwischen Fürsorgeerzieher und Fürsorgeerziehungszögling sprechen werden. Nach ungefähr vierzehn Tagen, zu einer Zeit, während der ich mich noch nicht besonders viel mit ihm abgegeben hatte und es zu einer eingehenden Aussprache mit ihm noch nicht gekommen war, ich aber durch den Erzieher genau von seinem Tun und Lassen wusste, erschien eine etwa vierundzwanzig- bis fünfundzwanzigjährige hübsche Frau und erkundigte sich nach ihm. Ich vermutete in ihr seine Schwester. Es stellte sich aber sofort heraus, dass ich es mit seiner Stiefmutter zu tun hatte. Vom Erzieher seiner Gruppe wusste ich auch, dass er seinen Mitzöglingen sehr viel von der Stiefmutter erzählte und ihr auch bereits zwei Briefe geschrieben hatte. Deren Inhalt war mir unbekannt, weil es bei uns keine Briefzensur gab und die Zöglinge schreiben durften, wann und was sie wollten. Die Frau machte eingehende Mitteilungen über ihren Stiefsohn und sprach trotz der vielen durch ihn verursachten Unannehmlichkeiten recht einsichtsvoll von ihm. Als sie auf die Nachbarinnen zu sprechen kam, die sie für die Verwahrlosung des Jungen verantwortlich machten, — weil das ja bei Stiefmüttern immer so sei, — wurde sie sehr erregt, weinte und wehrte affektiv ab, dass ihr die Schuld gegeben werden könne. Sie sei keine böse Stiefmutter, behandle den Jungen gut, er werde das selbst angeben; denn er habe sie sehr gerne. Ich fragte sie, woher sie wisse, dass ihr Stiefsohn sie gerne habe. Daraufhin wurde sie etwas verlegen und zögerte mit der Antwort. Auf mein Drängen, doch zu sprechen, meinte sie, man werde so leicht missverstanden, ich könnte mir etwas denken, wozu kein Grund vorhanden sei. Ich versicherte sie, dass ich mir nichts denken, sondern nur zuhören werde, dass ihre Mitteilungen mir aber möglicherweise zur richtigen Erfassung ihres Jungen sehr wichtig sein können. Daraufhin gab sie den Widerstand auf: „Wenn wir zusammen auf der Gasse gingen, wendete er sich oft mit der Äusserung zu mir: ‚Schau Mutter, wie uns die Leute nachschauen.‘ Dabei hatte ich immer das Empfinden, dass er sich ganz als Mann fühlte. Er hat mir auch zwei Briefe geschrieben, ihn hier zu besuchen, und in beiden verlangt er, dass ich mein braunes Kleid anziehe, damit die Buben schauen.“ Ich wollte wissen, ob sie das gewünschte Kleid anhabe. „Ja, ich muss ihm doch eine Freude machen.“ Wir sprachen dann von anderem, auch von ihren eigenen Beziehungen zum Jungen und dessen Vater, ihrem Manne; diese sind durchaus normal gute. Sie kam aber wieder auf die Beziehungen des Jungen zu ihr zu sprechen. Es fiel ihr ein, dass sie der Junge wiederholt aufforderte, ihm zu sagen, wenn sie Geld brauche; er werde dem Vater Bretter nehmen und ihr das dafür erlöste Geld bringen. Sie hatte nie etwas von ihm genommen, lange Zeit von den Diebstählen nichts gewusst, sondern war der Meinung gewesen, dass er die Aufforderung, ihm zu sagen, wann sie Geld brauche, spasshaft gemacht habe. Sie war aber doch die erste, die von seinen Unredlichkeiten erfuhr. Alle ihre Einwirkungen, ihn zu bessern, waren erfolglos geblieben, so dass sie sich endlich entschloss, dem Vater Mitteilung zu machen. Dieser vermochte nichts auszurichten, weder im Guten noch mit Strenge. Der Junge trieb es immer ärger, wurde auch gegen den Vater so brutal, dass er in die Anstalt gegeben werden musste, weil bei einem anderen Meister zu befürchten gewesen wäre, dass er auch diesen bestehlen werde. Die Frau gewann im Verlaufe der Unterredung so viel Zutrauen, dass sie ganz spontan mitteilte, sie hätte immer gefühlt, dass der Junge mehr für sie übrig habe, als Kinder sonst für die Stiefmutter aufbringen; es sei ihr aber gerade deswegen unerklärlich, dass er ihren Ermahnungen, sein Benehmen zu ändern, nicht Folge leistete. Sie wurde dann später irre, ob er sie wirklich lieb habe. Zu intimeren Beziehungen zwischen beiden war es nie gekommen, das ging aus dem ganzen Eindruck, den die Frau machte und auch aus der Art ihrer Mitteilungen deutlich hervor.

Mit dem Vater unseres Zöglings ist sie seit drei Jahren verheiratet. Sie war eine Freundin der verstorbenen Mutter und kam schon lange vor ihrer Verehelichung sehr häufig zur Freundin ins Haus. Der Junge war zwölf Jahre alt, als sie sich mit der Mutter anfreundete. Schon damals trat er ihr als der aufmerksame, gefällige Junge gegenüber, der auch manche kindliche Zärtlichkeit aufbrachte.

Wir können uns leicht den Konflikt vorstellen, in dem er sich befindet. In der Pubertätszeit taucht im Hause ein Mädchen auf, das nicht so viel älter ist, um als Liebesobjekt ausgeschaltet zu bleiben. Er wendet ihr tatsächlich seine libidinösen Strebungen zu. Zwei Jahre dauern die Beziehungen ungestört an, sie enthalten nichts Unerlaubtes, sind die ganz normalen Schwärmereien des werdenden Mannes. Wäre die Mutter am Leben geblieben, so ist anzunehmen, dass die nachmalige Stiefmutter für ihn nur eine Entwicklungsphase bedeutet hätte. So nimmt sie der Vater zur Frau, als sie noch im Mittelpunkte der jugendlichen Liebesregungen steht, von denen wir wissen, dass die unbewusste erotische Betonung sehr nahe am Durchbruch ins Bewusstsein steht. Diese wird nun unerlaubt und daher verdrängt gehalten, und der Junge kommt in eine ganz unmögliche Stellung zum Vater. Dieser hat ihm die Geliebte nicht nur weggenommen, sondern zwingt sie ihm auch noch als Mutter auf. Gegen ihn richtet sich daher der ganze Hass und das Tun des Jungen wird uns verständlich, auch in der Art der Durchführung[1].

Die Nachbarinnen der Frau haben recht, die „Stiefmutter" ist wirklich mit die Ursache der Verwahrlosung des Jugendlichen; aber natürlich in einem ganz anderen Sinne, als diese es vermeinen, in einem Sinne, den weder sie noch die Beteiligten ahnen.

Ich schliesse damit die Besprechung über Verwahrlosungsursachen ab, da wir diesen nicht zu viel Zeit zuwenden dürfen, wenn wir auch noch andere Fragen der Fürsorgeerziehung erörtern wollen.

Ich werde Ihnen nun aber, abweichend von der bisherigen Gepflogenheit, immer gleich theoretische Einschaltungen zu machen, über einen Jugendlichen vom Zeitpunkte, in dem er zu mir gebracht wurde, bis zu seinem Wiedersozial-Werden berichten, und was an theoretischen Überlegungen notwendig ist, am Schlusse anführen. Den Verwahrlosungsursachen werden wir nicht sehr weit nachgehen, sondern uns mehr den Ausheilungsvorgang ansehen.

In der Erziehungsberatung erscheint der leitende Beamte eines Fabriksbetriebes mit seinem siebzehnjährigen Sohne, einem Schuhmachergehilfen, und ersucht, diesen in einer Anstalt unterzubringen, weil er ihn infolge seiner Aufführung nicht mehr in Freiheit belassen könne. Aus dem Gespräche mit dem Vater ergeben sich folgende wesentliche Einzelheiten. Sein Sohn Hans war bis zum Sommer des Vorjahres ein sehr braver Junge gewesen, der weder zu Hause noch auf dem Arbeitsplatze Anlass zu Klagen gegeben hatte. Eines Tages bat er den Vater um 70.000 Kronen, da er bei seinem Meister ein Stück Leder auf Schuhe und das nötige Zubehör billiger bekommen könne, um davon in der Werkstätte für sich ein paar Schuhe anzufertigen. (Der Junge war um diese Zeit noch Lehrling.) Er erhielt den Betrag, kam abends nicht nach Hause und eine Anfrage am nächsten Tage beim Meister ergab, dass er der Arbeitsstätte ferne geblieben war. Da er sich noch nie so aufgeführt hatte, wurde die Familie ausserordentlich besorgt, befürchtete einen Unfall und hielt auch ein Verbrechen an ihm nicht für ausgeschlossen. Die Abgängigkeitsanzeige wurde erstattet und täglich bei der Polizei Erkundigung eingezogen. Am sechsten Tage erhielt die Mutter die Auskunft, dass er mittellos in Graz aufgegriffen worden und schon auf dem Wege nach Wien sei. Die Wiedersehensfreude war gross, aber infolge seines sehr geänderten Benehmens rasch vorüber. Der Junge blieb wortkarg und als der Vater wissen wollte, warum er nicht in der Arbeit gewesen

---

[1] Die dissoziale Handlung dieses Jungen lässt sich also ähnlich werten, wie ein von unbewussten sexuellen Wünschen verursachtes neurotisches Symptom.

war, und wo er die Woche über sich aufgehalten habe, nahmen Verstocktheit und Trotz zu, mehr als dass er in Graz gewesen sei, war aus ihm überhaupt nicht herauszubekommen. Der Vater wurde darob so erregt, dass es zu einer heftigen Szene kam, an deren Ende Hans körperlich schwer gezüchtigt wurde. Von diesem Tage an ging es mit ihm rasch weiter abwärts. Er war schwieriger zur Arbeit zu bringen, bleibt zunehmend weniger zu Hause, trieb sich tagelang auf der Gasse herum oder sass in Kaffeehäusern, bis man schliesslich halbe Nächte lang auf ihn warten musste. Nicht genug daran; er lockte auch noch dem Vater und dem Meister Geld heraus. Der Vater versuchte zuerst mit stetig steigender Strenge den Jungen wieder auf den rechten Weg zu bringen. Da er es daraufhin weit ärger trieb und die Familie noch mehr ablehnte, nahm sich die Mutter seiner an und brachte auch den Vater dazu, recht gütig mit ihm zu sein. Die milde Behandlung bewirkte eine Besserung nur auf einige Tage, dann war wieder nichts mehr mit ihm anzufangen. Er wollte nicht anständig werden, so dass die Mutter die Vergeblichkeit ihres Bemühens einsah und der Vater mit erhöhter Strenge vorging. Die Anwendung von äusserster Strenge und Nachgeben wechselte einigemal und dabei sank Hans immer tiefer. Der Vater schloss seinen Bericht mit den Worten: „Sie können sich keine Vorstellung machen, wie arg es ist, und was wir alles versucht haben, mit guten Worten und mit Nachgeben, mit Strenge und ausgiebigen Schlägen, aber alles ganz ohne Erfolg. Wir wissen uns nun nicht mehr anders zu helfen, als ihn in eine Anstalt zu geben. Vielleicht wird dort noch etwas aus ihm.‟

Bis hieher hatte sich der Vater auf die Anführung der Verwahrlosungsäusserungen und die Versuche, diese zu beheben, beschränkt, aber keinerlei nähere Angaben über sich selbst, die Familienangehörigen und sonstigen Verhältnisse gemacht. Darüber orientiert zu sein gehört aber zu den unerlässlichen Voraussetzungen erzieherischen Eingreifens und ich bringe deswegen das Gespräch darauf.

Im Haushalte leben Hans, der Vater, die Stiefmutter, ein um zwei Jahre älterer Bruder, der in der nächsten Zeit maturieren wird, und eine fünfjährige Schwester. Der Vater ist seit zwölf Jahren zum zweitenmal verehelicht, das Mädchen Kind aus zweiter Ehe. Die Beziehungen der Gatten zueinander sind ungetrübt, die wirtschaftliche Situation ist gut. Dass ein Gefühl der Zurücksetzung des jüngeren dem älteren Bruder gegenüber vorhanden sein könne, hält der Vater für ausgeschlossen, weil beide ganz gleich gehalten worden waren und sich deswegen auch seit jeher sehr gut vertrugen. Zu Misshelligkeiten und Zwiespalt kam es, als

Hans auf die schiefe Bahn geriet, und erst in der letzten Zeit vertieft sich die Kluft zwischen beiden merklich. Auch Eifersucht wegen Bevorzugung der Stiefschwester kann nicht in Frage kommen. Das Kind ist um so viele Jahre jünger. Hans kümmert sich nicht sehr viel um sie, ist weder besonders liebevoll mit ihr noch ablehnend gegen sie. Der Vater ist sehr verbittert und beklagte sich auch, dass die Veränderung des Jungen ihr schönes, einträchtiges Familienleben vollständig zerstört habe. Während früher die Familienmitglieder Abend für Abend beisammen sassen, aus verschiedenen Schriftstellern vorgelesen oder musiziert worden war, sei er jetzt verärgert, wenn er beim Nachhausekommen hört, was Hans wieder angestellt hat, oder bis spät nachts unterwegs, um den Jungen zu suchen.

Der Schuhmacherei hatte sich Hans gegen den väterlichen Willen zugewendet. Er war in der dritten Realschulklasse durchgefallen und wollte nicht weiter in die Schule gehen, war nicht zu einer Wiederholung der Klasse zu bewegen. Alles Zureden und Drängen blieb vergeblich; er setzte es durch, Schuhmacher zu werden, wie der Vater der Stiefmutter. Ich wollte nun auch wissen, ob vielleicht Beziehungen des doch schon erwachsenen Jungen zu Mädchen die Ursache seines ersten Davonlaufens sein könnten. Der Vater hält dies bei der ihm genau bekannten Einstellung seines Sohnes zum weiblichen Geschlecht für unmöglich. Als ich dann fragte, ob er sich schon eine Erklärung für das so plötzlich veränderte Verhalten seines Jungen zurecht gelegt habe, sagte er mir wörtlich: „Entweder ist der böse Geist in ihn hineingefahren oder er ist verrückt geworden." „Dann gehört er doch nicht in die Besserungsanstalt," meinte ich darauf. „Sie dürfen das nicht so wörtlich nehmen, aber alles ist so plötzlich gekommen."

Ich sprach dann in Abwesenheit des Vaters auch mit Hans. Er ist ein hagerer, gut gekleideter junger Mann, der etwas älter als siebzehn Jahre aussieht. Ich werde Ihnen nun einen Teil unseres Gespräches dem Wortlaute nach wiedergeben.

„Wissen Sie, wo Sie jetzt sind?" — „Nein!"
„Im Jugendamte." — „So? Ja, mein Vater will mich in eine Besserungsanstalt geben."
„Ihr Vater hat mir erzählt, was alles vorgefallen ist, und ich will Ihnen helfen." — „Das geht nicht." (Dazu ein Zucken mit den Schultern und eine vollständig ablehnende Miene.)
„Wenn Sie nicht wollen, dann sicherlich nicht." — „Sie können mir nicht helfen."
„Ich begreife dass Ihnen das Vertrauen fehlt; wir sind uns noch zu fremd." — „Das nicht, aber es geht doch nicht!" (Wieder die sehr ablehnende Miene.)
„Wollen Sie mit mir reden?" — „Warum nicht?"
„Ich muss Sie um Verschiedenes fragen und mache Ihnen dazu einen Vorschlag!" — „Welchen?" (Der Tonfall zeigt sehr zuwartende Haltung.)

„Mir auf jede Frage, die Ihnen unangenehm ist, die Antwort zu verweigern." —
„Wie meinen Sie das?" (Das wird erstaunt und ungläubig gefragt.)

„Auf die Fragen, die Sie nicht beantworten wollen, dürfen Sie schweigen, wenn
Sie wollen, mir darauf auch sagen, dass mich das nichts angeht." — „Warum erlauben
Sie mir das?"

„Weil ich weder Untersuchungsrichter noch Polizeiagent bin, daher nicht alles
wissen muss, und weil Sie mir auf unangenehme Fragen ohnehin nicht die Wahrheit
sagen würden." — „Woher wissen Sie das?"

„Weil das alle Leute so machen, und Sie auch keine Ausnahme sind. Ich selbst
würde einem Menschen, dem ich zum erstenmal gegenüber sitze, auch nicht alles
sagen." — „Wenn ich aber doch rede und Sie anlüge, kennen Sie das?"

„Nein! Es wäre aber schade. Und Sie haben es nicht notwendig, weil ich Sie
nicht zwingen werde, mir zu antworten." — „Zu Hause haben sie mir auch immer
gesagt, es geschieht mir nichts, und wenn ich dann geredet habe, war es noch ärger.
Ich habe mir das Reden abgewöhnt."

„Hier ist's doch bissl anders. Mir genügt, was Sie wirklich sagen wollen. Allerdings
muss ich sicher sein, dass ich nichts Unwahres zu hören bekomme." — „Nun gut."

„Sie sind also einverstanden?" (Ich halte ihm die Hand hin, in die er kräftig
einschlägt.) — „Einverstanden!"

Warum ich diese Einleitung gerade so machte, und was ich damit
bezweckte, werden wir erörtern, wenn ich auf die Herstellung der Gefühlsbeziehung zwischen Zögling und Fürsorgeerzieher zu sprechen
komme. Wie gut der Gefühlskontakt hergestellt war, werden Sie bald
bemerken. Jetzt erst beginnt eigentlich unser Gespräch, das ich nun mit
„Du" einleite, wie immer, sobald die Gefühlsbeziehung hergestellt ist.

„Aus welcher Schulklasse bist du ausgetreten?" — „Aus der dritten Klasse der
Realschule."

„Warum bist du nicht weiter in die Schule gegangen?" — „Ich bin in drei Gegen-
ständen durchgefallen und da wollte ich nicht mehr weiter lernen."

„War denn der Vater so ohne weiteres damit einverstanden?" — „Ihm wäre es
lieber gewesen, wenn ich die Klasse repetiert hätte."

„Wieso bist du gerade auf die Schuhmacherei gekommen?" — „Mein Grossvater
ist Schuhmachermeister und ich wollte auch einer werden."

„Da du Realschüler gewesen bist, kennst du die Geschichte von der schiefen Ebene;
wenn man auf der sitzt, rutscht man herunter. Mich interessiert daher gar nicht,
was alles war, sondern nur der Anfang. Warum bist du nach Graz gefahren?" —
"Das weiss ich nicht!"

„Es muss doch einen Grund gehabt haben, warum du gerade nach Graz gefahren
bist. Du hättest ja geradeso gut nach Linz oder Salzburg fahren können, warum also
nach Graz?" — „Ich weiss es wirklich nicht!"

„Es ist doch noch nicht gar so lange her, nicht einmal ein Jahr. Denke einmal
nach, vielleicht fällt es dir doch ein?" — „Vielleicht, weil mein Bruder im Vorjahr
mit einer Ferienkolonie in Graz gewesen ist..." (Hier zögert er merklich, bleibt aber
schweigsam.)

„Willst du mir nicht noch etwas sagen?" (Diese Frage stelle ich erst nach einigem
Zuwarten, als ich merke, dass ein innerer Kampf nicht zum Abschluss kommen will.)
— „Wenn Sie mir versprechen, dass Sie das, was ich Ihnen jetzt sagen werde, nicht
dem Vater sagen, dann sage ich Ihnen etwas!" (Das spricht er, unterbrochen von
heftigem Schluchzen, nachdem er mir auf die vorhergehende Frage einen Augenblick
voll ins Gesicht gesehen hat, mit zur Erde geneigtem Kopf.)

„Da hast du meine Hand darauf, dass darüber nicht gesprochen wird." (Er nimmt sie und drückt sie heftig.) — „Ich habe mich umbringen wollen."

„Wann?" — „Voriges Jahr im Sommer."

„Bevor du dem Vater die 70.000 Kronen herausgelockt hast oder nachher?" — „Vorher."

„Warum?" — „Mein Bruder ist mit der Mutter zu einer Tante in die Tschechoslowakei gefahren und ich bin doch nur der Schuhmacherlehrling und habe dableiben müssen. Ich bin noch acht Tage in die Arbeit gegangen, dann drei Tage nicht mehr und habe Angst bekommen, dass es mein Vater erfahren wird. Da habe ich mich umbringen wollen."

„Hast du einen Selbstmordversuch gemacht?" — „Nein! Ich habe mir gedacht, ich fahre fort und komme nicht mehr zurück, habe mir vom Vater das Geld geholt und bin nach Graz gefahren. Wie das Geld weg war, habe ich nicht gewusst, was ich machen soll und bin wieder nach Hause gefahren. Zu Hause hat es dann einen fürchterlichen Krach gegeben und seit dieser Zeit freut mich nichts mehr."

„Wie verträgst du dich mit deinem Bruder?" — „Ganz gut; jetzt die letzte Zeit weniger, weil er immer zum Vater hält."

„Bist du zu Hause zurückgesetzt worden?" — „Nein!"

„Macht dir das nichts, dass dein Bruder studiert und du der Schuhmacher bist?" — „······"

Aus seinen sonstigen Mitteilungen erwähne ich noch Folgendes: Der Junge war vier Jahre alt, als die Mutter starb. Der Vater blieb nur ein Jahr verwitwet. Der Grossvater, Schuhmachermeister, ist der Vater der Stiefmutter. Zwischen diesen beiden besteht ein sehr schönes Verhältnis; sie hängt mit kindlicher Zärtlichkeit an ihm und er muss nach den Schilderungen des Jungen ein ausserordentlich verständiger Mann sein. Die zärtliche Zuneigung zur leiblichen Mutter hatte Hans sehr bald auf die Stiefmutter übertragen, so dass nicht das gewöhnliche Stiefmutterverhältnis besteht. Auch die Beziehungen zum Vater waren bis zum Vorjahre recht gute. Trotz seiner jetzigen Gegeneinstellung schildert er ihn als guten Familienvater, der sich um alles sorgt, viel zu Hause ist, weder Gast- noch Kaffeehäuser besucht und sich viel um seine Kinder kümmert. Die materielle Situation ist eine vollständig geordnete. Nicht uninteressant ist, wie Hans sich die Berechtigung zur Herauslockung der 70.000 Kronen motiviert. Der Vater hat dem Bruder Geld zur Reise mit der Mutter gegeben, und folglich ist auch er berechtigt, solches zu verlangen. Hätte er dem Vater den wahren Zweck angegeben, so wäre es ihm verweigert worden. Deswegen musste er ihn belügen. Augenblicklich bleibt uns wohl unverständlich, dass er nun den Vater verantwortlich macht, Schuhmacher geworden zu sein. Er sagt: „Der Vater hätte gescheiter sein müssen als ich. Ich war ein dummer Bub. Als Vierzehnjähriger weiss man noch nicht, was man werden will. Der Vater hätte darauf bestehen müssen, mich zwingen sollen; dann hätte ich schon die dritte Realschulklasse wiederholt. Wäre er nur energisch darauf bestanden, dann hätte ich ihm schon gefolgt und wäre heute auch der Student."

Nach seinen Mitteilungen frage ich ihn, ob er es für möglich halte, dass es zwischen ihm und dem Vater zu einer Verständigung kommen könnte. Ich erkläre mich auch bereit, dabei mitzuwirken. Er wehrt nicht mehr ab, wie am Anfange unseres Zusammenseins, ist aber sehr skeptisch. Er meint: „Ich habe wiederholt mit dem Vater gesprochen und es war ganz zwecklos." Ich setze ihm nun auseinander, dass ihn der Vater solange nicht verstehen könne, als er nicht wisse, was in ihm vorgeht. Er müsse mir daher erlauben, diesem von dem mir Gesagten Mitteilung zu machen. Er entbindet mich ohne weiteres meiner Schweigepflicht.

Der Junge geht in den Nebenraum und schickt mir nochmals den Vater, mit dem ich sehr lange beisammensitze, bis ich ihm begreiflich machen konnte, dass er, ohne es zu wissen und zu wollen, bisher neben und nicht mit seinem Sohne gelebt, und was der arme Junge gelitten hat. Er hört zuerst erstaunt zu, schüttelt dann ungläubig den Kopf, wird entrüstet, kommt sehr langsam zum Verstehen und schliesslich in solche Rührung, dass er die Tränen nicht mehr zurückhalten kann. Darob entschuldigt er sich verschämt, dass er, der seit seiner Kindheit nicht mehr geweint hat, sich nun nicht beherrschen kann. Ich erkläre ihm seine Erregung als eine ganz natürliche Reaktion auf meine Mitteilungen und für mich als Beweis, dass er seinen Jungen wirklich liebe. Er beruhigt sich nun etwas und bleibt in sehr versöhnlicher Stimmung, so dass mir der Zeitpunkt geeignet erscheint, zwischen Vater und Sohn eine erste Verständigung anzubahnen.

Es bedarf hier einer kleinen Einschaltung, um ein immerhin mögliches Missverständnis nicht aufkommen zu lassen. Ich habe Ihnen letzthin gesagt, es wäre falsch, in Konfliktssituationen ein Kompromiss herzustellen, dem einen und dem anderen zuzureden, dass er ein wenig nachgebe. Was ich hier mit Vater und Sohn versuche, widerspricht dem nicht. Die gegenseitige Aussprache verfolgt den Zweck, dem Vater die Motive des Handelns seines Sohnes von diesem selbst sagen zu lassen, dem Sohne dadurch die verlorenen Beziehungen zum Vater wieder zu verschaffen und so das früher zwischen beiden bestandene gute Verhältnis nun auf einer sicheren Basis aufzubauen.

Also, Hans wird gerufen! Ich vermittle den Beginn einer Aussprache und entferne mich aus dem Gefühl heraus, dass die beiden jetzt allein sein müssen und ein Dritter nur stören würde. Nach ungefähr zwanzig Minuten komme ich zurück, finde Vater und Sohn verweint und stumm nebeneinandersitzen. Der Vater beantwortet meinen erstaunt fragenden Blick: „Es nützt nichts, er redet nicht." — Ich weiss, dass der Erzieher sich nicht ärgern darf und dass ich auch die Affektsituation des Vaters hätte begreifen müssen, aber was lässt sich machen, mich packte Wut gegen den Vater; nahezu zwei Stunden hatte ich mich mit ihm abgeplagt, ihm eingehendst auseinandergesetzt, worauf es ankomme, ihm gezeigt, wie er es machen müsse, damit der arme Bursche wieder ins Gleichgewicht kommen könne, und nun dieses ungeschickte Verhalten. — Ohne den Vater zu beachten, gehe ich auf den Jungen zu, streiche ihm mit der Hand über den Kopf und sage zu ihm: „Gelt, Hans, es muss doch nicht immer gesprochen werden; zwei Menschen können einander auch verstehen, ohne ein einziges Wort miteinander zu reden." Daraufhin bricht Hans in erschütterndes Weinen aus. Ich weiss nun nicht, hat das den Vater so ergriffen oder ist der Junge als erster aufgesprungen, aber im nächsten Augenblicke lagen die beiden einander in den Armen und küssten sich gegenseitig ab. (Ich gestehe Ihnen ganz offen, dass ich selbst von dieser Szene nicht unberührt blieb.) Als sie sich ein wenig beruhigt hatten, wollte ich den Jungen auf kurze Zeit entfernen, weil ich den Vater noch auf Wichtiges aufmerksam machen musste. Mir erschien es am unauffälligsten, Hans um Zigaretten für mich wegzuschicken. Dem Vater setzte ich nun rasch auseinander, — der Junge war ja in der kürzesten Zeit zurückzuerwarten, — dass solche erste Versöhnungen noch lange nicht das Ende des Konfliktes bedeuten. Er müsse sich gefasst machen, dass es Hans in der nächsten Zeit noch weit ärger treiben werde. Da ich mich auf eine lange Besprechung nicht einlassen konnte, forderte ich ihn nur noch auf, sofort zu mir zu kommen, wenn Hans etwas anstelle, um sich mit mir zu beraten, was zu unternehmen sei. Wir einigten uns noch auf Anregung des Jungen, dass der Vater gleich von mir weg mit ihm zum Meister gehen werde, damit er schon am Nachmittag wieder die Arbeit aufnehmen könne. Hans war sehr erleichtert und schien froh zu sein, sofort wieder in die Werkstätte zu kommen. Vater und Sohn schieden von mir Arm in Arm, gingen so von mir weg, als ob dauernde Eintracht hergestellt wäre.

Schon am nächsten Morgen erwartete mich der Vater beim Haustor des Amtsgebäudes. Er war trostlos, niedergeschlagen ganz verzweifelt. Ich musste einen Wortschwall über mich ergehen lassen: „Alles ist vergebens. Mit dem Jungen ist nichts zu machen. Er muss in die Anstalt. Sie haben gesehen, wie zerknirscht er gestern gewesen war, und nun wieder die alte Geschichte. In Güte geht es schon gar nicht mit ihm." „Was ist denn los?" frage ich ganz ruhig den Vater. Sie werden verstehen, dass ich mich nicht besonders erregte; hatte ich ihm doch am Tage vorher gesagt, dass wieder etwas kommen wird. Nicht ganz verständlich war mir nur die Raschheit, mit der das erwartete Ereignis eintrat. Der Vater fährt fort:

„Wir sind ganz versöhnt miteinander fortgegangen. Am Wege habe ich ihm dann noch recht gut zugeredet, er soll von jetzt an anständig bleiben, da ich ihm doch alles verziehen habe. Er hat mich angehört und nichts gesprochen, so dass ich Mühe hatte, mich nicht gleich wieder zu ärgern. Beim Meister war nichts Besonderes, ich gab ihm auch keinerlei Aufklärungen, weil er der Meinung ist, Hans sei krankheitshalber der Arbeit ferngeblieben. Statt nun, wie vereinbart, nachmittags zu beginnen, trieb sich der Junge wieder bis spät nachts im Kaffeehaus herum."

Ich möchte hier ganz kurz bemerken: Sie erinnern, dass ich den Jungen um Zigaretten weggeschickt hatte, damit ich den Vater auf einen zu erwartenden Rückfall aufmerksam machen könne. Der war nun tatsächlich da. Obwohl der Vater nach dem ihm Gesagten darauf hätte vorbereitet sein müssen, war er doch fassungslos, hatte dem Sohne heftigste Vorwürfe gemacht und damit alles am Vortage Erreichte wieder sehr in Frage gestellt. Es ist begreiflich, dass ihm infolge der eigenen starken Affektbeteiligung die Deutung „vom undankbaren Sohne" näher liegt als die richtige, die wir gleich hören werden. Solche kritische Situationen werden von den Eltern regelmässig, von Erziehungspersonen manchmal, falsch aufgefasst und weil der wirkliche Vorgang selten richtig erkannt wird, kommt es zu Entgleisungen, die erzieherisch die grösste Gefahr bedeuten.

Was da im Verwahrlosten vorgeht, hat sehr viel mit unbewusstem Schuldgefühl zu tun, über das wir aber jetzt noch nicht sprechen können. Wir vermögen uns trotzdem einen Teil der Determinierung durch ganz einfache Überlegungen klar zu machen. Leicht begreiflich ist, dass ein Junge, der als Folge seiner Verwahrlosungsäusserungen immer strenge Behandlung von seiner Umgebung erfuhr, misstrauisch werden muss, wenn dieselben Personen — in unserem Falle der Vater — plötzlich ein vollständig geändertes Verhalten zeigen. Die Gesinnungsänderung wird nicht geglaubt und daher durch neue Streiche erprobt. Erst wenn die Strafe dauernd ausbleibt, ist sie wirklich eingetreten. Der Dissoziale gibt sich daher nicht zufrieden, wenn die in Frage Kommenden anfänglich milde und verzeihend sind, er reizt sie durch ärgere Verwahrlosungsäusserungen. Statt das zu verstehen, nehmen es die Eltern als Beweis, dass durch Güte nichts zu erreichen ist. Mit der nun wieder einsetzenden strengen Behandlung ist der alte Zustand hergestellt und niemals Besserung zu erwarten. Ist aber beispielsweise der Vater verständig, lässt er sich nicht irre machen und nicht in die alte Einstellung zurückzwingen, so ergibt sich für den Verwahrlosten eine kritische Situation. Die dissozialen Äusserungen haben dann — wenn sie sich aus einer Gegeneinstellung zum Vater determinieren — keinen Sinn mehr. Das darf aber nicht sein, weil sonst der Dissozialität die Grundlage fehlte. Und wenn anfänglich das Anschwellen der Verwahrlosungsäusserungen der Ausdruck des Misstrauens ist, wird es später zur Aufforderung: „Sei so zu mir, wie du früher warst!" Dies wird Ihnen viel deutlicher werden, wenn wir im achten Vortrage von den „Aggressiven" sprechen. Erst wenn alle Provokation vergeblich bleibt, bricht der Aufbau, der die Verwahrlosung hält, zusammen und nach und nach kommt es zu einem wellenförmigen Ablaufen der Verwahrlosungserscheinungen. Die Zeitdauer ist verschieden, je nach der Tiefe der unbewussten Verankerung. Wir haben es hier mit einem Vorgange zu tun, den ich recht oft beobachten konnte, dessen theoretische Begründung ich Ihnen aber hier nicht geben kann. Er wird sich vollständig einwandfrei überhaupt erst feststellen lassen, wenn genug Analysen solcher Fälle vorliegen werden.

Kehren wir nun zum Jugendlichen zurück. Ich sehe, dass der Vater infolge seiner eigenen Gefühlskonstellation nicht in der Lage ist, erzieherisch erfolgreiche Arbeit zu leisten, muss ihn daher als Heilfaktor ausschalten und versuchen, ohne ihn auszukommen. Auf meine Frage, wo der Junge jetzt sei, erhalte ich zur Antwort: „In der Werkstätte bei seinem alten Meister." Ich ersuche den Vater, er möge mir Hans um sieben Uhr abends an einen bestimmten Ort schicken, weil ich einiges mit ihm besprechen möchte.

(Ich bestelle mir häufig Jugendliche, die tagsüber von der Arbeit nicht abkommen können, abends und spreche mit ihnen auf dem Wege von der Erziehungsberatung nach Hause.) Hans erwartete mich pünktlich und begrüsste mich sehr herzlich, das Gespräch war nicht sehr wortreich. Er redet überhaupt nicht viel, gehört zu den Menschen, die sich schon wohl fühlen, wenn sie den anderen nur neben sich wissen. Ich erkundigte mich nach seinem Befinden, nach seiner gestrigen und heutigen Arbeit. Er log mir mit einer bewunderungswürdigen Sicherheit vor, was er alles am Vortage gearbeitet hatte, an dem er, wie wir wissen, gar nicht in der Werkstätte war. Ich liess mir natürlich nicht anmerken, dass ich es besser wusste. Wir kamen auch auf den Vater zu sprechen. Dabei machte er wie nebenbei die Bemerkung, dass ich diesen doch nicht richtig kenne. Auf mein: „Woher weisst Du das?" Er: „Weil Sie ihn für viel besser halten, als er wirklich ist." „Ist er denn schlecht?" „Nein, aber nicht gut zu mir. Er hat mich gestern beim Nachhausegehen die ganze Zeit sekkiert, ich soll nun doch, da er mir alles verziehen hat, anständig bleiben." Wir haben hier sicherlich einen Anhaltspunkt, warum der Junge so rasch wieder zu dissozialen Handlungen zurückkehrte. Für ihn ist der Vater mit seinem eifrigen Auf-ihn-Einreden doch nicht der verständige Mensch, als der er bei mir erschienen ist. Er zwingt ihn schon wieder in eine unangenehme Situation hinein.

Während unseres Gespräches gingen wir langsam durch die Strassen. Es regnete leicht, darum wollte ich schliesslich die Strassenbahn zum Nachhausekommen benützen. Meine Verabschiedung, da er in einer anderen Fahrtrichtung wohnt, liess er aber nicht zu. Er könne mich ein Stück begleiten und von einer Umsteigstelle auch nach Hause kommen. Er fuhr mit; wir sprachen unter anderem auch von der Musik. Dabei ging er etwas aus sich heraus und teilte mir mit, dass seine Angehörigen sehr musikalisch seien, der Vater die Violine, der Bruder Klavier spiele und er die Flöte blase. Als wir zur Umsteigstelle kamen, liess er sich nicht bewegen, nach Hause zu fahren, sondern blieb neben mir sitzen mit den Worten: „Jetzt begleite ich Sie schon ganz." Unmittelbar vor dem Aussteigen fragte er mich, wann wir wieder zusammenkommen könnten. Ich gab ihm den drittnächsten Tag an. „Das ist zu lange, ist es nicht früher möglich?" „Ja, morgen, wenn du mich um 7 Uhr in der . . . strasse erwarten willst." Er ging dann noch bis zum Haustor mit und verabschiedete sich mit den Worten: „Richten Sie mir einen schönen Handkuss an die gnädige Frau aus." Wir hatten von meiner Frau, überhaupt dass ich verheiratet sei, kein Wort gesprochen, das nahm er jedenfalls als selbstverständlich an. Ich blieb beim Haustor stehen. Nach ungefähr fünfzig Schritten wendete er sich um und schwenkte grüssend den Hut, was ich erwiderte. Das wiederholte sich noch mehreremal, bis er bei der etwa dreihundert Schritte entfernten Strassenbahnhaltestelle einstieg. Am nächsten Abend war er pünktlich zur Stelle. Er schlug vor, zu gehen und nicht zu fahren, weil wir sonst zu rasch von einander gingen. Der Weg zu Fuss währt ungefähr eine Stunde. Es wurde wieder nicht besonders viel gesprochen. Er lud mich aber ein, ihn zu Hause zu besuchen, er werde einen Musikabend veranstalten. Es sei zwar nicht sicher, dass der Vater mitspielen werde, aber sein Bruder habe schon zugesagt, ihn auf dem Klavier zu begleiten. Ich bedeutete ihm, dass ich ein sehr kritischer, schwer zu befriedigender Zuhörer sei und dass er und sein Bruder ein Vortragsprogramm gut durchstudiert haben müssen, ehe ich zuhören komme. Mir war natürlich darum zu tun, eine von ihm ausgehende Anregung erzieherisch zu verwerten, ihn bei einer ihn interessierenden Beschäftigung während längerer Zeit zu Hause festzuhalten.

Da ich damals sehr stark beschäftigt war, konnte ich mich dem Jungen wöchentlich höchstens dreimal je eine halbe bis eine Stunde widmen und auch da nur auf der Gasse abends auf dem Wege nach Hause. Wenn ich unter diesen ungünstigen Verhältnissen erzieherische Erfolge erzielen wollte, mussten seine Gefühlsbeziehungen zu mir sehr stark sein. Ihn darüber zu befragen, ging nicht an. Um mich von deren Intensität zu überzeugen, musste ich ihn einer Belastungsprobe aussetzen und zuwarten, ob er diese aushielt. Ich bestellte ihn daher so, dass ich selbst erst zwei Stunden später eintreffen konnte. Als ich kam, war er fort. Ich erfuhr aber, dass er mehr als einundeinhalb Stunden ausgeharrt hatte. Er war nicht verärgert fortgegangen, sondern hatte das Ersuchen zurückgelassen, ihn zu verständigen, wann und wo wir uns wieder sehen werden.

Wir trafen uns schon am nächsten Tag und ich nahm mir vor, ihn bei der ersten sich darbietenden Gelegenheit für seine Ausdauer zu belohnen, überzeugt, dass sich bald ein Anlass ergeben werde. Dieser liess, wie Sie gleich hören werden, auch tatsächlich nicht lange auf sich warten.

Bei der Begrüssung war er freundlich wie immer, machte mir keinerlei Vorwürfe, fand im Gegenteil sehr begreiflich, dass ich, da ich sehr viel zu tun habe, nicht immer getroffene Vereinbarungen einhalten könne. Wir gingen wieder zu Fuss. Er erzählte von seinem Meister und so freudig von Spezialarbeiten, die ihm seit neuerer Zeit übergeben werden, dass deutlich sein gehobenes Selbstgefühl durchschimmerte. Er sprach aber auch von Unangenehmem in der Werkstätte. Auch von einem Gehilfen, der ihm diese Bevorzugung neide, grantig sei und nicht hören könne, wenn er ein Liedchen vor sich hin pfeife, was ihm seit neuerer Zeit grosses Vergnügen mache. Als das Werkstättenthema erschöpft war, kamen auch Mitteilungen von zu Hause. Besonders eingehend verbreitete er sich über das musikalische Vortragsprogramm. Sehr zufrieden ist er mit dem Bruder, der willig auf seine Wünsche eingeht. Damit wies er mir die Richtung, in der ich seine Belohnung zu suchen hatte. — Mein Besuch! — Ich setzte mit ihm den Termin fest. Da ich ihn aber noch einige Zeit mit einer bestimmten Zielsetzung zu Hause festhalten wollte, vereinbarten wir als Besuchstag den zweitnächsten Sonntagnachmittag. Der Junge war sehr glücklich, nun schon den Tag meines Kommens zu wissen, und nicht ungeduldig, dass er noch so lange zuwarten müsse.

Wir gingen dann schweigsam nebeneinander; er ganz in Gedanken verloren, ich ihn beobachtend. Nach einiger Zeit fragte ich ihn, woran er denke. Er wehrte zuerst ab und wurde recht verlegen. Auf mein Drängen gab er endlich seinen Widerstand auf, es sei eigentlich zu dumm, nicht zu reden, es war nichts Besonderes, an das er dachte, ich werde ihn vielleicht auslachen, wenn er es jetzt mitteile: aber das gehe ihm immer so. Zuerst erscheine ihm etwas als eine besondere Sache, er könne nicht richtig davon sprechen und mache deswegen nur eine Andeutung. Gebe der andere nicht nach, so werde ihm selbst plötzlich klar, dass er zu viel Aufhebens gemacht habe, schäme sich und könne dann erst recht nicht den Mund aufmachen. Ich machte ihm begreiflich, dass ich gar nichts Besonderes erwarte und er, wenn es ihn Überwindung koste, schweigen möge. Wir gingen dann nur noch einige Schritte weiter und recht zaghaft kam heraus: „Wenn mein Vater so zu mir wäre, wie Sie, hätte ich das alles nicht gemacht." Ich nehme das zum Anlass, um einiges über sein Verhältnis zum Vater mit ihm zu besprechen. Was er sagte, deckt sich im wesentlichen mit dem Ihnen bereits Mitgeteilten.

Von den drei nächsten Zusammenkünften ist zu berichten, dass unser Gespräch sich vorwiegend im Rahmen seiner Beziehungen zu den einzelnen Familienmitgliedern bewegte und manches in seiner Stellung zum Vater geklärt wurde.

Als wir uns nach einer Pause von fast acht Tagen an einem Samstag wieder trafen, kam er strahlend auf mich zu. Sein Wochenlohn war um ein Drittel erhöht worden. Das kam um so überraschender, weil er bereits die beiden vorhergehenden Wochen kleinere Lohnerhöhungen hatte. Aus der mir schon früher mitgeteilten Zuteilung der schwierigeren Arbeit und der beträchtlichen Steigerung des Arbeitslohnes dürfen wir wohl den Schluss ziehen, dass Hans nun ein ganz anderes Verhältnis zur Arbeit gefunden hatte. Wir sehen, dass es auch wirtschaftlich von Vorteil ist, innerlich in Ordnung zu kommen; denn der Meister entschloss sich sicherlich nicht aus Liebe zum Jungen oder aus erzieherischen Rücksichten zu einer um so viel besseren Bezahlung als früher; zudem wusste er auch gar nicht, dass sich jemand erzieherisch mit Hans beschäftigte. — Ich bemerke dazu, dass ich mich grundsätzlich nicht an die Lehrherren der Jugendlichen wende. So wertvoll es oft wäre, ich kann es doch nicht wagen, weil die Jungen dadurch zu leicht in schiefe Situationen kommen. Meister, Gehilfen und Mitlehrlinge erfahren Dinge, die bei den kleinsten Vorkommnissen in der Werkstätte gegen ihn ins Treffen geführt werden.

Und nun zum Besuchssonntag!

Die Familie war vollzählig versammelt. Hans in merklicher Aufregung, die ich dadurch zu vermindern suchte, dass ich zum Vortrag drängte. Es wurde recht gut musiziert, für den Hausgebrauch mehr als ausreichend. Hans war mit Feuereifer dabei. Ich gab meine Zufriedenheit deutlich, aber nicht übermässig zu erkennen. Jedenfalls sah er, dass ich mich freute. Es war nichts Gemachtes in dem Zusammensein. Alle waren innerlich froh, das war jedem Familienmitgliede aus dem Gesichte abzulesen, förmliches Wohlbehagen atmete mir entgegen.

In den kurzen Pausen sassen wir um den Tisch herum, sprachen über Verschiedenes, über Tagesereignisse, die Sorgen der Mutter um den Haushalt, über den Beruf des Vaters, dessen Unannehmlichkeiten, aber nicht über das frühere Verhalten Hansens und sein jetziges Benehmen. Es vergingen nahezu drei Stunden angenehmen Beisammenseins für alle.

Der Vater begleitete mich eine Strecke Weges, glücklich über die günstige Wendung. So verzweifelt er noch vor ein paar Wochen war, so begeistert zeigte er sich jetzt. Und wie ich ihn damals aufrichten musste, weil doch noch nicht alles verloren wäre, so musste ich nun eindämmen, weil möglicherweise noch nicht alles gewonnen sein konnte, unangenehme Überraschungen noch nicht ausgeschlossen waren. Der Vater sagte unter anderem: „Wenn ich mir vorstelle, dass ich den Jungen in eine Besserungsanstalt geben wollte, weil wir schon so zermürbt waren und uns nicht mehr zu helfen wussten, so kommt mir das jetzt wie ein Traum vor. Es ist bei uns wieder so, wie es ehedem war. Hans geht regelmässig in seine Arbeit. Der Meister hat mich rufen lassen, er ist recht zufrieden mit ihm. Am Abend kommt er pünktlich nach Hause, das Instrument wird hervorgeholt und die beiden Buben musizieren stundenlang miteinander. Sie sind wieder ein Herz und ein Sinn wie früher. Ich kann Ihnen nicht sagen, wie froh ich bin, dass alles wieder in Ordnung ist. "

Am Abend des nächsten Tages kam ich wieder mit Hans zusammen. Für ihn blieb mir nicht viel Zeit, da ich in einer Elternversammlung zu sprechen hatte. Er begleitete mich auf der Strassenbahn dorthin und besprach Einzelheiten meines Besuchs und schloss mit den Worten: „Ich habe mich bald schlafen gelegt und musste mir noch einmal alles vorstellen; es war wirklich sehr schön."

Wir trafen uns dann noch einige Wochen, immer wieder abends an den bestimmten Tagen. Er begleitete mich jedesmal bis nach Hause, aber nie bis in meine Wohnung, weil ich das absichtlich vermeiden wollte. Unsere Zusammenkünfte wurden durch meinen Urlaub unterbrochen, den ich nicht in Wien verbrachte. Es darf Sie nun nicht überraschen, dass ich während dieser Zeit namentlich mit Jugendlichen die angeknüpften Beziehungen nicht aufgebe, sondern mit ihnen in brieflichem Verkehr bleibe. Ich bemühe mich, alles zu vermeiden, was die Übertragung zu einer Zeit, in der sie noch erzieherisch wirksam sein muss, besonders schwächen könnte. Dazu gehört auch eine längere räumliche Trennung, die ohne schriftliche Verbindung bleibt. Dass später die Ablösung des Erziehungszöglings erfolgen muss, ist selbstverständlich. Das gehört aber nicht hieher, sondern in ein anderes Kapitel. Hans erhielt daher, so wie einige andere, meine Urlaubsanschrift. Er war ein besonders eifriger Schreiber. Es langte von ihm wöchentlich ein und, wenn ich gleich antwortete, auch ein zweiter Brief ein. In einem dieser Briefe teilte er mir auch mit, dass Mutter und Schwester zu den Verwandten in die Tschechoslowakei gefahren seien. Eine Bedienerin, die die Mutter aufnehmen wollte, habe er als überflüssig abgelehnt, weil er selbst die Wohnung in Ordnung halte. Er erging sich in den Briefen auch in Schilderungen über die Junggesellenwirtschaft, in die sich Vater und Bruder nach seinen Anordnungen fügen müssen. Werde die Ordnung durchbrochen, so mache er Spektakel und der Vater füge sich viel rascher als der Bruder. Mit dem müsse er besonders energisch sein. Nach und nach wurde der Ton in seinen Briefen merklich kühler, ohne dass diese sich zahlenmässig und in ihrem Umfange verringerten. Ich zeigte ihm meine Rückkunft nach Wien an, er war auch zur Stelle und bei der Begrüssung von der alten Herzlichkeit; erkundigte sich nach Persönlichem und schien sehr erfreut, als ich mit ihm für den zweitnächsten Tag am gewöhnlichen Orte und zur gewöhnlichen Zeit eine Zusammenkunft vereinbarte. Er kam aber nicht, entschuldigte sich schriftlich und schlug mir ein Zusammensein in weiteren zwei Tagen vor, auf das ich einging. Er erschien aber wieder nicht und liess sich, ohne Entschuldigung, überhaupt nicht mehr sehen. Sein Fernbleiben machte mich nicht böse. Ich kann auch nicht sagen, dass ich mich über den Erziehungserfolg und die so gut gelungene Ablösung von mir freute. Ich war anderweitig wieder so sehr beschäftigt, dass er mir einige Zeit nicht abging. Als ich mich nach ungefähr zwei Wochen seiner erinnerte, wurde mir ein wenig bange. Ich brachte sein Nichtkommen mit einem Rückfall in Zusammenhang, war weit davon entfernt, einen dauernden Erfolg anzunehmen. Ich schrieb ihm und erhielt sofort Antwort. Er teilte mir mit, dass er sich sehr wohl fühle, jetzt Überstunden mache; weil sehr viel zu tun sei, und es ihm daher nicht möglich sei, abends zu kommen. In einigen Wochen wäre das Ärgste vorüber und er freue sich, mich dann wieder aufsuchen zu können. Bei einem zufälligen Zusammentreffen mit dem Vater sprach sich dieser sehr befriedigt über das tadellose Verhalten seines Sohnes aus und gab der Hoffnung Ausdruck, dass es nun auch in Zukunft so bleiben werde.

Der Junge liess sich auch in einigen Wochen nicht sehen. Zu Weihnachten kam er, zu Neujahr schickte er eine Karte, dann hörte ich wochenlang nichts. Wir trafen uns im Frühjahr zufällig auf der Strassenbahn. Er war in bester Verfassung. Von da an langte durch eineinhalb Jahre ab und zu eine schriftliche Nachricht von ihm, namentlich zu grösseren Feiertagen, ein. Da seit drei Jahren alles in schönster Ordnung ist, wird ein Rückfall kaum mehr eintreten. Erzieherisch haben wir vorläufig nichts mehr zu tun, für uns ist die Angelegenheit befriedigend zur Erledigung gekommen. Zweifellos hat das Leben selbst hier noch manches zu richten, namentlich dem Jungen den Weg frei zu machen, der ihn zu den richtigen Beziehungen zum anderen Geschlechte führt.

Ich habe Ihnen nun über diese Erziehungsangelegenheit viel Wesentliches bis zu ihrem Abschlusse berichtet, musste allerdings, um den Rahmen nicht zu überschreiten, manche interessante und lehrreiche Einzelheit weglassen, und werde nunmehr Überlegungen, die uns einen Einblick in ursächliche Zusammenhänge vermitteln sollen, anschliessen. Ich muss Sie aber gerade in diesem Fall noch viel mehr als ich es bisher immer getan habe, aufmerksam machen, dass wir, ohne den Jungen zu analysieren, nie die tatsächlichen Abhängigkeiten von einander werden klar erkennen können. Wir bleiben ohne Analyse auf Wahrscheinlichkeitsschlüsse angewiesen. Das Überraschende und ohne Analyse sicher nicht überzeugend zu Erklärende ist der rasche und auch nach der Loslösung andauernde Heilerfolg, der, für den Psychoanalytiker klar, nur ein Heilerfolg in der Übertragung sein kann. Zweifel, ob so Dauererfolge zu erzielen sind, werden wir im letzten Vortrag beheben.

Ich habe ihnen schon eingangs der Besprechung mitgeteilt, dass es mir diesmal nicht darauf ankommt, ursächlichen Zusammenhängen besonders weit nachzugehen. Ich müsste mich auch für die Wahrscheinlichkeitsschlüsse auf theoretische Auseinandersetzungen einlassen, die für eine erste Einführung zu weit gingen. Wie werden daher ziemlich an der Oberfläche bleiben müssen. Dass es sich hier um einen Racheakt des Jungen gegen seinen Vater handelt, erscheint nach der Sachlage ziemlich klar. Er fühlt sich gegen den älteren Bruder zurückgesetzt, weil dieser als Student Vorteile hat, die ihm als Lehrling versagt bleiben. Und doch ist uns nicht recht begreiflich, warum er als Siebzehnjähriger dem Vater Vorwürfe macht, ja ihm geradezu die Verantwortung dafür aufhalst, Schuhmacher geworden zu sein, da er doch als Vierzehnjähriger dem Drängen des Vaters, Student zu bleiben, so hartnäckigen Widerstand entgegengesetzt hat. Wir wissen vom Vater und von Hans, dass jenem der Schuhmacherlehrling nicht angenehm war. Es muss ein starker Impuls vorhanden gewesen sein, nicht mehr in die Schule zu gehen, sondern Schuhmacher zu werden, der Jahre später verschwunden war.

Wir müssen jetzt schon ins Auge fassen, dass der Sechzehnjährige nicht mehr in derselben psychischen Verfassung ist, wie der Vierzehnjährige, und wollen daher versuchen, uns zunächst einmal einen Teil der psychischen Situation des Jungen am Beginne seiner Lehrzeit zu rekonstruieren. Vielleicht gibt uns den Ausgangspunkt dazu eine, wie mir scheinen will, nicht unwichtige Äusserung des Minderjährigen. Erinnern Sie, dass er beim Haustor, als wir zum erstenmal auseinandergingen, sagte: „Richten Sie mir einen schönen Handkuss an die gnädige Frau aus!" Zufall kann es nicht sein; es als Höflichkeitsäusserung aufzufassen, liegt auch kein Grund vor. Wir hatten von meiner Frau kein Wort gesprochen, es kann ihm nur mein Ehering aufgefallen sein, oder er hat mein Verheiratetsein als etwas Selbstverständliches vorausgesetzt. Für ihn war es auf jeden Fall gegeben, sonst wäre sein Auftrag unmöglich. Diese Selbstverständlichkeit ist auch selbstverständlich; denn er hatte mich ja an Vaters Stelle gesetzt. Wir wissen das aus einer späteren Äusserung: „Wenn mein Vater so zu mir wäre wie Sie, hätte ich das alles nicht gemacht." In diesem Zusammenhange gelten aber die mir aufgegebenen Grüsse der Mutter. Wenn sich nun ohne jedweden direkten äusseren Anlass solche Beziehungen aus dem Unbewussten äussern, dann müssen sie irgendwie sehr stark affektbetont sein. Ob sich so starke Beziehungen zur Mutter behaupten lassen? Diese ist doch seit Jahren tot und im Familienverbande lebt die Stiefmutter! Wir wagen diesen Wahrscheinlichkeitsschluss, weil wir Anhaltspunkte dazu vorfinden. Zunächst derselbe feminine Habitus, das ängstliche, schüchterne, weibische Benehmen, das uns schon einmal auf eine infantil inzestuöse Bindung aufmerksam gemacht hat. Dann die sehr guten Beziehungen zur Stiefmutter, die wir vom Vater angegeben bekommen, von Hans selbst hören und zu sehen Gelegenheit hatten. Die Liebe zur leiblichen Mutter erscheint restlos auf die Stiefmutter übertragen. Die infantil inzestuöse Bindung wirkt nach, die Verdrängungswelle in der Pubertät ist weit stärker, als normal, das heisst das Aufgeben der Liebesobjekte innerhalb der Familie und die Wahl anderer ausserhalb der Familie gelingt nicht. Wir sehen auch bei Hans, so wie früher bei einem anderen Jungendlichen, dieselbe Einstellung zur Frau: er lehnt sie ab. In solchen Fällen bleibt der Vater der bewusst nicht eingestandene Konkurrent in der Liebe zur Mutter. Seine Ablehnung wird verdrängt, weil man ja den Vater lieben muss. Wenn er aus dieser durch Verdrängung unbewusst gewordenen oder unbewusst gebliebenen Ablehnung des Vaters nicht studiert, so trifft er ihn, den Privatbeamten in leitender Stellung, der seine Söhne einem Intelligenzberuf zuführen will, und erledigt damit ein Stück unbewusster Rache.

Er begnügt sich aber nicht mit dem Nichtstudieren-Wollen, sondern will Schuhmacher werden. Er ergreift denselben Beruf, den der Vater der Stiefmutter hat. Wir wissen, dass diese jenem mit grosser Zärtlichkeit zugetan ist. Wird auch er Schuhmacher, dann zwingt er die Stiefmutter, ihn noch über den Vater zu stellen und ihn so lieb zu haben wie ihren Vater, seinen Grossvater. Wir können daraus wohl schliessen, dass das Bemühen des Vaters, ihn beim Studium zu halten, vergeblich sein musste, selbst wenn wir die reale Unlust des durchgefallenen Schülers vernachlässigen.

Zwei Jahre später, als die dissozialen Äusserungen auftraten, war er in einem wesentlich anderen psychischen Zustande. Wir können uns schon denken, dass das affektiv gehaltene Motiv, das ihn in die Schuhmacherei führte, durch die vielen Unlusterlebnisse, die das Lehrlingsein für das Kind aus dem Beamtenmilieu mit sich bringt, geschwächt werden musste. Der Knabe aus diesen Verhältnissen fühlt sich deklassiert, noch dazu wenn er aus der Mittelschule kommt wie Hans. Dazu bleibt ihm die fortwährende Vergleichsmöglichkeit mit dem Student gebliebenen Bruder. Dieser hat ausserdem noch mancherlei andere Vorteile, geht auch in den Ferien auf das Land und er muss dableiben. Die Ferienkolonie in Graz macht ausserordentlich tiefen Eindruck auf Hans. Und auch das der Stiefmutter gebrachte Opfer — für sie wurde er Schumacher — ist zwecklos geworden; sie nimmt nicht ihn, sondern den anderen zu den Verwandten mit. Es wäre uns nun zweifellos begreiflich, wenn in Hans Hass gegen die Stiefmutter auftauchen und sich in Aggressionen gegen die Stiefmutter Luft machen würde. Davon ist aber nichts zu bemerken. Wir müssen deswegen daran denken, dass der Junge von seinem zwei Jahre früher erfolgten Eintritte in die Schuhmacherlehre bis zu seiner Fahrt nach Graz als Sechzehnjähriger einen weiteren Teil seiner Pubertät erledigt hat und uns deswegen auch in einer anderen Entwicklungsphase gegenübersteht. Ist die Verdrängungswelle auch noch so stark, so muss doch der Libidovorstoss die männliche Agression verstärkt haben. Wir haben schon gehört, dass bewusster Hass gegen die Stiefmutter nicht vorhanden ist, der zweifellos da wäre, wenn sich die inzestuöse Bindung an diese nicht gelockert hätte. Ist diese Lockerung aber eingetreten, dann muss sie in einer Annäherung zum Vater in Erscheinung treten. Wir ersehen auch den Versuch einer Rückkehr zum Vater. Er lockt ihm 70.000 Kronen heraus und begründet dies damit, dass der Bruder auch Reisegeld erhalten hat. Er will dem Vater in derselben Situation erscheinen wie der Bruder. Dass er dazu den falschen Weg wählt, ändert an der Tatsache nichts. Er erkennt den falschen Weg nicht, sieht nur das Misslingen des Versuches einer Annäherung und alles bricht zusammen. Wir müssen uns nur den Kampf vorstellen, der im Unbewussten und im Bewusstsein des Jungen tobt: die Unlusterlebnisse in der Lehre, die Zurücksetzung durch den Vater, weil er Schuhmacher geworden ist, der Vater als Objekt der Liebe, der diese aber ablehnt, und gleichzeitig der Konkurrent um die Liebe der Stiefmutter: das unnütz der Stiefmutter gebrachte Opfer und schliesslich der versperrte Rückweg zum Vater. Es braucht uns nicht zu wundern, dass Hans, der nun auch seinen ganzen Lebensplan zerstört sieht, sich selbstmorden will. Dass er den Selbstmord nur symbolisch in der Fahrt nach Graz ausführt, verdankt er seiner Selbstliebe, seinem Narzissmus, in psychoanalytischer Sprechweise, der ihm nach einigem Schwanken noch einen Ausweg aus seinen Qualen ermöglicht.

Damit hätten wir, ohne auf sehr tiefe Zusammenhänge einzugehen, im wesentlichen besprochen, was an ursächlichen Zusammenhängen ohne direkte Analyse zu erfahren ist. Die theoretischen Zusammenhänge des Ausheilungsvorganges, die auch unser Interesse in Anspruch nehmen, werden uns teilweise klar werden, wenn wir im nächsten Vortrage einiges von der „Übertragung" zu hören bekommen. Ich habe diesen Ausdruck heute schon wiederholt gebraucht, gehe aber infolge der vorgeschrittenen Zeit auf nicht mehr ein, als Ihnen zu sagen, was wir uns darunter vorzustellen haben: Die Gefühlsbeziehungen, die sich zwischen dem Analytiker und dem Analysanden herstellen. Wenn Sie erinnern wollen, habe ich davon andeutungsweise schon im ersten Vortrage gesprochen.

DIE ÜBERTRAGUNG

Meine Damen und Herren! Wir haben schon öfter den Ausdruck Übertragung gebraucht und bei der letzthin geschilderten Verwahrlosung sogar von einer Ausheilung in der Übertragung gesprochen, ohne bisher viel mehr als bloss das Wort zu kennen.

Wir wollen daher heute etwas näher auf jene Gefühlsbeziehungen eingehen, die so benannt werden. Während einer Psychoanalyse räumt der Analysierte dem Analytiker eine hervorragende Rolle in seinem Gefühlsleben ein, die zwar nach Abschluss der Kur wieder zurückgenommen wird, für deren Verlauf aber von der allergrössten Bedeutung ist. Vom Patienten spinnen sich Gefühle der Zuneigung und Ablehnung zu dem ihn Behandelnden, die in ihrer wechselnden und hoch anschwellenden Intensität das normal zu erwartende Mass so weit überschreiten, dass sie seit langer Zeit auch das theoretische Interesse der Psychoanalytiker auf sich gezogen haben. Freud selbst hat diese Phänomene eingehend studiert, aufgehellt und sie unter dem Namen „Übertragung" zusammengefasst. Warum er gerade diese Bezeichnung wählte, werden wir noch hören.

Ich kann Ihnen die theoretischen Untersuchungen Freuds über die Übertragung nicht in ihrer Gänze mitteilen, sondern muss mich auf das für uns Wesentliche beschränken.

Wenn wir in der Fürsorgeerziehung von der Übertragung sprechen, so meinen wir damit die Gefühlsbeziehung des Fürsorgeerziehungszöglings zu seinem Erzieher, ohne dass behauptet wäre, es handle sich genau um dasselbe wie in der psychoanalytischen Situation. Die „Gegenübertragung" sind dann die Gefühlsbeziehungen des Fürsorgeerziehers zu seinem Zögling. Die Gefühlsbeziehungen, die der Fürsorgeerziehungszögling zu seinem Erzieher gewinnt, basieren natürlich auch auf bereits früher einmal bestandenen Beziehungen zu irgend jemandem. Und wenn wir jene studieren wollen, müssen wir diese kennen. Nun sind uns die zärtlichen Beziehungen, aus denen sich das Liebesleben des Kindes zusammensetzt, nicht mehr fremd, es ist uns schon manches in den vorhergehenden Vorträgen bekannt geworden. Wir haben gesehen, wie der kleine Knabe Vater und Mutter als

Liebesobjekte nimmt, und verfolgten die Strebungen, die sich aus diesem Verhältnis ergeben, über die Ödipussituation, den Ödipuskomplex bis zu dessen Untergang mit seinen in eine Vater- und Mutteridentifizierung auslaufenden Wirkungen. Wir hatten aber auch schon Gelegenheit, das Verhältnis von Geschwistern untereinander kennen zu lernen, wie sich die ursprüngliche Konkurrenzneigung zueinander unter dem Drucke der gleichen Zuneigung zu den Eltern in Geschwisterliebe umbildet, und schliesslich gehört, dass der Knabe in der Pubertät seine Libido von den ersten Objekten innerhalb der Familie lösen und normalerweise auf fremde, aussenstehende Personen übertragen muss.

Unsere heutige Aufgabe ist es, die Wirkungen dieser ersten Erlebnisse von einer ganz bestimmten Seite her ins Auge zu fassen: Die Anknüpfung, der Bestand und der Untergang der Liebesbeziehungen des Kindes innerhalb der Familie wirkt nicht nur in der besprochenen Weise als starkes Erlebnis, das in der Identifizierung ganz bestimmte inhaltliche Resterscheinungen zurücklässt, es bestimmt gleichzeitig auch die Form für den Ablauf aller Liebesbeziehungen der Zukunft.

Freud vergleicht diese Formen, ohne dabei an völlig unveränderlich Erstarrtes zu denken, mit abdruckfähigen Klischees und hat durch seine Untersuchungen nachgewiesen, dass wir im späteren Leben in unseren Gefühlsbeziehungen zum anderen im wesentlichen nichts anderes machen, als immer wieder das eine oder das andere in der Kinderstube gewonnene und bereit gehaltene Klischee abdrucken. Somit wird die Art, wie sich das Liebesleben unserer Kindheit gestaltet, zur Schicksalsfrage; denn sie bleibt für das ganze Leben bestehen. Es wird Ihnen nun nicht mehr schwer fallen, zu verstehen, warum Freud gerade den Ausdruck Übertragung für die Gefühlsbeziehungen des Analysierten zum Analytiker gewählt hat. Es werden eben nur längst bestehende Gefühle von anderswoher auf den Analytiker verlegt, übertragen. Und für den Fürsorgeerzieher ist die Kenntnis der Übertragungsmechanismen unentbehrlich, weil auch er seinen Zögling in die Übertragungssituation bringen muss, um die Verwahrlosung beheben zu können.

Das Studium der Übertragung beim Verwahrlosten zeigt uns regelmässig in dessen erster Kindheit ein gestörtes Liebesleben dadurch, dass sein Liebesbedürfnis zu wenig befriedigt oder übersättigt worden ist.

Zu den Bedingungen des Sozial-Werdens gehören eine dazu befähigende Erbanlage und auch ein erstes Liebesleben, das sich innerhalb gewisser Grenzen bewegt. Diese werden im allgemeinen durch die jeweilige Gesellschaftsordnung ebenso bedingt, wie die Formen, die das erste kindliche

Liebesleben ausprägt. Für die gegenwärtige entwickelt sich das Kind normal, — es wird zum Einleben in die Sozietät kommen — wenn es in seiner Kinderstube solche Liebesbeziehungen pflegen kann, dass es diese in der Schule und dann weiter in einer sich stetig vergrössernden persönlichen Umwelt fortzusetzen vermag, wenn die Einstellung zu den Eltern auf den Lehrer, die zu den Geschwistern auf die Mitschüler passt und sich für neu auftauchende Personen, entsprechend deren autoritativer oder dem Heranwachsenden gleichwertiger Stellung, immer wieder eine bereits vorher gemachte Beziehung zu Wiederholung ohne oder mit ganz geringen Abweichungen findet. Solche Menschen haben dann auch keine Schwierigkeiten im Ablaufe ihrer Gefühle zum anderen: sie vermögen Beziehungen anzuknüpfen, zu vertiefen und konfliktlos wieder zu lösen, wenn es die Notwendigkeit erfordert.

Wir werden nun auch unschwer erkennen, woher sich der psychische Widerstand gegen die Umformung der gegenwärtig geltenden Gesellschaftsordnung determiniert und wo ein radikaler Verfechter einer anderen den Hebel anzusetzen hätte. Unsere Einstellung zu den einzelnen Mitgliedern der Sozietät und zu dieser selbst hat eine ganz bestimmte Norm. Deren wesentliche Züge erhalten wir durch die Struktur der Familie und die Gefühlsbeziehungen, die wir in ihr gewonnen haben. Dabei kommt den Eltern und namentlich dem Vater hervorragende Bedeutung für die soziale Orientierung des Kindes zu. Die nachhaltigen, nicht mehr auszulöschenden libidinösen Beziehungen in der Kindheit sind Tatsachen, mit denen jeder Sozialreformer zu rechnen hat. Wenn daher, was ja wirklich auch der Fall ist, die Familie die beste Vorbedingung für die gegenwärtige Gesellschaftsordnung darstellt, so müsste zur Gewinnung und Sicherung einer neuen dieser Grundpfeiler zertrümmert und durch eine andere persönliche Umwelt des kleinen Kindes ersetzt werden. Zu besprechen, wie diese zu gestalten wäre, fällt aus dem Rahmen unserer Vorträge, ist übrigens Aufgabe derer, die die neue Struktur der Gesellschaft anstreben. Wir sind Fürsorgeerzieher, haben diese soziologischen Zusammenhänge zu erkennen, können uns für unsere Person zu irgend welcher Ordnung bekennen, haben aber einen streng vorgezeichneten Weg vor uns: die heutige dissoziale Jugend zur sozialen Einordnung zu führen.

Wird das erste kindliche Liebesleben durch schwere Enttäuschungen erschüttert oder im Übermasse ausgelebt, so kommt es nicht zur Bildung der richtig abdruckfähigen Klischees, um ein Bild Freuds weiter zu gebrauchen. Diese sind unvollständig geworden, wurden beschädigt, oder sind zu wenig widerstandsfähig, weil sie zu feine Züge erhalten. Auf alle

Fälle ermöglichen sie aber später nicht jene libidinösen Objektbesetzungen, die das Gesellschaftsideal als die normalen anerkennt. Aus dem Wegfallen dieses Teiles der Vorbereitung für das spätere Leben — Einregulierung der unbewussten und der bewussten libidinösen Strebungen, Schaffung libidinöser Erwartungsvorstellungen, die vom normalen Masse nicht zu sehr abweichen — ergibt sich nicht nur die grösste Unsicherheit in den Beziehungen zu den Nebenmenschen, sondern sehr oft auch eine der ersten und wichtigsten Vorbedingungen für die latente Verwahrlosung. So gesehen, sind die ersten Verwahrlosungsursachen in der frühen Kindheit zu suchen, dort, wo sich die von der Norm abweichenden ersten objektlibidinösen Bindungen hergestellt haben. Die Verwahrlosung selbst ist dann nur der Ausdruck für Beziehungen zu Personen und Dingen, die andere sind, als die Sozietät sie dem Einzelnen zubilligt.

Der Verwahrloste — wir sehen hier von Einzelfällen ab und halten uns an Typisches — lässt natürlich durch die Art seiner Verwahrlosungsäusserungen nicht sofort erkennen, aus welchen Störungen seines kindlichen Liebeslebens seine Dissozialität erwachsen ist. Solange wir noch keine auf psychoanalytischer Grundlage aufgebaute Beschreibung der Verwahrlosungsformen haben, möge es Ihnen genügen, zu hören, dass sich diese im allgemeinen in zwei Hauptgruppen teilen lassen; die neurotischen Grenzfälle mit Verwahrlosungserscheinungen und Verwahrlosungen, bei denen in jenem Teile des Ichs, aus dem die Verwahrlosung entstammt, neurotische Züge nicht nachweisbar sind. In den Fällen des ersten Typus befindet sich das Kind oder der Jugendliche in einem durch die Art seiner Liebesbeziehungen gewordenen inneren Konflikt: eine eigene Abwehrinstanz in ihm selbst — wir kommen im letzten Vortrage des näheren darauf zu sprechen — belegt in gewissen Situationen Liebesstrebungen mit einem Verbot. In der Reaktion darauf kommt die Verwahrlosung zustande. In den Fällen des zweiten Typus befindet sich der Dissoziale mit einem Teile oder der gesamten persönlichen Umwelt in offenem Konflikte: die in der ersten Kindheit unbefriedigt gebliebenen Liebesstrebungen haben dazu geführt.

Die wesentlichen Unterschiede in den Verwahrlosungsformen sind aus vielfachen Gründen sehr zu beachten. Für uns augenblicklich wegen der Herstellung der Übertragung, die in beiden Fällen auf verschiedenem Wege erreicht wird.

Wir wissen alle, dass sie sich beim normalen Kinde durch eine wohlwollende Aktivität des Erziehers sofort wie von selbst ergibt. Er wiederholt durch solches Verhalten dem Kinde längst bekannte Situationen und ruft in diesem dadurch elterliche Beziehungen zu seiner Person hervor. Er hält diese nicht nur aufrecht, sondern vertieft sie noch, wenn er weiter in der elterlichen Situation verbleibt.

Kommt ein neurotisches Kind mit Verwahrlosungserscheinungen in die Fürsorgeerziehung, so steht die Tendenz, elterliche Beziehungen auf den Fürsorgeerzieher zu übertragen, im Vordergrund. Der Fürsorgeerzieher wird sich zu einem ähnlichen Verhalten wie dem normalen Kinde gegenüber entschliessen und es in positive Übertragung bringen, wenn er seine eigene Aktivität beträchtlich herabsetzt, um zu verhindern, dass sich mit ihm jene Situation wiederholt, die zum inneren Konflikte geführt hat. — Für die analytische Behandlung ist gerade die Wiederholung dieser Situation von Wichtigkeit. — Der Fürsorgeerzieher wird der Vater, die Mutter sein und doch nicht ganz; er wird deren Forderungen vertreten und doch nicht so wie diese; er wird im richtigen Augenblicke dem Verwahrlosten zu erkennen geben, dass er ihn durchschaut hat, und doch nicht dieselben Konsequenzen ziehen wie die Eltern; er wird dem Strafbedürfnis entgegenkommen und es doch nicht ganz befriedigen.

Anders wird er sich benehmen, wenn er dem im offenen Konflikte befindlichen Verwahrlosten gegenübersteht. Mit diesem wird er sich zuerst verbünden, begreifen, dass er recht hat, mit seinem Verhalten einverstanden sein und in schwierigsten Fällen ihm gelegentlich sogar auch zu verstehen geben, dass er, der Erzieher, es auch nicht anders machen würde. Ich bemerke hier andeutungsweise, dass das Schuldgefühl, das der neurotische Grenzfall mit Verwahrlosungserscheinungen so deutlich zeigt, auch in diesen Fällen nicht fehlt. Es stammt aber nicht aus dem „Verwahrlosten-Ich", sondern kommt von anderswoher.

Wir fragen uns, warum der Fürsorgeerzieher sich bei diesem zweiten Typus Verwahrloster so ganz anders benimmt? Er hat ja auch diese Zöglinge in die positive Übertragung zu drängen, und was beim normalen Kinde und dem neurotisch Verwahrlosten anwendbar und angezeigt ist, würde hier das Gegenteil bewirken. Der Erzieher zöge den ganzen Hass des Verwahrlosten gegen die Gesellschaft auf sich, brächte ihn statt in die positive, in die negative Übertragung und damit in einen Zustand, der für die Fürsorgeerziehung unbrauchbar ist.

Was ich Ihnen nun an theoretischen Erwägungen mitgeteilt habe, beleuchtet zwar einen Sachverhalt nur in den alleräussersten Konturen, dürfte aber für eine erste Einführung ausreichen. Wer sich in die Probleme einer psychoanalytisch orientierten Fürsorgeerziehung vertiefen will, wird sich allerdings mit diesem sehr wichtigen Kapitel eingehend zu beschäftigen haben.

In der Praxis stösst die Anwendung der gewonnenen Einsicht auf grosse Schwierigkeiten, weil wir es zumeist mit Mischformen zu tun haben, wodurch das Verhalten des Erziehers nicht so einheitlich, wie ich es Ihnen schilderte, bleiben kann. Die einzelnen Verwahrlosungsformen sind aber noch zu wenig beschrieben, um in Einzelheiten gehende Anweisungen geben zu können. Was sich an allgemeinen Regeln aufstellen lässt, ist auch bald erschöpft, so dass derzeit ein richtiges Vorgehen ohne intuitives Erfassen der Individualität des Verwahrlosten kaum zu erreichen sein wird.

Vor allem ist der Zögling in die positive Übertragung zu bringen. Der Fürsorgeerzieher wird sich dabei nicht von Zufälligkeiten abhängig machen, sondern bewusst so benehmen, dass in seinem Zögling Gefühle der Zuneigung zu ihm entstehen, und vorbereitet sein, dass wirksame Erziehungsarbeit so lange unmöglich ist, als diese fehlen. Für den Fürsorgeerzieher ist in dieser ersten Phase des Zusammenseins mit dem Dissozialen das Wichtigste, dass er dessen psychische Situation erfasst; denn nur dann kann er sein eigenes Verhalten zweckentsprechend gestalten. Da ergibt sich eine neue Schwierigkeit aus dem Benehmen des Verwahrlosten, der sich bemüht, sein wahres Wesen zu verbergen, sich verstellt und lügt. Dass er sich nicht zo zeigt, wie er wirklich ist, müssen wir als eine begreifliche Tatsache hinnehmen.

Das darf uns weder überraschen noch aus dem Gleichgewichte bringen. Bedenken Sie nur: der Verwahrloste kommt nicht freiwillig zu uns, sondern wird gegen seinen Willen gebracht; gewöhnlich mit der Drohung: „Du wirst schon sehen, was dir jetzt geschieht!" Es ist so ähnlich, wie Eltern ihre Kinder mit der Schule schrecken, nur noch viel ärger. In der Regel suchen diese die Erziehungsberatung erst dann auf, wenn schon alles mögliche und unmögliche vergeblich versucht worden ist, gewöhnlich wenn auch stärkste körperliche Züchtigung wirkungslos geblieben war. Ich bin dann für den Verwahrlosten ein gegen ihn in Anwendung gebrachtes verstärktes Mittel, sein Gegner, vor dem er sich mit besonderer Vorsicht wappnen und ganz ausserordentlich auf der Hut sein muss, und nicht der, der ihm helfen will. Es ist ein recht grosser Unterschied zwischen der ersten psychoanalytischen und der fürsorgeerzieherischen Situation. Der Patient kommt freiwillig zum Analytiker, der soll ihn von seiner Krankheit befreien, er ist sein Helfer. Ich bin dem Verwahrlosten eine Gefahr, im gegebenen Augenblicke sogar die grösste, weil ich ihm den Repräsentanten jenes Teiles der Gesellschaft darstelle, mit dem er in Konflikt lebt. Und gegen dieses momentan grösste Übel schützt er sich naturgemäss durch besondere Vorsicht in seinen Äusserungen, in dem Bestreben, sich nur ja keine Blösse zu geben. Manchmal ist er ausserdem noch sehr schwer zum Reden zu bringen, bleibt je nach seiner individuellen Eigenart verstockt und trotzig. Und eines haben sie alle gemeinsam: sie lügen! Zuweilen ungeschickt dumm, manchmal erbarmungswürdig dumm, aber je älter sie sind, um so raffinierter. Daran ändert nichts, wenn einmal einer besonders unterwürfig kommt, sehr elegant, jovial auftritt oder scheinbar von Aufrichtigkeit überfliesst, dann ist er besonders schwer zugänglich.

Dieses Verhalten der Verwahrlosten ist uns so bekannt, dass wir weder erstaunt noch entrüstet sind, immer wieder dasselbe bestätigt zu finden. Der Anfänger ärgert sich leicht, namentlich dann, wenn die Lügen recht durchsichtig sind. Das muss er sein lassen. Der Verwahrloste merkt dies sofort. Ohne dem Verwahrlosten zu sagen, dass er dieses Verhalten kennt, muss er seine ersten Massnahmen treffen.

Es ist im Benehmen des Dissozialen auch wirklich nichts besonderes. Was in dieser Richtung zutage tritt, unterscheidet sich nur quantitativ vom Verhalten des Sozialen. Auch dieser verbirgt sehr viel von seinem wahren Wesen, verbraucht einen grossen Teil seiner psychischen Energie dazu, um seinem Nebenmenschen zu zeigen, wie er „nicht" ist. Auch er läuft den ganzen Tag mit einer Maske herum, dicht oder weniger dicht, je nach Notwendigkeit, hinter der es anders aussieht, als der „liebe Nächste" zu sehen bekommt. Nur ganz Auserwählten wird Einblick in das gewährt, was wirklich in uns vorgeht. Die meisten Menschen erleben schon von der Kinderstube an die Notwendigkeit, sich so zu geben, wie es die Umgebung verlangt, und dadurch bildet sich die Maske, die dann fürs Leben von unbewussten und bewussten Kräften gehalten wird.

Wer halbwegs in die Kinderstube Einblick hat, muss bemerken, wie sich die Kinder sofort verstellen, wenn der Erwachsene eintritt. Den meisten Kindern gelingt auch, sich so zu benehmen, wie sie meinen, dass es erwartet wird. Durch solches Verhalten weichen sie Gefahren aus, so formen sich aber auch Gesichter und Äusserungen dauernd zur Schablone. Wie viele Eltern kümmern sich wirklich, was dahinter das wahre Leben des Kindes ist? Und diese Maske muss etwas Notwendiges für das Leben sein? Ich weiss es nicht, aber es scheint, dass der, dem die Kindheit die geschickte Maske aufgezwungen hat, der realitätsfähigere ist als der andere. Wir erleben es im Alltag so oft, dass der Schiffbruch leidet, der sich offen gibt.

Warum sind wir also erstaunt, dass der Verwahrloste sich noch mehr maskiert und die bewussten Anteile daran weit grössere sind, als beim Nicht-Verwahrlosten? Er zieht nur die Konsequenzen aus den gemachten bösen Erfahrungen. Streifen wir unsere Heuchelei ein wenig ab, warum soll gerade er und gerade vor mir, dem Vertreter aller ihm unangenehm gewordenen Autoritäten, aufrichtig sein? Ein sehr unbilliges Verlangen!

Ich muss Sie auch hier auf Unterschiedliches zwischen Erziehungs- und analytischer Situation aufmerksam machen. Der Analytiker erwartet von seinem Patienten unbewusste Widerstände, die ihn hindern, aufrichtig zu sein, höchstens noch ein absichtliches Verschweigen, er stellt aber die Behandlung als zwecklos ein, wenn der Erkrankte beharrlich lügt. Für den Fürsorgeerzieher ist aber die anfänglich immer gegebene und nicht zu umgehende Situation die, dass er angelogen wird. Den Zögling deswegen wegschicken, hiesse aber, als Fürsorgeerzieher kapitulieren. Wir müssen trotz dieser Schwierigkeit ausharren und eben versuchen, hinter die Maske zu kommen, die den wahren psychischen Zustand verdeckt. In der Anstalt hat es nicht viel zu bedeuten, wenn das erst ein wenig später gelingt, es wird sich nur die Herstellung der Übertragung hinausschieben. Nicht mehr belanglos ist es aber in der Erziehungsberatung. Wie Sie schon gesehen haben, genügt nicht immer eine Beratung, es schliesst sich recht häufig eine Erziehungsmassnahme an. Nun bekommen wir in der Regel den Verwahrlosten nur einigemal zu sehen, haben oft schon nach der ersten oder nach wenigen Unterredungen irgendwie einzugreifen und sind daher gezwungen, uns möglichst rasch ein Bild vom psychischen Zustande des Verwahrlosten zu machen, beziehungsweise die Übertragung möglichst rasch herzustellen, das heisst aber, noch rascher hinter die Maske zu kommen, sie zumindest ein wenig zu lüften. Noch ein Übelstand zwingt uns zu rascher Arbeit. Ist der Verwahrloste nicht anstaltsbedürftig, so kehrt er von uns jedesmal wieder in die alte Umgebung zurück und bleibt den Milieu-Einflüssen, die seine Dissozialität mitbedingt hatten, weiterhin ausgesetzt. Da ist es nun auch nicht mehr gleichgültig, wie lange die Übertragung auf sich warten lässt. Wir haben ein Interesse, sie in möglichst kurzer Zeit herzustellen, die Gefühle der Zuneigung, die sich im Zusammensein mit uns zu uns zu regen beginnen, rasch zu einer solchen Intensität zu steigern, dass sie durch die alten Einflüsse nicht mehr leicht zerstört werden können.

Es ist ziemliche Erfahrung in der Behandlung Verwahrloster erforderlich und der Fürsorgeerzieher muss mit vielen von ihnen zu tun gehabt haben, ehe er die schwierige Aufgabe der Erziehungsberatung übernehmen kann.

Brechen wir unsere theoretischen Erörterungen hier ab und sehen wir, wie der Fürsorgeerzieher in der Praxis versucht, die psychische Situation des Kindes oder Jugendlichen zu erfassen, um dann die Übertragung herzustellen, beziehungsweise wie sie sich schon von selbst während des Lüftens der Maske einstellt. Ich bin zwar nicht in der Lage, Ihnen angeben zu können, wie andere versuchen, die Übertragung herzustellen; das weiss ich nicht. Ich werde versuchen, Ihnen zu zeigen, wie ich mich gewöhnlich und nicht ganz erfolglos verhalte.

Versetzen Sie sich in die Erziehungsberatung, und nun tritt ein Verwahrloster herein, dem auf den ersten Blick der brutale Gewaltmensch anzusehen ist. Wenn Sie dem mit der ihm bisher gewohnten Strenge entgegentreten, so lehnt er sich sofort auf und die Übertragung stellt sich nicht her. Sind Sie entgegenkommend, freundlich, liebenswürdig, so wird er durch Ihr ihm ungewohntes Benehmen misstrauisch und lehnt Sie aus diesem Grunde ab, oder er nimmt Sie für den Schwächeren und reagiert mit erhöhter Brutalität.

Fassen Sie den intellektuell Hochwertigeren strenge an, so fühlt er sich sofort als Herr der Situation, er steht auf ihm bekanntem Boden, so kommen ihm so und so viele draussen im Leben entgegen. Bei wohlwollendem Entgegenkommen hält er Sie für den besonders Schlauen und ist noch weit mehr auf der Hut als sonst.

Die Ängstlichen, Verschüchterten sind bei schärferem Anpacken leicht geneigt zu weinen oder in die Verfassung zu kommen, die mit Trotz zu verwechseln ist.

Wie sollen wir uns nun benehmen, wenn das eine und das andere nicht geeignet ist, den Verwahrlosten in die erforderlichen Gefühlsbeziehungen zu bringen? Wenn der Verwahrloste gebracht wird, erfolgt meinerseits ein erster Moment freundlicher Beachtung: das eine Mal nur ein Blick, ein andermal ein Begrüssungswort oder ein stummer Händedruck, dann wieder eine Bemerkung, dass von mir nichts zu fürchten sei, dass er in mir weder einen Polizeiagenten noch einen Untersuchungsrichter vor sich habe. Mitunter leitet auch ein Scherzwort unser Bekanntwerden ein. Zuweilen erfolgt auch ein prüfendes Messen. Immer aber lasse ich den Dissozialen zu mir setzen und den Jugendlichen spreche ich mit „Sie" an, bis sich die Übertragung hergestellt hat, um dann mit „Du" fortzufahren. Was von dem Gesagten im konkreten Falle zu machen ist, oder wie sonst noch dieses erste Umfassen und Erfassen der Persönlichkeit zur Einleitung der Übertragung erfolgt, überlasse ich dem Augenblicke, das muss ich fühlen, wenn der Verwahrloste bei der Türe hereintritt.

Ich halte diesen ersten Augenblick der Begegnung für ausserordentlich wichtig, es ist mehr als ein orientierendes Abtasten und muss mit einer gewissen Sicherheit erfolgen, auch raschestens beendet sein, weil es in den meisten Fällen den Ausschlag für die erste Gestaltung unserer Beziehungen gibt. Sie dürfen nicht übersehen, dass der Verwahrloste bei seinem Hereintreten mit mir dasselbe macht, wie ich mit ihm. Auch er versucht, sich möglichst bald klar zu werden, wen er vor sich hat. Kinder sind in dem Bemühen, sich rasch zu orientieren, zumeist recht ungeschickt. Der Jugendliche entwickelt zuweilen ein unglaubliches Raffinement. Man merkt oft ein Aufblitzen im Auge, das sofort wieder einem gleichmässigen Ausdruck Platz macht, ein kaum erkennbares Verziehen des Mundes, eine unwillkürliche Geste, dann zuwartende Haltung, aber zweifellos in Kampfstellung, je älter er ist, desto schwieriger zu erkennen, wenn er sich nicht sofort in die Situation des Trotzes oder der offenen Auflehnung begibt. Besondere Schwierigkeiten sind gegeben, wenn einer mit der Maske liebenswürdiger Aufrichtigkeit oder gleissender Unterwürfigkeit kommt. Auf diese gehe ich sofort ein und nehme sie für wahr, wodurch sich der Verwahrloste sofort über mir fühlt, trotzdem er aus der Art meines Anfassens ein Stück Aktivität spürt.

Nach dem in Bruchteilen von Sekunden erledigten Sich-gegenseitig-Erkennenwollen beginnt ein Kampf um die Vorherrschaft, der oft nur kurz währt, manchmal aber sehr zähe fortgesetzt wird und aus dem ich, wie ich Ihnen ganz offen eingestehe, nicht immer als Sieger hervorgehe. Sie dürfen sich mein und des Verwahrlosten Bemühen aber nicht als ein Aufeinanderprallen nur bewusster Kraftäusserungen vorstellen; es sind viele unbewusste Anteile daran beteiligt, man fühlt mehr was vorgeht, als man unter intellektuelle Kontrolle stellt.

Mein Benehmen lässt den Verwahrlosten im ersten Augenblick unseres Zusammenseins in mir eine ihm überlegene Kraft fühlen. Dadurch wird seine Erwartung, einer Gefahr entgegen zu gehen, bestätigt. Er befindet sich nicht in einer ihm neuen Situation, er hat diese so und so oft erlebt. Ich bin auch nicht anders als die anderen: Vater, Mutter, Lehrherr, Lehrer. Ist er der neurotische Grenzfall mit Verwahrlosungserscheinungen oder steht bei Mischformen diese Seite im Vordergrund, so bleibe ich in der elterlichen Situation, nur verhalte ich mich, wie ich Ihnen schon gesagt habe, im weiteren Verlaufe etwas anders als diese. Ist er der Verwahrloste im offenen Konflikt und erwartet nun den Angriff, so erfolgt dieser nicht. Ich frage ihn nicht, was er angestellt hat, dringe nicht in ihn, mir zu sagen, warum das oder jenes vorgekommen sei, will von ihm nicht, so wie bei der Polizei oder beim Jugendgericht, Dinge wissen, die preiszugeben er absolut nicht geneigt ist. Ja ich sage in Fällen, wo gerade diese Fragen von ihm gewünscht werden, um in die richtige Oppositionsstellung kommen zu können, dass er alles verschweigen dürfe, was er nicht sagen wolle; das sich seine Vorsicht einem Menschen gegenüber, den er zum erstenmal sieht, begreife. Wenn ich dann noch hinzufüge, ich würde es auch nicht anders machen als er, geht er mir gewöhnlich willig auf ein Gesprächsthema ein, das weitab von seiner dissozialen Handlung liegt, aber aus seinem Interressenkreise sich ergibt. Wenn ich Ihnen mein Verhalten nach dem Moment, in dem der Junge ein Stück Aktivität in mir gespürt hat, mit einem Worte erklären könnte, so würde ich sagen, ich werde passiv und um so passiver, je mehr der Verwahrloste den Angriff von mir erwartet. Dessen Ausbleiben lässt ihn erstaunen, dann unsicher werden, er weiss sich auf einmal nicht mehr zurechtzufinden und fühlt mehr als er erkennt, ich bin nicht der Erwachsene, nicht die zu bekämpfende Autorität, sondern der verständnisvolle Verbündete. Ich vermeide absichtlich das Wort Freund, denn diesen hat er nicht, er geht mit dem anderen nur zusammen, wenn es die Erreichung eines bestimmten Zweckes gilt.

Wenn ich mit Wiener verwahrlosten Jugendlichen zu tun habe, dann fange ich natürlich auch von Dingen zu sprechen an, die ihrem Interessenkreise angehören, aber weitab von ihren dissozialen Handlungen liegen. Unter zehn solcher sind mindestens acht, bei denen ein Zugang über das Fussballspiel zu finden ist. Man muss nur über die einzelnen Fussballvereine, deren erste Spieler, die letzten Matches, den letzten Stand in den Meisterschaftsspielen usw. gut orientiert sein. Über die Lektüre kommt man ihnen seltener näher, im Mittelpunkte des Interesses stehen Percy Stuart, der kühne Abenteurer, und Stuart Webbs, der Meisterdetektiv. Weit eher gelingt es, über das Kino, und da vorwiegend über das Detektivdrama, die Vorsicht in der Rede zum Verschwinden zu bringen.

Bei kleinen Mädchen sind Märchen, die sie kennen, und das kindliche Spiel Anknüpfungsmöglichkeiten. Man braucht aber nicht immer sehr weit auszuholen, vielfach leitet schon eine Bemerkung, die ich über die bunte Kopfmasche, das Jäckchen, die Ohrringe mache, das Gespräch ein, das dann fliessend weitergeht.

Wenn ich mir von halbwüchsigen Mädchen die neueste Schuhform und die Preise von Toiletteartikeln angeben lasse, Interesse für die gegenwärtig in Mode stehende Strumpffarbe und in neuester Zeit auch für den „Bubikopf" zeige, geht es auch da weiter.

Komme ich bei den Kleinsten, die gar nicht reden wollen, darauf zu fragen, was sie am liebsten essen, und von der Mehlspeise, die sie besonders vorziehen, auf die Schokolade zu sprechen, so entwickelt sich auch mit ihnen in der kürzesten Zeit eine Unterhaltung, deren Kosten das Kind trägt, wie in den anderen Fällen der oder die Jugendliche. Es findet sich dann einmal leichter, ein andermal schwieriger, aber regelmässig die Möglichkeit, ganz unmerklich auf das zu kommen, was ich eigentlich wissen will. Zumeist stellt sich schon beim ersten Zusammensein die Übertragung so weit her, dass ich Aufklärung erhalte und Einfluss gewinne.

Wir müssen uns in der Erziehungsberatung auch möglichst rasch über die Stellung des Verwahrlosten zu den Personen seiner nächsten Umgebung orientieren, müssen wissen, welche Beziehungen er zu Vater, Mutter, den Geschwistern und sonst noch in Frage kommenden Personen hat. Jugendliche geben uns auf direktes Fragen in den meisten Fällen die richtige Antwort, nicht so Kinder, um so weniger, je jünger sie sind. Sie beantworten solche Fragen überhaupt nicht oder in einer für uns vollständig wertlosen Art. Wir müssen es daher auf einem Umwege erfahren; die Lektüre und das kindliche Spiel ermöglichen uns solchen.

Ein zehnjähriges Mädchen fragte ich, ob es gerne lese? Nach Bejahung dieser Frage wollte ich wissen, wofür es besondere Vorliebe habe.

„Für Märchen."
„Sage mir nun rasch, ohne nachzudenken, ein Märchen, das dir einfällt, ganz gleichgültig welches!" — „Schneewittchen."
„Welche Stelle von Schneewittchen?" — „Wie die alte Hexe dem Schneewittchen den vergifteten Apfel verkauft."
„Waren in deinem Märchenbuche Bilder?" — „Ja."
„War auch ein Bild von der Hexe?" — „Ja."
„Beschreibe mir nun einmal die Hexe, aber nicht so wie sie auf dem Bilde war, sondern so, wie du sie dir vorstellst!"

Die Hexe wurde nun in allen ihren Einzelheiten besprochen, Körpergrösse, Haarfarbe, Aussehen des Gesichtes, Mund, Zähne, Kleidung usw. Aus der Beschreibung und dem Abfragen, woher sie die einzelnen Details der Hexe genommen habe, ergab sich, dass diese eine Mischfigur von Personen war, die das Kind ablehnte. Ich muss Sie aber aufmerksam machen, dass wir damit nicht eine allgemein gültige Regel gefunden haben. Nicht immer stimmt eine aus ähnlichen Märchen oder Geschichtensituationen gewonnene Mischfigur mit der tatsächlichen Stellung des Kindes zu den Personen seiner Umgebung überein. In einer grossen Anzahl von Fällen habe ich durch die Nachprüfung dasselbe Ergebnis wie in dem besprochenen Falle gefunden, in anderen Fällen deckte sich die Mischfigur nicht mit den abgelehnten Personen der Umgebung. Wann die Übereinstimmung zu konstatieren ist und wann nicht, bedürfte einer besonderen Auseinandersetzung.

Ein anderes, etwas jüngeres Mädchen fragte ich, womit es sehr gerne spiele, und erhielt zur Antwort, mit Puppen. Ich liess mir nun von ihm eine

Puppe beschreiben, die ihm sehr gut gefallen würde. Die Beschreibung musste aber bis in die kleinsten Einzelheiten gehen. Das Abfragen dieser, der Vergleich mit Personen aus der Umgebung ergab wieder eine Mischfigur, diesmal aber nicht von solchen, die abgelehnt, sondern solchen, die geliebt wurden.

Ein zwölfjähriges Schulmädchen sitzt vor mir. Weder der Gesichtsausdruck noch eine Bewegung oder ein Wort lassen die Stimmung, überhaupt die Gefühlskonstellation, in der es sich augenblicklich befindet, erkennen.

Ich frage das Kind, welche Farbe ihm sehr gut gefällt, und erhalte zur Antwort: „Rot." Ich fahre fort:

"Wenn ich mir eine Farbe vorstelle, so sehe ich sie immer an einem Gegenstande, an welchem siehst du die rote Farbe?" — „An dem vordersten Wagen der Grottenbahn im Prater", ist die Entgegnung.
„Nun gut, aber sage mir jetzt, welche Farbe du gar nicht magst!" — „Schwarz."
„Woran siehst du die schwarze Farbe?" — „An Ihren Schuhen und Ihrer Krawatte."
„Die schwarze Farbe kommt aber sicher auch noch anderswo vor, wo denn?" —
„Das Loch, in das die Grottenbahn im Prater hineinfährt, ist auch so schwarz."

Was das alles bedeuten könnte, kommt in diesem Augenblick nicht in Frage, sondern nur das eine, dass eine Verschiebung der ängstlichen Erwartung vor dem Antritte der Fahrt auf der Grottenbahn im Prater auf meine Person stattgefunden hat. Die Kleine sitzt in derselben ängstlichen Spannung, wie damals im Wagen der Grottenbahn vor mir. Sie mag sich die Frage vorlegen: „Was wird jetzt kommen?" Woraus ist das zu erkennen? Meine Krawatte, die in Wirklichkeit dunkelgrau war, und meine Schuhe haben für das Kind die Farbe, die sie nicht mag, die auch das Loch zeigt, in das die Grottenbahn fährt! Sie sehen, wie rasch man hier auf einige Fragen Antworten erhielt, die mit absoluter Sicherheit einen Schluss auf die vorhandene psychische Situation des Kindes zuliessen. Auf eine direkte Frage hätte ich sicherlich eine unbefriedigende Antwort erhalten; denn es ist anzunehmen, dass das Kind, selbst wenn es die Wahrheit zu sagen bereit gewesen wäre, nichts über seine Gefühlssituation zu sagen gewusst hätte.

Solange nun diese ängstliche Stimmung anhält, ist erzieherisch nichts zu machen. Ich weiss nun nicht, wie sie damals verlief, lasse mir daher die Fahrt auf der Grottenbahn erzählen. Es waren im geheimnisvollen Dunkel grell beleuchtete Bilder aufgetaucht, Teufel, die im höllischen Feuer die armen Seelen brieten, Zwerge, die tief im Inneren der Erde nach Schätzen gruben und noch manch andere Dinge. Etwas Unheimliches hat während der ganzen Fahrt angehalten und zu richtiger Lustigkeit war es nicht gekommen.

Wir wanderten daher in der Erinnerung in den Wurstelprater, von einer Schaubude zur anderen, fuhren auf verschiedenen Ringelspielen und unter Lachen erzählte sie vom komischen Bauchredner, der auch die Zukunft vorhersagen kann. Als ich dann noch fragte, welches lustigste Erlebnis sie erinnere, erzählte sie nochmals begeistert von einer Praterfahrt anlässlich ihrer Firmung. Damit war ein vollständiger Stimmungsumschwung ins Positive erreicht, aber auch schon das Stück Übertragung da, das für eine erste Unterredung notwendig ist. Jetzt war sie auch für Fragen zugänglich, die das betrafen, worauf es eigentlich ankam. Ich brauche wohl nicht besonders aufmerksam zu machen, dass das Kind selbst keine Ahnung von meiner Absicht hatte.

Manchmal aber blitzt auch tiefes Misstrauen auf. Vielleicht habe ich da etwas nicht richtig gemacht, oder es ist wieder eine besondere Art von Menschen. Da muss ich es dann wieder anders machen. Ich teile Ihnen gleich einen solchen Fall mit, und wie es mir gelang, nicht nur das Misstrauen zum Schwinden zu bringen, sondern in der kürzesten Zeit mitten in das hineinzukommen, worauf es ankam.

Ein sechzehnjähriges Mädchen, das früher nach seinem Benehmen, der Kleidung, Haartracht, den Eindruck erweckt hatte, der geheimen Prostitution ergeben zu sein, zeigte sich plötzlich vollständig verändert. Der freche Gesichtsausdruck war verschwunden, Kleidung und Benehmen waren das eines gesitteten, anständigen Mädchens geworden. Die Fürsorgerin wollte von mir wissen, was da vorgegangen war. Das konnte ich natürlich nicht ohne weiteres wissen, sondern verlangte die Jugendliche zu sehen. Wir setzten uns nach der Ihnen nun schon bekannten Einleitung, die ganz deutlich zu erkennendes Misstrauen ausgelöst hatte, zusammen. Ich fragte sie, wie es ihr zu Hause gehe, und erhielt keine Antwort. Ob sie gerne lese? Keine Antwort. Woran sie jetzt denke? Keine Antwort. Ob sie mir nicht einen Traum erzählen wolle? Wieder Stillschweigen. Daraufhin lachte ich und sagte: „Nicht wahr, es erscheint Ihnen gefährlich, nur irgend etwas zu sagen, das begreife ich. Aber nicht wahr, es ist doch gewiss ganz ungefährlich, wenn Sie mir ein Kinostück erzählen." Sie ging mit Lachen auf den Scherz ein und begann ein Stück von einem Kinodrama zu erzählen: Ein Zirkusakrobat, der auf hochschwebendem Reck durch eine brennende Kugel fliegen muss, wird von zwei Mädchen geliebt, von denen das eine aus Eifersucht die Seile durchschneidet und so verursacht, dass der Mann, statt durch die brennende Kugel zu fliegen, in diese hineinfällt. Das zweite Mädchen rettet ihn vor dem Verbrennungstode, geht aber dabei selbst zugrunde. Dies der kurze Inhalt ihrer Erzählung, von der ich Ihnen nebenbei verrate, dass sie mit dem wirklichen Inhalte des Kinodramas gar nicht übereinstimmte, sondern in wesentlichen Einzelheiten eine höchst persönliche Verarbeitung von Gesehenem darstellte. Ich fragte sie, was ihr in diesem Kinostück am besten gefallen habe, und erhielt die vermutete Antwort, dass sich das Mädchen für den Geliebten opferte. Ich wollte nun wissen, ob sie sich noch erinnere, wie der Akrobat auf dem Kinofilm ausgesehen habe. Auf das Ja forderte ich sie auf, ihn mir so zu beschreiben, wie er aussehen müsse, damit er ihr sehr gut gefalle. Sie beschrieb ihn als einen jungen, schlanken, kräftigen, brünetten, bartlosen Mann mit hellen Augen. Und nun forderte ich sie auf: „Sage mir, wie sieht der Franzl aus!" Sie verstand mich sofort, dass ich damit ihren Geliebten meine, wurde einen Augenblick verlegen und beschrieb ihn dann so, wie eben den Helden im Kino. Sie erzählte sofort, ohne weitere Aufforderung, dass er Student der Chemie sei, die Mutter ihr aber den Verkehr mit ihm verbiete. Es war ganz deutlich zu erkennen, dass die wesentliche Änderung des jungen Mädchens in der Richtung zum Besseren der Konzentrierung ihrer Zuneigung auf einen Mann zugeschrieben werden muss. Es gelang hier, durch das Eingehen auf das Misstrauen verhältnismässig rasch über den Widerstand hinwegzukommen.

Dass mir die Übertragung auch dazu verhelfen kann, auf tieferliegende Ursachen dissozialer Äusserungen aufmerksam zu werden, möchte ich Ihnen an einem besonderen Falle zeigen.

Eine Bürgerschule zeigte an, dass einer ihrer dreizehnjährigen Schüler seit einigen Monaten regelmässig an Dienstagen und Freitagen dem Schulunterrichte fernbleibt. Die Erhebungen ergaben, dass er, statt in die Schule zu gehen, den Pferdemarkt besucht, dort aber kein materielles Interesse befriedigt, etwa durch kleine Hilfeleistungen zu sogenannten Trinkgeldern kommt, sondern sich nur unter den Pferdeverkäufern herumtreibt. Nach der Schulanzeige lag also ein Schulschwänzen an bestimmten Tagen vor. Ich sehe nun, wie ich Ihnen schon einmal angedeutet habe, nicht jede der aus der Norm herausfallenden Äusserungen als eine wer weiss wie tief begründete Sache an, sondern versuche zuerst immer mit den einfachsten Hilfsmitteln auszukommen. Da ich bei Schulschwänzern wiederholt recht gute Erfahrungen machte, wenn ich nach hergestellter Übertragung ihnen zeigte, dass mir ihr regelmässiger Schulbesuch Freude macht, so versuchte ich das auch bei diesem Jungen. Sie müssen wissen, dass sich bei einer nicht unbeträchtlichen Anzahl von Kindern zu Hause niemand um den Schulbesuch kümmert, daher sehr oft keine Motive vorliegen, Unlustsituationen der Schule zu ertragen. Weiss so ein Junge, dass er mir Freude macht, wenn er nicht mehr die Schule meidet, kommt er die erste Zeit wöchentlich einmal, dann nur jede zweite Woche und später in immer grösseren Zeitabständen; findet er bei mir ein williges Ohr für die schönen und unangenehmen Erlebnisse der abgelaufenen Schulwoche, so lebt er sich nach und nach wieder in der Schule ein und die Schwänzerei ist erledigt. Auch bei unserem Pferdemarktjungen war die Übertragung bereits beim ersten Zusammensein hergestellt. Er kam die nächste Woche darauf und auch die übernächste mit den Mitteilungen, wie sie mir von anderen bekannt waren. Am Dienstag der dritten Woche erschien gleich nach seinem Weggehen die Mutter und berichtete, dass er jetzt zwar regelmässig die Schule besuche, aber zweimal in der Woche mittags gar nicht nach Hause komme, sondern erst abends. An dem seinen Kleidern entströmenden Geruche nehme sie wahr, dass er sich in einem Pferdestalle herumgetrieben habe.

Wir sehen hier, dass die Übertragung einem Symptom den Weg zur Äusserung versperrt hat, die es bedingende Kraft aber fortwirkt und ein neues zustande bringt. Unser Junge kann infolge der Gefühlsbeziehungen zu mir von der Schule nicht mehr wegbleiben. Und nun zeigt es sich ganz deutlich, dass nicht ein Schulschwänzen im gewöhnlichen Sinne des Wortes vorliegt. Irgend etwas zieht ihn zu Pferden, Schulzeit und Pferdemarkt fallen nur zufällig zusammen. Die Übertragung ist hier zum Hilfsmittel geworden, um zu erkennen, dass doch eine tiefer liegende Ursache vorhanden sein müsse. Diese wird auf psychoanalytischem Wege zu beheben sein.

Ich kann Ihnen nicht mehr als diese kurzen Andeutungen machen, weil ich die uns noch zur Verfügung stehende Zeit verwenden möchte, Ihnen doch auch einiges von der Herstellung der Übertragung in der Fürsorgeerziehungsanstalt mitzuteilen. Aus dem Ihnen bisher Gesagten dürfen Sie aber nicht den Schluss ziehen, dass ich schon zu feststehenden Regeln gekommen sei, deren Anwendung Ihnen in allen Fällen die Erschliessung der psychischen Situation und die Herstellung Übertragung ermöglicht. Ich will Sie mit meinen Andeutungen in Ihrer Praxis nur vor den allergröbsten Fehlern bewahren.

Stehen wir dem Fürsorgeerziehungszögling in der Anstalt gegenüber, so sind wir nicht gezwungen, uns auf eine rascheste Herstellung der Übertragung einzustellen. Wir können zuwarten, kümmern uns daher, wenn es sich nicht um den neurotischen Grenzfall mit Verwahrlosungserscheinungen handelt, bei seinem Eintritte nicht sehr viel um ihn, sind zwar freundlich, zeigen aber kein besonderes Interesse für ihn und sein Schicksal und drängen uns ihm schon gar nicht auf. Es berührt uns weder sein Misstrauen, seine offene oder stille Opposition, seine vornehme Überlegenheit noch die stille

Verachtung, die er uns entgegenbringt. Die Vorbereitungen zur Einleitung der Übertragung übernehmen die Zöglinge der Ein- und Auslaufgruppe. Mit den Altersgenossen kommt er in der Regel sehr rasch in Kontakt. Nicht, dass er sich diesen so gäbe, wie er wirklich ist, oder deren Freundschaft suchte, Freunde braucht er nicht, wie wir schon wissen. Auch diesen eröffnet er sein wahres Wesen nicht, spricht von sich nicht, oder erzählt von den Vergehungen und Verbrechen mit viel Übertreibungen, erfindet gelegentlich ganz besondere Sachen, wenn ihm nicht genug imponierende tatsächliche zur Verfügung stehen. Aber erfahrungsgemäss erkundigt er sich sofort näher um die Einzelheiten des Betriebes und um die Personen, mit denen er in Berührung kommt. So ist beispielsweise die erste Frage, ob der Erzieher ein „fescher Kerl" sei und ob und wie dieser sich „pflanzen" lässt. Ich kann Ihnen diese Ausdrücke nicht ins Hochdeutsche übersetzen, sie verlieren dabei zu viel an Inhalt. Von den zur Entlassung bereits reifen Zöglingen erfährt er nun vieles. Diesen sind auch die Eigenheiten der Erzieher nicht fremd geblieben. Was er zu hören bekommt, ist wirkliches Leben, geschildert so, wie es die einzelnen sehen. Er erhält dadurch nicht erste Eindrücke, die ihn durch spätere Erfahrungen enttäuschen, lernt nicht eine Autorität kennen, über die er sich, innerlich lachend, hinwegsetzt, oder die er mit Zähneknirschen erträgt, weil er keine Wahl hat, um sich dann später in der Freiheit wieder zu rächen.

Die Übertragung auf den Erzieher ergibt sich dann, wenn das Milieu seine Schuldigkeit getan hat, im Zusammenleben mit diesem, auf die eine oder andere Art, indem der Erzieher sich nach und nach aus seiner Passivität herauslocken lässt, bei gleichmässig freundlichem Ton den „Neuen" einmal mehr, ein andermal etwas weniger beachtet. Dieser Wechsel zwischen deutlichem Sehen und weniger deutlichem Erkennen lässt den Zögling nicht gleichgültig. Wird er misstrauisch, weil ihn der Erzieher heute mehr beachtet hat, als seiner Meinung nach am Platze war, so schwindet diese Auffassung, wenn er morgen nicht aus der Masse herausgehoben wird, der Erzieher, ohne von ihm besonders Notiz zu nehmen, vorübergeht. Er gerät aber in unschwer zu erkennenden Erregungszustand, wenn er am übernächsten Tag einen Blick des Erziehers auffängt, aus dem er spürt, dass dieser seine ungeputzten Stiefel wenig freudig bemerkt hat und doch darüber nicht spricht. Sie glänzen dann mehr oder werden noch schmieriger, je nach der Art der sich regenden Übertragung, oder bleiben unverändert, wenn diese noch nicht unterwegs ist. Dann heisst es eben zuwarten. Was ich von den Schuhen gesagt habe, lässt sich an einer Menge anderer Kleinigkeiten des Alltags auch bemerken. Der Erzieher muss nur scharf hinsehen.

Er bedarf dann allerdings eines feinen Gefühles, um die Ambivalenz, den Wechsel zwischen Zuneigung und Ablehnung, in den Beziehungen des Zöglings zu ihm zu erkennen. Es lässt sich wieder keine allgemein gültige Unterweisung geben. Man muss es miterleben, wie der tüchtige Erzieher diese Wellenbewegung dirigiert, das Wellental immer mehr zum Verflachen bringt und zielbewusst einem Wellenberge, einem Höhepunkt zustrebt. Dessen Erreichung ist dann so auffällig, dass er auch dem ungeschulten Auge nicht entgehen kann. Die Gefühle der Zuneigung brechen mit einer Vehemenz durch und haben für den Zögling derart zwingende Kraft, dass er, ganz gleich, ob Kind oder Jugendlicher, den Erzieher hochgespannt erwartet, sich so benimmt, dass er diesem auffällig werden muss, ihm ununterbrochen über den Weg läuft, immer etwas zu tun hat, um in seiner Nähe zu bleiben. Der ungeschickte Erzieher wird die Bedeutung dieses Momentes nun nicht erkennen, den auf einmal so aufdringlich Gewordenen abwehren und nicht bemerken, dass er durch sein Verhalten die Zuneigung des Zöglings zu sich in Hass gegen sich verwandelt. Im Gegenteil, wenn die Hassreaktionen eintreten, wird er hocherfreut darauf hinweisen, dass er den Heuchler, der erst jetzt sein wahres Gesicht zeigt, immer durchschaut hat. Wenn wir ihm dann sein ungeschicktes Verhalten begreiflich machen wollen, predigen wir tauben Ohren; denn es ist ihm nicht begreiflich zu machen, dass das Wirkung ist, was er für die Ursache hält.

Wie schwierig manchmal die Übertragung bei stark narzisstischen, das heisst in sich selbst sehr verliebten Zöglingen herzustellen ist, möchte ich Ihnen an einem Zögling des Erziehungsheimes in Oberhollabrunn zeigen.

Es handelte sich um einen siebzehnjährigen Lebemann und Spieler, der sich zuerst als Börsenspekulant und dann als Schleichhändler sehr hohe Beträge verdiente. Seine Laufbahn begann er als Kontorist, kam als Fünfzehnjähriger zu einem Winkelbankier, der den intelligenten, sehr verwendbaren Jungen mit Börsenaufträgen betraute und ihm ermöglichte, Geschäfte auch auf eigene Rechnung zu machen. So brachte er 35.000 Kronen zusammen, mit denen er sich selbständig machte. Für das Jahr 1917 war das ein bedeutendes Betriebskapital. Er fuhr nach Galizien und brachte von dort Lebensmittel mit, die er im Schleichhandel weitergab. Das Geschäft warf reichen Gewinn ab. In Wien führte er ein lockeres Leben, trieb sich in Nachtlokalen herum, hielt zweifelhafte Damen aus und verbrachte viel Zeit mit Kartenspiel, das er leidenschaftlich betrieb. Gewinn und Betriebskapital verschwanden. Um sich dieses wieder zu verschaffen, räumte er seiner Mutter den Wäschekasten aus. Diese, nach äusserst trauriger Ehe verwitwet, hatte wiederholt versucht, den mittlerweile siebzehn Jahre alt Gewordenen zu einem ordentlichen Lebenswandel zu bringen. Da es ihr nicht gelang, nahm sie die Hilfe einer Jugendfürsorgeorganisation in Anspruch, die den Jungen zu uns brachte.

Es war einer von denen, die keine besonderen Schwierigkeiten machen, solange man sich mit guter Aufführung in der Anstalt begnügt. Solche Zöglinge sind höflich und zuvorkommend, recht anstellig und zu leichteren Kanzleiarbeiten gut zu gebrauchen. Bei ihren Mitzöglingen wissen sie sich ohne Reibungen einzuleben und erlangen doch bald eine gewisse Führerrolle. Wenn man sich aber näher mit ihnen beschäftigt, wird man die Schwierigkeiten gewahr. Innerlich verkommen, äusserlich aalglatt, geben sie keine Angriffsfläche zu erzieherischen Einwirkungen. Ihr Gehaben ist Maske, zwar eine sehr gute, aber doch nur Maske. Dem Erzieher schliessen sie sich nicht an und verhindern auch jeden Annäherungsversuch desselben. Die Übertragung, die gerade bei ihnen sehr stark sein muss, ehe auch nur daran gedacht werden kann, erzieherisch auf sie einzuwirken, ist fast nicht herzustellen. Sie gehören eben zu denen, die sich in der Anstalt nichts zu schulden kommen lassen und sehr bald den Eindruck machen, geheilt zu sein. Sobald sie aber wieder ins freie Leben zurückkommen, sind sie die alten. Bei ihnen ist daher äusserste Vorsicht geboten.

Auch unser Lebemann wusste sich jeder Einflussnahme zu entziehen. Er war schon einige Monate bei uns, ohne dass sich eine Übertragung im Sinne der Psychoanalyse hergestellt hatte. Man konnte aber doch bemerken, dass das Oberhollabrunner Milieu nicht ohne Wirkung auf ihn geblieben war. Ich wollte ihn auf ganz kurze Zeit von uns weghaben, damit ihn die negative Lustbetonung eines anderen Milieus das wohltuende Milieu von Oberhollabrunn recht deutlich empfinden lasse und er vielleicht dadurch behandlungsreif würde. Dazu durfte er aber nicht zwangsweise fortgebracht werden, sondern musste selbsthandelnd bleiben. Natürlich war zu vermeiden, dass er diese Absicht auch nur ahnte. Als geeignetes Mittel, diese Voraussetzung zu erfüllen, war die Stimmungsbeeinflussung sehr naheliegend. Das eigenmächtige Verlassen der Anstalt, das „Durchgehen", erfolgt in vereinzelten Fällen infolge eines plötzlichen Affektes oder eines Traumes und ist dann gewöhnlich schwer zu verhindern. In den weitaus meisten Fällen bereitet es sich tagelang vor und darf dem geschulten Auge des aufmerksamen Erziehers nicht entgehen. Wir halten es — abgesehen von unserer ablehnenden Stellungnahme gegen die Strafe in Besserungsanstalten überhaupt — für eine vollständige Verkennung der Zusammenhänge, wenn in den Satzungen von Besserungsanstalten Rutenstreiche für rückeingelieferte Durchgänger vorgesehen sind. Das Durchgehen erfolgt, wenn das „Draussen" stärker lustbetont ist als das „Drinnen". Gelingt es in dieser Konfliktstimmung, den Zögling zu einer Aussprache zu bringen, so wird es unschwer möglich sein, ohne seine Durchgeh-Absicht auch nur zu berühren, ihm das „Drinnen" stärker lustbetont zu machen. Er bleibt dann. Den anderen, der dableiben will, zieht es hinaus, wenn ihm das „Draussen" von uns stärker lustbetont in Erinnerung gerufen wird.

Es genügte auch tatsächlich eine halbstündige Aussprache mit entsprechender Stimmungsbeeinflussung und nach einer weiteren halben Stunde kam vom Erzieher seiner Gruppe die Nachricht, dass er durchgegangen sei. Der erste Teil der „Erziehungshandlung" war geglückt, den Zögling hatte es unwiderstehlich hinausgezogen. Der Erzieher wusste nicht, dass das Durchgehen von mir provoziert worden war. (Ich mache während eines Versuches dem Erzieher nur dann davon Mitteilung, wenn ich seiner Mithilfe bedarf, da es im ständigen Zusammenleben mit den Zöglingen sehr schwierig ist, unbefangen zu bleiben. Ist der Versuch gelungen oder auch ergebnislos verlaufen, so gibt er Anlass zu lebhaftem Meinungsaustausch.) Bei unserem siebzehnjährigen Lebemann und Spieler war das geglückte Provozieren zum Durchgehen der Auftakt zur Herstellung der Übertragung. Ich vermutete seine Rückkehr schon am zweiten Tage. Als der achte Tag vorüber war und er noch immer nicht erschien, fürchtete ich, mit meinem Eingreifen einen Fehlgriff getan zu haben.

Am zehnten Tage um halb zehn Uhr abends klopfte es an meiner Wohnungstüre. Franz (nennen wir ihn so) war da. Er war körperlich ermattet und seelisch derart in Spannung, dass ich vermutete, nun erzieherisch viel mehr leisten zu können, als ich bei der Provokation seines Durchgehens beabsichtigt hatte. Ich machte ihm keinerlei Vorwürfe wegen seines Durchgehens, die er allem Anscheine nach erwartet hatte, sah ihn einen Augenblick ernst an und fragte ihn dann sofort: „Wann hast du zum letztenmal gegessen?" — „Gestern abends." Ich nahm ihn in meine Wohnung, setzte ihn an meinen Tisch, wo die Familie gerade beim Abendessen war und liess auch ihm anrichten. Franz, der auf alles andere eher gefasst war, kam dadurch so aus dem Gleichgewicht, dass er nicht essen konnte. Trotzdem ich das sah, fragte ich: „Warum isst du nicht?" — „Ich kann nicht, darf ich draussen essen?" „Ja, geh' in die Küche." Er bekam seinen Teller so lange nachgefüllt, bis er satt war. Es war mittlerweile zehn Uhr geworden. Ich ging zu ihm in die Küche und wandte mich an ihn mit den Worten: „Es ist schon zu spät, du kannst heute nicht mehr in deine Gruppe gehen, du wirst bei mir schlafen." Ich bereitete ihm im Vorzimmer ein Lager, Franz legte sich schlafen, ich strich ihm über den Kopf und wünschte ihm eine gute Nacht. Am nächsten Morgen war die Übertragung da, so dass es erzieherisch recht gut mit ihm vorwärts ging. Wie stark sie war, erkannte ich aus einem Fehler, den ich viel später in St. Andrä machte. Ich gab ihm, ohne es zu wissen, Anlass zu begründeter Eifersucht, dadurch, dass ich ihm einen seiner Mitzöglinge in gewissen Kanzleiarbeiten, tabellarische, rechnungsmässige Zusammenstellungen, die er nicht fehlerlos erledigte, als nachprüfendes Rechnungsorgan beiordnete. Aus einem Racheakte mir gegenüber wurde mir die Unvorsichtigkeit klar. Es gelang unserem Verwalter, dem er zugeteilt war, durch richtiges Eingehen auf diese ganz besonders schwierige Individualität, die Scharte auszuwetzen. Bald darauf wurde er betraut, Lebensmittel und andere Waren, Millionenwerte, von Wien mit dem Lastenauto zu bringen. Er liess sich nichts mehr zuschulden kommen, wurde als Kaufmann freigesprochen und ist seit Jahren als Kommis in einem grossen Betriebe zur vollsten Zufriedenheit tätig.

Zur Herstellung der Übertragung bedarf es natürlich nur selten so besonderer Kunstgriffe. In der Regel genügt der Ihnen angegebene Vorgang. Ich habe Ihnen den vorliegenden Fall nur deswegen mitgeteilt, weil Sie auch hier wieder erkennen sollen, dass es ganz unmöglich ist, feststehende Regeln zu geben.

VON DER FÜRSORGEERZIEHUNGSANSTALT

Meine Damen und Herren! Um eine vorhandene Verwahrlosung zu beheben, reicht oft das, was in der Erziehungsberatung geleistet werden kann, nicht aus; der Minderjährige muss in eine Erziehungsanstalt gebracht werden, bei sehr arger Verwahrlosung in eine Fürsorgeerziehungsanstalt, von der es, wie ich Ihnen bereits im ersten Vortrage mitgeteilt habe, in Österreich nur eine einzige gesetzliche Form, die Besserungsanstalt, gibt. Wir würden eine erste Orientierung über die Psychoanalyse in der Fürsorgeerziehung nicht gewinnen, wenn wir beim einzelnen Verwahrlosten blieben und uns Dissoziale nicht auch in der Besserungsanstalt ansähen, also dort, wo sie in grösserer Anzahl beisammen sind. Dass uns die Psychoanalyse wertvollste Dienste leistet, wenn individuelles Eingehen erforderlich wird, ist Ihnen nun nicht mehr neu. Wie ist es aber in der Fürsorgeerziehungsanstalt? Sie werden heute noch hören, dass auch dort der psychoanalytisch geschulte Fürsorgeerzieher in seiner Arbeit viel weiter kommt, als der, dem diese Einsicht fehlt.

Davon aber später, jetzt wollen wir nachsehen, ob uns die psychoanalytische Theorie auch organisatorisch brauchbare Gesichtspunkte liefert.

Ob wir in eine Besserungsanstalt, also Fürsorgeerziehungsanstalt alten Stiles, oder in eine moderne eintreten, überall werden wir die Zöglinge in grösseren oder kleineren Gruppen mit einem Aufseher oder Erzieher beisammen finden, und die Zöglingsgruppierung zieht vor allem unsere Aufmerksamkeit auf sich.

In den Anstalten alten Stiles ist jede einzelne Gruppe eine Sammlung sämtlicher Formen, die die Pathologie des Kindes überhaupt nur aufzutreiben imstande ist. Dass man eine so zusammengesetzte Gesellschaft nicht erziehen kann, sondern nur mit den äussersten Gewaltmitteln im Zaume zu halten vermag, ist einleuchtend. Dies mag auch eine der Ursachen sein, dass man sich in den Besserungsanstalten nicht entschliessen kann, von der körperlichen Züchtigung Abstand zu nehmen.

In den modernen Fürsorgeerziehungsanstalten stehen zwei Strebungen im Vordergrunde: die Zöglinge in möglichst kleine Gruppen zu vereinigen und jede einzelne Gruppe so zu gestalten, dass schon das Leben in ihr, ohne besondere Erziehungsmassnahmen, die Verwahrlosung behebend wirkt. Der Tendenz, auch zu einer weitgehend individuellen Behandlung zu kommen, wird durch die derzeitigen Einrichtungen kaum entsprochen. Dem Fürsorgeerzieher, der sich in diesem Sinne bemüht, wird durch die äusseren Verhältnisse sehr rasch ein Halt zugerufen. Darüber müssen wir uns klar sein, dass es in der Fürsorgeerziehungsanstalt nicht nur praktisch ganz undurchführbar ist, jedem Zögling einen Erzieher zuzuweisen, sondern dass dies auch gar nicht das Idealziel einer Anstaltsorganisation sein dürfte. Die Erziehung in der Fürsorgeerziehungsanstalt ist und bleibt eine Massenerziehung, innerhalb derer allerdings den besonderen Umständen, die sich durch die Verwahrlostentypen ergeben, entsprochen werden muss. Begreiflich erscheint es uns, dass die Erzieher möglichst kleine Gruppen verlangen, die Erhalter der Fürsorgeerziehungsanstalten oder deren Verwaltungsorgane aus Verbilligungsgründen möglichst grosse. In diesen Streit sich einzumengen, ist nicht erforderlich, weil keine von den beiden Parteien zum vollen Siege kommt. Und ob in dem Zustande kommenden Kompromiss die von den Erziehern vertretene Zulässigkeitsgrenze oder die von der Verwaltung geforderte Zahl angenähert wird, ist ziemlich gleichgültig. In dem einen Fall werden im allgemeinen fünfundzwanzig Zöglinge oder einige weniger, im anderen Falle einige mehr als fünfundzwanzig in einer Gruppe beisammen sein. Dort, wo schwierige und schwierigste Fälle in Betracht kommen, gibt es ohnehin heute keine öffentliche Verwaltung mehr, der die Einsicht für die Notwendigkeit einer noch beträchtlicheren Verringerung der Zöglingszahl in diesen Gruppen fehlte. Damit ist aber nicht gesagt, dass schon in allen Anstalten für Verwahrloste die einer Gruppe zuzuweisende Anzahl von Zöglingen zu einem Problem geworden wäre; denn es gibt auch heute noch „alte" Besserungsanstalten, die zwar schon ihren Namen gewechselt haben, sonst aber noch unter vorwiegend fiskalischen Gesichtspunkten geführt werden. Personen, die diese Richtung vertreten, mit psychologischen oder gar psychoanalytischen Überlegungen zu kommen, wäre vergebliches Bemühen.

Für den Gruppierungsgedanken, das heisst die Grundsätze, nach denen die Zöglinge in der Fürsorgeerziehungsanstalt zusammenzufassen sind, hat die Psychopathologie durch ihre Forschungsarbeiten seit langem vorgearbeitet. Die Arbeiten Birnbaums („Die psychopathischen Verbrecher", Berlin, Langenscheidt, 1914), Kraepelins („Lehrbuch der Psychiatrie"), Gregors („Die Verwahrlosung", Berlin, Karger, 1918), Sieferts („Psychiatrische Untersuchungen über Fürsorgeerziehungszöglinge", Halle, Marhold,

1912), Gruhles („Die Ursachen der Jugendlichenverwahrlosung und Kriminalität", Berlin, Springer, 1912) und schliesslich des Leiters der heilpädagogischen Abteilung der Wiener Kinderklinik Dozenten Dr. Erwin Lazar hatten eine Menge wertvoller Aufschlüsse gebracht. Man glaubte sogar schon daran, die Fälle so genau diagnostizieren zu können, dass mit den fertigen Diagnosen auch zu wirklichen Gruppierungen zu gelangen sei.

Soweit waren in Fachkreisen die Ansichten gediehen, als im Dezember 1918 die Gemeinde Wien im ehemaligen Flüchtlingslager Oberhollabrunn ein Erziehungsheim für verwahrloste Kinder und Jugendliche beiderlei Geschlechtes errichtete, dessen Leitung ich übernahm. Als die Ungunst der Verhältnisse uns nach etwas mehr als zweijähriger Tätigkeit zwang, dort die Arbeit einzustellen, übersiedelten wir nach St. Andrä an der Traisen in Niederösterreich, um bis zum 15. Juli 1922 dort zu bleiben. Mit diesem Tage wurde auch diese Anstalt aufgelöst, weil die Zöglinge in der durch die Gemeinde Wien vom Lande Niederösterreich übernommenen Fürsorgeerziehungsanstalt in Eggenburg untergebracht worden waren.

Ich habe diese kleine Einschaltung gemacht, weil sich das, was ich Ihnen im folgenden von Fürsorgeerziehungsanstalten berichten werde, auf diese beiden von mir geleiteten beziehen.

Dozent Lazar, unser damaliger psychiatrischer Konsulent, kam mit der Absicht nach Oberhollabrunn, im Sinne der genannten Diagnostik zu gruppieren. Wie er in „Heilpädagogische Gruppierung in einer Anstalt für verwahrloste Kinder" (Zeitschrift für Kinderheilkunde, Band XXVII, Heft 1—2, Berlin, Julius Springer, 1920) selbst auseinandersetzt, musste er diesen Plan als undurchführbar aufgeben, weil die einzelnen Formen, die diagnostisch zusammengefasst waren, erzieherisch viel zu weit auseinander fielen. Er machte es sich aus diesem Grunde zur Aufgabe, eine Gruppierung vorzunehmen, die in erster Linie Temperament und Führungsmöglichkeit berücksichtige.

Für diese Arbeit war im Erziehungsheim Oberhollabrunn der Boden schon vorbereitet. Die Zöglinge, die ursprünglich nur nach dem Geschlechte und nach Schulkindern und Schulentlassenen getrennt worden, sonst aber, wie sie der Zufall der Einlieferung gebracht hatte, beisammen geblieben waren, zeigten sehr bald solche Führungsschwierigkeiten, dass etwas unternommen werden musste. Da vom Anfange an jede brutale Gewalt verpönt war, nahmen wir einzelne Zöglinge aus den Gruppen heraus und verschoben sie solange, bis ein Auskommen mit ihnen gefunden werden konnte. So erwuchs aus dem Bedürfnis, zu einem zunächst äusserlich geordneten Betrieb zu gelangen, die erste Gruppierung. Beisammen waren mit einer einzigen Ausnahme, auf die wir in einem gesonderten Vortrage zu sprechen kommen werden, schliesslich nur die, die sich selbst aneinanderschlossen. Die dann Neuangekommenen brauchten wir nicht mehr die verschiedenen Gruppen durchwandern zu lassen, um die ihnen entsprechende zu finden, weil einer unserer Erzieher, Martin Krämer, einen ganz ausgezeichneten Blick für die Differenzierung der Zöglinge hatte, so dass er die zusammenpassenden herausfand.

Aus der Untersuchung des so Gewachsenen fand Lazar, dass die Gruppierung eine organische geworden war, die nach geringen Abänderungen dem Schema entsprach, das er nach Bearbeitung des Materials entwarf.

Mit Berücksichtigung der intellektuell Minderwertigen hatte Lazar für die Knaben folgende Gruppierung aufgestellt:

I) Intellektuelle Defekte;

II) soziale Mängel, die unter dem Einfluss der neuen Umgebung ohne besondere Schwierigkeiten zu überwinden sind;

III) soziale Mängel, die tiefer gegriffen haben und fester verankert sind; neben dem Einfluss der neuen Umgebung ist aktive Erziehung notwendig;

IV) charakterologische Fehler neben den sozialen Mängeln bei höherer Intelligenz;

V) Gleichgewichtsstörungen mit gelegentlicher, motivierter Aggression neben charakterologischen Fehlern und sozialen Mängeln;

VI) Aggression verschiedenster Form, die unmotiviert zum Ausbruch kommt, neben den früher genannten Fehlern und Mängeln.

Durch diese Gruppierung hatten wir ziemlich gleichartige Zöglinge beisammen, deren typische Eigenart dem Erzieher schon durch die Vervielfältigung zum Bewusstsein kommen musste, und denen er sich aus diesem Grunde auch anpassen konnte. Es war ihm auch möglich geworden, gleichartige Erziehungsmassnahmen anzuwenden, weil er in der Gruppe nicht mehr so stark von einander abweichende Fälle hatte. Durch die Art ihrer Zusammenfassung fanden die Zöglinge innerhalb der Gruppe ihnen entsprechende Verhältnisse mit für ihre Entwicklung und Ausheilung günstigen Bedingungen, so dass der Gruppierungsgedanke ökonomisch und gleichzeitig Heilungsprinzip geworden war.

Was ich nun von unserer Zöglingsgruppierung in Oberhollabrunn mitgeteilt habe, geschah nicht zu dem Zwecke, Ihnen ein ausgereiftes, nachahmenswertes Beispiel zu geben; Sie sollten nur sehen, wie, aus dem Bedürfnisse erwachsend, sich ein erster Versuch gestaltete. Auch psychoanalytische Überlegungen kamen dabei nicht in Frage. Wenn wir nachsehen wollen, ob die Psychoanalyse uns dazu Hilfen geben kann, müssen wir uns zuerst über die Bedeutung der Gruppierung klar sein. Es wird damit, wie schon gesagt, ein ökonomisches Prinzip verfolgt. Je mehr das Zusammenleben der Zöglinge in der Gruppe allein, ohne weitere erzieherische Massnamenn, die Dissozialität ausheilend wirkt, desto besser ist die Gruppierung. Und die Frage hat zu lauten: Welche Verwahrloste müssen zusammengebracht werden, um die aus dem blossen Zusammenleben gegebenen besten Vorbedingungen zum Wieder-sozial-Werden zu schaffen?

Was wir bisher von der Verwahrlosung unter dem Gesichtswinkel der Psychoanalyse gehört haben, erwies uns, dass nicht die Verwahrlosungsäusserungen das Wichtige sind, sondern die psychischen Mechanismen, die sie bedingen. Diese müssen bekannt sein, ehe sich ausprobieren lässt, welche von ihnen in einer Gruppe zusammengebracht, durch gegenseitige Beeinflussung am raschesten wieder sozial gerichtet werden. Mit anderen Worten, wir werden von der Psychoanalyse auch für die Gruppierung Gewinn haben, wenn sie uns bei einer genügend grossen Anzahl von Verwahrlosten die ihrem Handeln zugrunde liegenden psychischen Mechanismen aufgedeckt hat. Das darf aber nicht mit einer durch eine psychoanalytische Behandlung etwa anzustrebenden Behebung der Verwahrlosung verwechselt werden; was hier gemeint ist, bezieht sich lediglich auf diagnostische Momente.

So lange diese Einzelanalysen nicht vorliegen, müssen wir jenen den Vortritt lassen, denen die Konstitution Einteilungsgrund abgibt.

Das Zusammenbringen einander entsprechender, im Sinne der Ausheilung aufeinander wirkender psychischer Mechanismen macht aber die Gruppierung noch nicht aus. Es müssen noch andere, ausserhalb der einzelnen Zöglingsindividualitäten liegende Bedingungen erfüllt werden. In diesen Belangen haben wir es nicht mehr nötig zuzuwarten, sondern können schon jetzt richtig vorsorgen und Zweckmässiges veranlassen, wenn wir uns Einsichten zu eigen machen, die F r e u d insbesondere in „Massenpsychologie und Ich-Analyse" erschlossen hat. Ich gehe in diesen Vorträgen nicht sehr darauf ein, weil ich mir nicht die Aufgabe gestellt habe, Ihnen die Fürsorgeerziehung als ein massenpsychologisches Problem auseinanderzusetzen, das werde ich mir für spätere Erörterungen vorbehalten. Aber ich bespreche auf Grund psychoanalytischer Erwägungen die Gestaltung jener äusseren Bedingungen, die allgemein als Milieu bekannt sind. Für den Fürsorgeerziehungszögling sind nicht nur die mit ihm in der

Gruppe zusammenlebenden Kameraden wichtig, sondern auch seine sonstige, persönliche, dingliche und räumliche Umwelt und die Verhältnisse in der Anstalt, in deren Rahmen die Gruppe eingeschachtelt ist, kurz gesagt das Gruppenmilieu und das weitere der Anstalt.

Machen wir, ehe wir uns dieser Aufgabe zuwenden, noch zwei Besuche in Anstalten für Verwahrloste, einer alten Besserungsanstalt und einer modernen Fürsorgeerziehungsanstalt, um das in diesen geschaffene Milieu auf uns wirken zu lassen.

Kommen wir in die erste, so fällt uns vor allem das mürrische, verschlossene Wesen der Zöglinge auf. Überall nur scheue, hasserfüllte Blicke von unten herauf. Nirgends ein offenes, freies Ins-Gesicht-Schauen.

Das fröhliche, oft kraftüberschäumende Wesen der normalen Jugend fehlt vollständig. Was an Heiterkeit zu sehen ist, stimmt den Besucher traurig. Lebensfreudige Äusserungen sehen ganz anders aus. Man kann sich eines Schauers über den vielen Hass, der in diesen jungen Menschen aufgespeichert ist, kaum erwehren. Er kommt in diesen Anstalten nicht zur Lösung, verdichtet sich noch mehr, um später in der Gesellschaft entladen zu werden.

Der Verwalter einer solchen Anstalt machte mich gelegentlich eines Rundganges auf die seit zwanzig Jahren in Verwendung stehenden Blechwaschbecken aufmerksam und war sehr stolz auf die bei ihm herrschende Ordnung: trotz des langen Gebrauches waren die Waschschüsseln nicht deformiert und glänzten wie neu poliert. In den Schlafsälen standen links und rechts vom Mittelgang je fünfundzwanzig Betten, ausgerichtet wie eine Reihe Soldaten, keines einen Millimeter vor- oder zurückgerückt, ebenso standen die Nachtkästchen; die Bettdecken waren in scharf umgrenzte Rechtecke zusammengelegt und auf den Betten so liegend, dass ihre Schmalseiten wieder schnurgerade Linien bildeten; dieselbe peinliche Ordnung herrschte überall auch in den Tagräumen, auch auf Stiegen und Gängen. Wenn Sie zu all dem noch dazugeben, was ich über das Verhalten von Zöglingen in Besserungsanstalten im allgemeinen sagte, und das auch für diese Anstalt gilt, so wird Ihnen ohne nähere Erklärung deutlich, welche Gewalt da Tag für Tag aufgewendet werden musste, um einen Zustand aufrecht zu erhalten, der kindlichem Empfinden so zuwiderläuft, dem dissozialer Jungen um so mehr. Den Zwang des sozialen Lebens haben sie nicht ertragen und durch solchen Anstaltszwang sollen sie wieder sozial werden?

Nun ein anderes Bild! Wenn Sie an einem besonders guten Tag in eine der von mir geleiteten Fürsorgeerziehungsanstalten zu Besuch gekommen wären, hätten Sie leicht etwa folgendes erleben können: Noch ehe Sie den Bereich der Anstalt betreten, treffen Sie auf einen Ortseinwohner, der ganz unverhohlen seinem Unmute darüber Ausdruck gibt, dass die Verwahrlosten statt eingesperrt gehalten und in Reihen von Aufsehern spazieren geführt zu werden, hier so frei herumgehen dürfen. Weil Sie näheres von der Anstalt wissen wollen, fragen Sie ihn, warum er denn gar so erbost sei? Weil durch die Art, wie hier die Verwahrlosten gehalten werden, allem Unfug Tür und Tor geöffnet ist. Sie hören ihm weiter zu und erfahren, dass er sich eben zum Leiter beschweren geht, weil Zöglinge statt anständig und gesittet nach Hause zu gehen, sich gebalgt und in seinem Wohnhause eine Fensterscheibe eingeschlagen haben. Sie können bei mir nicht gleich vorkommen, weil ich schon in Anspruch genommen bin. Vor Ihnen will noch ein Gendarm vorgelassen werden. Aus meinem Zimmer hören Sie eine sehr erregte Stimme: der Bezitzer eines Obstgartens duldet nicht, dass Zöglinge seinen Bäumen einen Besuch abstatten. Ich lasse Sie nun gleichzeitig mit dem Gendarm eintreten, mache keinerlei Geheimnis vor Ihnen und Sie werden nun Zeuge der Schilderung eines Vorfalles vom Tage vorher. Zwei Jugendliche haben im benachbarten Walde am offenen, von ihnen selbst angefachten Feuer eine Forelle gebraten, die sie nur aus dem unweit vorüberfliessenden Werkbach gefischt haben können. Kaum ist der Anzeiger weg, und wir sind eben im Begriff, den von Ihnen gewünschten Rundgang zu beginnen, stürzt die Anstaltsköchin in höchster Erregung bei der Tür herein und erklärt empört, dass sie die Buchteln richtig abgezählt habe; wenn jetzt in der einen Gruppe fünf Stück fehlen, so haben sie die Essenträger verschwinden lassen. Sie leisten momentan auf die Besichtigung der Anstalt Verzicht, es war zu viel, was da an ersten Eindrücken auf Sie eingestürmt ist.

Überlegen wir, ob ein derartiger Zustand in einer Erziehungsanstalt zulässig ist, oder ob diese, wenn es so zugeht, je eher desto besser zu sperren ist?

Wir wissen bereits von der Erziehungsberatung her, dass der Fürsorgeerzieher auf den Defekt des Verwahrlosten eingeht und ihm anfänglich keine Widerstände entgegenstellt, den Zeitpunkt abwartet, bis er mit Versagungen einsetzt. Es ist nicht einzusehen, warum das in der Anstalt anders sein sollte, damit, dass dort mehr und ärger Verwahrloste beisammen und die Schwierigkeiten grössere sind, lässt sich ein geänderter Vorgang doch nicht begründen.

Typisch für jeden Verwahrlosten ist die geringe Fähigkeit, Triebregungen unterdrücken und von primitiven Zielen ablenken zu können, sowie die ziemliche Wirkungslosigkeit der für die Gesellschaft geltenden sittlichen Normen; dazu kommt für den weitaus grössten Prozentsatz der Fürsorgeerziehungszöglinge ein offener Konflikt mit der Gesellschaft als Folge eines in der Kindheit unbefriedigt gebliebenen Zärtlichkeitsbedürfnisses. In Erscheinung tritt sehr gesteigerter Lusthunger, primitive Form der Triebbefriedigung, Hemmungslosigkeit und verdecktes, aber desto grösseres Verlangen nach Zuneigung. Soll die Verwahrlosung behoben, sollen nicht nur deren Äusserungen unterdrückt werden, so bleibt nichts, als zuerst auf die Bedürfnisse der Dissozialen einzugehen, auch wenn es im Anfange ein wenig wüst zugeht und „verständige Menschen" darüber den Kopf schütteln. Wir wurden auch tatsächlich vielfach nicht verstanden; Ängstliche waren entsetzt, die nächsten Nachbarn nahmen uns manches sehr übel; jedesmal, wenn einer über die Stränge geschlagen hatte, war grosses Geschrei. Wir liessen uns aber trotzdem nicht irre machen, für uns war es wie in einer psychoanalytischen Behandlung: Verwertung der täglichen Konflikte zur Erreichung des Erziehungszweckes. Wir gewährten den Verwahrlosten im lustbetonten Milieu unsere Zuneigung, bedienten uns also der Liebesprämie, um einen versäumten Entwicklungsprozess nachzuholen: den Übergang von der unwirklichen Lustwelt in die wirkliche Realität.

Es war uns von allem Anfange an rein gefühlsmässig klar, dass wir Knaben und Mädchen und jungen Menschen im Alter von vierzehn bis achtzehn Jahren vor allem Freude zu bereiten hatten. Keinem von uns war je eingefallen, in ihnen Verwahrloste oder gar Verbrecher zu sehen, vor denen die Gesellschaft geschützt werden müsse; für uns waren es Menschen, denen das Leben eine zu starke Belastung gebracht hatte, deren negative Einstellung und deren Hass gegen die Gesellschaft berechtigt war; für die daher ein Milieu geschaffen werden musste, in dem sie sich wohl fühlen konnten. Und es war dann auch tatsächlich ganz von selbst gegangen. Frohe Gesichter bei Erzieherinnen und Erziehern, freudiges Lachen aus Kinderaugen, auch von Achtzehnjährigen — das waren eben die grossen Kinder. — Ich erinnere mich noch der Spannung, mit der wir den ersten Zögling erwarteten, und seines Behagens, als wir uns auf ihn stürzten, um ihn zu verwöhnen. Wir haben später freilich manches Zuviel abgestreift, aber zur Beruhigung kann ich mitteilen, dass auch dem ersten die anfängliche arge Verwöhnung nicht geschadet hat. Er ist vollständig in Ordnung, seit Jahren im Erwerbsleben tätig.

Wir betrieben so, ohne es damals zu wissen, schon durch die Milieuschaffung eine praktische Psychologie der Versöhnung, von der wir heute sagen können, dass sie für die überwiegende Mehrheit der gegenwärtig in Besserungsanstalten untergebrachten Zöglinge anzuwenden ist.

Es ist übrigens recht eigentümlich, dass dieselben Verwahrlosungsformen, die uns zur Freundschaft, Milde und Güte veranlassten, das Personal in den alten Besserungsanstalten zu oppositioneller Einstellung provozierten und das ganze Anstaltsleben auf das uns so wohlbekannte sadomasochistische Niveau herabdrückten, oder wenn Sie wollen, steigerten. Ich habe seit Oberhollabrunn für einen bestimmten Typus Verwahrloster diese Einstellung nicht zu ändern gebraucht, sie immer wieder als richtig erkennen können; ich werde mich zu einer anderen Auffassung erst entschliessen, nicht wenn eine unverständige Umgebung will, sondern wenn ich durch neue Erkenntnis dazu genötigt werden sollte. Es gibt freilich auch Verwahrloste, und das darf nicht übersehen werden, die erzieherisch unbeeinflussbar blieben, wenn ihnen gegenüber das eben skizzierte Verhalten eingehalten werden würde. Welche das sind, und wie mit diesen umzugehen ist, werden wir ein andermal hören.

Ich habe mich durch die eben gemachte Einschaltung ein wenig von der Milieuschilderung abbringen lassen. Für die allgemeine Erziehung in der Anstalt kommt es nicht so sehr auf einzelne Erziehungsmassnahmen an, sondern vielmehr darauf, aus der richtigen Einstellung zum Zögling diesen zu Erlebnissen zu führen. Wenn die Zöglinge etwas erleben sollen, so müssen sie ins Leben und nicht in die lebensfremde, wenn auch noch so schöne Anstalt gesteckt werden. Je weniger daher das Milieu Anstaltscharakter trägt und je mehr es sich dem einer freien Siedlung lebensbejahender Menschen nähert, desto weniger ist der Dissoziale dem wirklichen Leben entfremdet, desto sicherer seine Ausheilung und desto sicherer später sein Wiedereintritt in die Gesellschaft zu erwarten. In der Anstalt ist auch die Gefahr, dass die Individualität des Einzelnen nicht zur Entwicklung kommt, eine ausserordentlich grosse; nur zu leicht bildet sich für die Erziehungshandlungen eine Schablone heraus und der Zögling wird nur zu oft infolge administrativer Notwendigkeiten, die leicht überwuchern, zur Nummer.

Erinnern wir uns doch auch an unsere eigene Kindheit: Was bedeutete uns eine Schublade, ein Kastenfach, eine Schachtel, ein Plätzchen, das uns ganz allein gehörte, wo wir unsere Geheimnisse vor Eltern und Geschwistern verbergen konnten, wo wir Ordnung machten, wenn es uns passte, wo wir aber auch nach Herzenslust schlampig sein konnten! Und in der Anstalt? — Überall die der Einheitlichkeit wegen aufgezwungene Ordnung und Lebensweise! Nicht ein ausschliesslich dem Einzelnen reserviertes Plätzchen! Anstaltsmauern schliessen das Kind auch vom Leben ab und drängen es in ungesunde Phantasieerlebnisse, verhindern den rechtzeitigen Ausgleich zwischen Lust und Realität! Wie ganz anders, wenn der Verwahrloste in einer Siedlung wohnt, in der alle die kleinen und kleinsten Erlebnisse sich abspielen können, in der aber auch die sonst so sehr vermisste Bewegungsfreiheit gewährt werden kann. Das war in Oberhollabrunn durch das Wohnen jeder Gruppe in einer primitiven Baracke gegeben, und wenn uns auch im Winter wegen der schlecht schliessenden Fenster der Schnee auf die Bettdecken flog, was machte das, wir waren mit einem Sprung im Freien und weder Gitter noch Mauer schieden uns von der übrigen Welt. In St. Andrä stellten sich manche äussere Hindernisse entgegen, aber doch hatte jede Gruppe ihre gesonderten Räume für sich und bildete im Anstaltsgefüge eine geschlossene Einheit. In Anstalten mit Pavillonsystem lässt sich die günstige räumliche Umwelt ohne besondere Schwierigkeiten schaffen.

Sie dürfen nun aber nicht meinen, dass bei uns die Dissozialen sofort nach ihrer Einlieferung vom Zauber des Milieus gefangen genommen sind. Manche blieben lange Zeit erstaunt, misstrauisch, ungläubig; viele, die innerlich Verrohten, die sich draussen nur mehr gebeugt hatten, wenn die Brutalität des anderen sie unwiderstehlich bezwungen hatte, haben in uns die Schwächlinge gesehen, die sich an sie nicht heranwagten; noch andere, die intellektuell Hochwertigeren, haben uns als die Dummen genommen, die sich zum besten halten lassen. So war von der brutalen Opposition bis zur stillen Verachtung alles vertreten gewesen.

Weil wir das gewusst hatten, war es uns nie eingefallen, die Zöglinge beim Eintritte durch Worte für uns gewinnen zu wollen. Wir liessen die Umgebung auf sie einwirken und warteten den geeigneten Zeitpunkt ab. Erst bis der „Neue" sich in das Milieu eingelebt hatte, dachten wir an besondere erzieherische Massnahmen für ihn.

An dieser Stelle auch ein Wort zur Verköstigung, weil ich sonst nicht mehr darauf zu sprechen käme. Ethische Werte haben für den Verwahrlosten anfangs keine Zugkraft; zu nehmen ist er aber bei seinem Fresstrieb. Er verlangt eine ausgiebige Kost, legt nicht besonderen Wert auf Abwechslung, wichtig ist ihm im allgemeinen die Quantität, Feinschmecker ist er nur in Ausnahmsfällen. Aber dass sein Erzieher mit ihm lebt und für ihn ist, begreift keiner, wenn er Maisgriess bekommt und für den Erzieher Gulyas gekocht wird. In der Fürsorgeerziehungsanstalt ist die Einheitskost, gekocht auf einem Herde und in denselben Töpfen, eine erzieherische Grundbedingung. Die aus der verschiedenen Verköstigung von Erziehern und Zöglingen hervorgehende Unlust löst starkes Misstrauen gegen den

Erzieher aus, das sich auf das ganze Verhältnis überträgt. Der Dissoziale glaubt dem Erzieher seine Liebe nicht mehr.

Der Geist, der die Besserungsanstalt erfüllt, muss vom Personal ausgehen. Die eigene positive Einstellung des Erziehers zum Leben, jene glückliche Lebensauffassung, die Heiterkeit und Freude um sich verbreitet, bringt die Atmosphäre, in der ohne besondere Anstrengung das Erziehungswerk gelingt. Dann sind die Erzieher auch befähigt, sich ihren Zöglingen so zu nähern, dass diese in allen Handlungen Zuneigung verspüren und immer empfinden, verstanden zu werden. Die meisten Dissozialen sind nie zur Befriedigung ihres kindlichen Zärtlichkeitsbedürfnisses gekommen. Viele haben die schöne, noch das spätere Leben verklärende Märchenzeit nie erlebt und die Stunden innigen Zusammenseins von Mutter und Kind nie kennen gelernt. Diesen muss viel gegeben werden und es ergibt sich eine wichtige Forderung an die Persönlichkeit des Erziehers: er bedarf sehr hoher Einfühlungsfähigkeit, damit es ihm gelingt, das Richtige zu treffen; denn die Erziehungswissenschaft lässt ihn hier im Stiche. Es genügt nicht, des Zöglings Reden und Tun zu erfassen, der Erzieher muss sich in ihn so hineinleben können, dass dessen Erleben zum eigenen wird.

Hier noch eine Bemerkung zur Erzieherin. Die Erfahrung, die wir in Oberhollabrunn und St. Andrä machen konnten und die mit dem übereinstimmt, was die Psychoanalyse über die libidinösen Vorgänge erschlossen hat, lässt es angezeigt erscheinen, schulpflichtige Knaben im Alter der Vorpubertät nicht ausschliesslich unter männlichen Einfluss zu stellen; am vorteilhaftesten ist es, wenn in der Zöglingsgruppe Erzieherin und Erzieher gemeinsam tätig sind. Beim männlichen Jugendlichen ist der weibliche Einfluss in dieser Form nicht mehr zweckmässig; es empfiehlt sich für sämtliche Jugendlichengruppen, einer Frau die Obsorge für alle pflegerischen Angelegenheiten, Wäsche, Schuhe, Überprüfung von Ordnung und Reinlichkeit in Tag- und Schlafräumen usw. zu übertragen. Diese darf sich aber dann natürlich nicht darauf beschränken, rechtzeitig gereinigte Wäsche und gestopfte Socken zur Verfügung zu stellen, sondern wird in Erfüllung ihrer äusserlichen Verpflichtungen immer wieder Gelegenheit nehmen, bei den einzelnen Zöglingen zu erzieherischen Einwirkungen zu gelangen.

Die Behebung der Verwahrlosung ist, was immer in Frage kommen mag, letzten Endes ein libidinöses Problem, das heisst, das Wichtigste bleiben die Gefühlsbeziehungen des Zöglings zum Erzieher, oder allgemeiner gesagt, zu den Personen seiner Umgebung. Das muss für den Anstaltsbetrieb erkannt werden, weil sonst grobe Fehler unvermeidlich sind. Wie wir versuchten, die Gefühlsbeziehungen der Jugend zu uns anzubahnen, zu festigen und auszuwerten, habe ich Ihnen schon mitgeteilt. Trotz allem hatten wir aber auch bei uns nicht das Paradies gehabt und es ging nicht immer ohne Konflikte und negative Stimmungen ab. Die erste Beobachtung nach dieser Richtung machte ich bald nach Beginn unserer Tätigkeit in Oberhollabrunn. Mir war aufgefallen, dass namentlich in Zöglingsgruppen, die von Erzieherinnen geleitet wurden, deren schlechte Stimmung sich sofort auf die Gruppe übertrug, dann verstärkt auf diese zurückwirkte und so immer hin und her, bis es zum offenen Konflikt kam. Das richtige Verständnis für die befreiende Wirkung einer Aussprache hatte ich damals zwar noch nicht, aber doch bemerkte ich, wie sich das Bild der Gruppe vollständig umkehrte, wenn es gelungen war, die Stimmung der Erzieherin zu heben. Durch die wiederholten Aussprachen mit jedem einzelnen vom Erziehungspersonale bei denen auch recht oft auf Persönliches eingegangen wurde, kam ich nach und nach in ein Freundschafts- und Vertrauensverhältnis zu meinen Mitarbeitern. Die gegenseitige Art dieses Verkehres übertrug sich nach und nach auch auf die Zöglinge, so dass später nur ein Ton den ganzen Betrieb beherrscht hat. Wir hatten dadurch nichts an Autorität eingebüsst, den Zöglingen aber die Angst vor uns genommen und so ihr Vertrauen gewonnen.

Der durch die Psychoanalyse aufgedeckte Mechanismus der Übertragung erklärte mir später den Erfolg unserer Erziehungsarbeit; er sagte mir auch, weshalb über Erziehungsfragen so leicht zu reden ist, Erziehenkönnen aber erlebt werden muss. Was beim ersten Erzieher gut ausfällt, kann beim zweiten, der es nachmacht, schlecht sein. Ich halte erfolgreiche Arbeit des Personals in der Besserungsanstalt ohne starke Bindung an der Führer für unmöglich, weil ich mir das Sozialwerden des Verwahrlosten ohne vorherige starke Bindung an einen Menschen seiner Umgebung nicht denken kann, und weil sich aus der Einstellung des Erziehers zum Führer von selbst die richtigen Beziehungen zwischen Zögling und Erzieher herstellen.

Ich habe Ihnen jetzt ohne viel psychoanalytische Theorie einen kleinen Ausschnitt aus dem Milieu der Fürsorgeerziehungsanstalt gegeben. Es liessen sich an jede Einzelheit eine Reihe von theoretischen Überlegungen anschliessen, die ich aber unterlasse, weil ich mich heute vorwiegend mit der Praxis des Anstaltserziehers beschäftigen will. Ich bleibe daher in den beiden Anstalten Oberhollabrunn und St. Andrä und berichte Ihnen davon weiter.

Sie werden in der Fürsorgeerziehungsliteratur sehr häufig statt Erziehung in Besserungsanstalten den Terminus Zwangserziehung finden. Dieser bezieht sich nicht auf die Erziehungsform, die dem zu Erziehenden aufgezwungen wird, wie man nach dem von den Besserungsanstalten bekannten Zwang anzunehmen in der Lage wäre. Zwangserziehung bezieht sich auf den zur Erziehung Verpflichteten, ist also eine Erziehung gegen den Willen der Eltern. Obwohl diese Aufklärung streng genommen mit unserem heutigen Thema nichts zu tun hat, musste ich doch davon sprechen, weil Sie vor missverständlicher Auffassung bewahrt werden sollen.

Ehe ich fortfahre, Ihnen von der Fürsorgeerziehungsanstalt zu berichten, erscheint es mir wichtig, Sie vor einer immerhin möglichen Übereiltheit zurückzuhalten. Wir haben bisnun schon manches über verwahrloste Kinder und Jugendliche gehört, und die Versuchung liegt nahe, Schlussfolgerungen, die für diese richtig sind, auch auf die normale Jugend anzuwenden. Wenn auch zweifellos innige und tiefe Beziehungen zwischen der Erziehung beider bestehen, sind wir doch noch lange nicht so weit, mit Sicherheit sagen zu können, wo diese gleichartig verlaufen. So wie unter unseren Zöglingen Grenzfälle und fliessende Übergänge zur Neurose und Psychose vorkommen und wir uns daher in unserer Arbeit im Grenzgebiete mit der Psychiatrie berühren, stossen wir auch auf Grenzfälle und fliessende Übergänge zur normalen Jugend und berühren uns dadurch in unserer Tätigkeit auch mit der Familienerziehung, den erzieherischen Strebungen in der offenen Jugendfürsorge und denen der freien Jugendbewegung. Unsere Hauptarbeit wird sich aber immer auf gesondertem Wege entwickeln müssen.

Wir konnten in Oberhollabrunn und St. Andrä, mochte die tiefer liegende Ursache der Verwahrlosung welche immer gewesen sein, fast ausnahmslos feststellen, dass die Dissozialen zerstörtem, zerrüttetem oder unharmonischem Familienmilieu entstammten. Es hat den Anschein, als ob die Stösse, die das soziale Leben dem Einzelnen gibt, nur dann zu ertragen seien, wenn dieser einen Ruhepunkt findet, der für unsere Gesellschaftsordnung normalerweise in der Familie liegt. Ist dieser vorhanden, so bewegen sich die Äusserungen des Trieblebens innerhalb sozial erträglicher Grenzen; fehlt er, so wird der ohnehin nicht sehr stabile Gleichgewichtszustand noch leichter gestört.

Diese Gleichgewichtsstörungen rufen Dauerwirkungen hervor, die, wenn sie als Verwahrlosung in Erscheinung treten, die Fürsorgeerziehung zu beheben hat. Die Art ihrer Einflussnahme auf den Zögling muss sich daher, namentlich anfangs, wesentlich von der Erziehung des normalen Kindes unterscheiden.

Und nun zur Anstalt zurück!

Sie hörten bereits, dass die Art und Stärke der libidinösen Bindungen des Kindes an die Objekte seiner ersten Umgebung richtunggebend für das ganze spätere Leben bleibt. Damit scheint nun auch zu stimmen, dass wir unsere nicht unbeträchtlichen Erfolge in der Behebung der Verwahrlosung einer Einflussnahme auf das spätere Schicksal der Libido im Sinne der Sublimierung und Kompensierung verdanken. Wie wir das auffassen, möchte ich Ihnen an zwei Beispielen aus dem Jungendheim St. Andrä zeigen: an einem Sechzehnjährigen, der vom psychiatrischen Konsulenten als leichte Form der Schizophrenie bezeichnet wurde, und an einem siebzehnjährigen Homosexuellen.

Der Sechzehnjährige, ein Junge aus sehr gutem bürgerlichen Milieu, wurde der Fürsorgeerziehung wegen fortgesetzter häuslicher Diebstähle übergeben. Er kam zu uns, nachdem seine Unterbringung in mehreren anderen Anstalten erfolglos geblieben war. Wie arg er es trieb, ist daraus zu ersehen, dass sein Vater, als er ihn brachte, zu mir sagte: „Der Junge hätte uns ruiniert, wäre er noch länger zu Hause geblieben." Er war sehr schwierig zu führen, äusserst reizbar, bildete sich zeitweilig ein, dass die anderen ihn ablehnen, ja, ihn körperlich bedrohen, und leistete sich dann arge Aggressionen gegen seine Mitzöglinge, Erzieher und andere Personen seiner Umgebung. So rächte er sich auch einmal an dem Anstaltsverwalter, von dem er sich beleidigt glaubte, dadurch, dass er in einer Nacht vor dessen Wohnungstür defäzierte. Sein Grössenwahn lebte sich in der Idee aus, Einbrecherkönig zu werden. Er hatte sich in Wien auch eine „Platte" gebildet gehabt, die er zu beherrschen wähnte, von der sein Vater aber gerade das Gegenteil berichtete. Sein Verhalten bei uns und die wiederholten Aussprachen mit ihm bestätigten die oben erwähnte Diagnose.

Dem körperlich kräftigen, intellektuell unternormalen Jungen war unter Ausnützung der so deutlich aggressiven und analen Komponente eine Beschäftigung zuzuweisen, bei der er körperlich etwas leisten konnte, ohne dabei infolge der mangelnden Intelligenz beschämenden Vergleichen ausgesetzt zu sein. Bei uns war da nur die Gemüsegärtnerei mit ihrem Wühlen in Dung und Erde in Frage gekommen. Die Zuweisung in die Gärtnerei erwies sich auch tatsächlich als die beste Berufswahl.

Der Siebzehnjährige wurde in die Schneiderwerkstätte gegeben, weil anzunehmen war, dass die Anfertigung von Männerkleidern eine Sublimierung seiner homosexuellen Strebungen ermöglichen werden. Damit soll aber keineswegs gesagt sein, dass wir der Meinung seien, jeder homosexuelle Dissoziale müsse, um sozial zu werden, das Schneidergewerbe erlernen. Nur die besondere Art im Wesen dieses Jungen veranlasste mich, den Versuch zu wagen. Er erlernte in fünf Monaten, was normalerweise erst in drei Jahren erlernt wird. Der Werkmeister bezeichnete ihn als

Schneidergenie; in der ganzen Zeit kam nur ein Rückfall vor, der Versuch, einen Mitzögling zu homosexuellen Handlungen zu verleiten. Durch die Auflösung unserer Anstalt mussten wir ihn früher als beabsichtigt entlassen. Er kam in ein grösseres Schneideratelier, lernte dort aus und wurde bis jetzt nicht rückfällig.

Wir sind nun der Meinung, dass die Berufsberatung für diese beiden Jungen aus unserer psychoanalytischen Einstellung heraus richtig erfolgt war. Dem ökonomischen Gesichtspunkte der Psychoanalyse war entsprochen worden, sie fanden in ihrer täglich achtstündigen gewerblichen Arbeit die besten Vorbedingungen für den „automatisch" durch das Lustprinzip regulierten Ablauf ihrer seelischen Vorgänge. Wie das zu verstehen ist, kann ich Ihnen heute nicht näher ausführen, ich verweise Sie auf den neunten Vortrag, in dem ich mehr über das Lustprinzip sagen werde. Wenn Sie aber überlegen, dass wir erzieherisch nicht in der Lage sind, die Kraftquellen, aus denen der Homosexuelle die Energien für sein psychisches Leben bezieht, zu ändern, so werden Sie verstehen, dass wir bemüht waren, die Kraftäusserung ins Soziale zu richten. Wir rechneten damit, dass gerade durch die Arbeit in der Schneiderwerkstätte seine perverse Libido in nützlicher Verwendung abreagiert werde, statt ihn mit der Polizei in Konflikt zu bringen. Erwähnen möchte ich noch, dass der Junge gegen seinen Willen und energischen Protest der Schneiderei zugewiesen worden war, und dass er sich dort monatelang sehr unbehaglich fühlte. Als unsere Anstalt aufgelöst wurde und er uns verliess, kam ich mit ihm auf seine Leistungen in der Schneiderei zu sprechen. Er war zu der Zeit schon mit grosser Begeisterung Schneiderlehrling und entgegnete mir: ‚Es ist doch gut, wenn einem nicht immer sein Wille gelassen wird."

In beiden Fällen war die psychoanalytische Beurteilung der dissozial verwendeten Libidokomponente und der normalen Libidoverwertung bei den Handwerken in der Berufswahl zur Behebung der Verwahrlosung benützt worden.

Eine eingehende Psychoanalyse hätte wahrscheinlich ein sicheres Ergebnis gebracht. Das war damals nicht möglich und auch in Zukunft wird in den Besserungsanstalten aus praktischen und theoretischen Gründen nicht jeder Zögling einer Analyse zugeführt werden können. Sie muss grundsätzlich aber für alle jene neurotisch Verwahrlosten verlangt werden, die solche Führungsschwierigkeiten bieten, dass sie jede Zöglingsgruppe ablehnt.

Wenn für den Jugendlichen auch die Berufsausbildung, die täglich achtstündige Arbeit innerhalb der Anstalt von allergrösster Bedeutung ist und eine psychoanalytisch orientierte Fürsorgeerziehung der Berufswahl besondere Aufmerksamkeit zuwenden wird, so macht sie doch zur Behebung der Verwahrlosung nicht alles aus. Sie ist wieder nur ein Teil von Massnahmen, von denen wir einige schon besprochen haben, über die wir heute aber noch mehr hören werden, und die erst in ihrer Gesamtheit die richtig organisierte Fürsorgeerziehungsanstalt bilden. So wie in den beiden angeführten Fällen die richtige Arbeitszuteilung für die Ausheilung ausschlaggebend wurde, ist es uns manchmal gelungen, durch herzhaftes Zugreifen bei akutem Konflikt oder durch Herbeiführung eines solchen die Behebung der Dissozialität anzubahnen. Was damit gemeint ist, wie sich solche Gelegenheiten herstellen lassen, haben ich Ihnen an dem siebzehnjährigen Lebemann gezeigt, bei dem es mir um die Herstellung der Übertragung zu tun war. Sie haben dabei auch gesehen, wie mir der Zufall in der Art seiner Rückkehr zu Hilfe kam, der mir weit mehr zu leisten ermöglichte, als ich ursprünglich beabsichtigt hatte.

In einem Diebstahlsfall innerhalb der Anstalt verwertete ich die gegebenen Umstände nicht gefühlsmässig, sondern schuf mit Überlegung die erforderliche Situation. Wie das zuging, werde ich Ihnen, da es mir recht instruktiv erscheint, mitteilen. Sie können daraus auch wieder ersehen, dass sich der Fürsorgeerzieher von jeder Schablone freimachen muss.

Während einer Fahrt von Oberhollabrunn nach Wien las ich Dr. R a n k s Buch: „Das Inzestmotiv in Dichtung und Sage." An einer Stelle führt er die Aristotelische Lehre von der Katharsis an. Dabei kam mir die Überlegung, ob nicht Konfliktssituationen, in denen sich Fürsorgeerziehungszöglinge so oft befinden, zur Einleitung der Katharsis ausgenützt werden könnten, das heisst, ob es in solchen Fällen möglich wäre, den Zögling selbst zum Helden eines „Dramas" zu machen. Als zum ersten Versuch geeignet erschienen mir Diebstahlskonflikte. Die Gelegenheit dazu ergab sich sehr bald.

Wir hatten einen achtzehnjährigen Zögling, der wegen Kameradschaftsdiebstählen aus der Kadettenschule ausgeschlossen worden war und der sich auch Haus- sowie Fremddiebstähle hatte zuschulden kommen lassen. Ich übertrug ihm nach einigen Monaten Aufenthaltes bei uns absichtlich die Verwaltung der Tabakkassa. (In diese bezahlten die Angestellten die Beträge zur gemeinsamen Behebung ihrer Tabakfassungen.) Der Gesamtbetrag, der allwöchentlich einlief, betrug 700 bis 800 Kronen, für die damalige Zeit verhältnismässig viel Geld. Den Kassier hatte ich ersucht, den Jungen so zu beobachten, dass dieser davon nichts merke, und mir Mitteilung zu machen, wenn ein Abgang vorkommen sollte. Nach ungefähr vier Wochen wurde mir das Fehlen von 450 Kronen gemeldet. Mir schien nun die Gelegenheit gekommen, den Zögling der Erschütterung und Rührung auszusetzen, um so die Katharsis zu versuchen, obwohl ich noch keine Ahnung hatte, wie das anzufangen wäre. Ich wollte vorerst Zeit gewinnen, ersuchte den Kassier, mir den Zögling erst nachmittags in die Kanzlei zu schicken und ihm nicht zu sagen, dass der Abgang bemerkt worden sei.

Der Junge kam, ich war mir noch immer nicht klar, was ich tun sollte. Ich wollte ihn vorläufig eine Zeitlang um mich haben und machte ihm den Vorschlag, mir beim Abstauben und Ordnen meiner Bücher zu helfen. Was war zu tun?

Es musste versucht werden, eine Handlung zu gestalten, in deren Mittelpunkt er selbst steht und die sich so zu entwickeln hat, dass sein ausgelöster Angstaffekt bis zur Unerträglichkeit gesteigert wird; im Augenblick der unvermeidlich scheinenden Katastrophe dieser eine so entgegengesetzte Wendung zu geben, dass die Angst plötzlich in Rührung umschlagen muss. Die durch diesen Affektkontrast hervorgerufene Erregung hat die Ausheilung zu bringen oder einzuleiten.

Im vorliegenden Falle spielte sich das „Drama" folgendermassen ab: Wir beginnen zu arbeiten. Ich frage ihn um sein Ergehen, um dies und jenes und komme nach und nach auch auf die Tabakkasse zu sprechen. „Wieviel Geld nimmst du wöchentlich ein?" — „700 bis 800 Kronen." Wir räumen weiter Bücher ein. Nach einiger Zeit: „Stimmt dir deine Kasse auch immer?" Ein zögerndes „Ja", von dem ich aber weiter nicht Notiz nehme. Wieder nach einiger Zeit: „Wann hast du den grössten Parteienverkehr?" — „Vormittags." — Und etwas später: „Ich muss mir doch einmal deine Kasse ansehen." Der Junge wird merklich unruhiger, ich sehe es nicht, sondern arbeite mit ihm weiter, lasse aber nicht locker, sondern komme immer wieder auf die Tabakkasse zu sprechen. Als sich sein Unbehagen derart gesteigert hat, dass ich den Zeitpunkt für gekommen erachte, stelle ich ihn plötzlich vor die Entscheidung: „Du, wenn wir hier fertig sind, werde ich mir deine Kasse ansehen." (Seit unserem Zusammensein sind ungefähr fünf Viertelstunden vergangen.) Er steht mit dem Rücken zu mir vor dem Bücherkasten, nimmt ein Buch heraus, um es abzustauben und — lässt es fallen. Jetzt sehe ich seine Erregung. „Was ist dir" — „Nichts!" — „— — Was fehlt dir in deiner Kasse?" — — — Ein angstverzerrtes Gesicht, zögerndes Stammeln: „450 Kronen." Ohne ein Wort zu sprechen, gebe ich ihm diesen Betrag. Er sieht mich mit einem unbeschreiblichen Blick an und will sprechen. Ich lasse ihn nicht reden, aus dem Gefühl heraus, dass mein Tun auf ihn noch wirken müsse und schicke ihn mit einem freundlichen Kopfnicken und einer entsprechenden Handbewegung weg. Nach ungefähr zehn Minuten kommt er zurück, legt mir die 450 Kronen auf den Schreibtisch mit den Worten: „Lassen Sie mich einsperren, ich verdiene nicht, dass Sie mir helfen, ich werde ja doch wieder stehlen!" Diese in höchster Erregung hervorgestossenen Worte werden von heftigem Schluchzen abgelöst. Ich lasse ihn niedersetzen und spreche mich mit ihm aus, halte ihm keine Moralpredigt, sondern höre teilnahmsvoll an, was aus ihm herausquillt; seine Diebereien, seine Stellung zur Familie, zum Leben überhaupt und vieles, das ihn beschwert. Der anfänglich überaus starke Affekt wird unter Erzählen und Weinen allmählich schwächer. Schliesslich gebe ich ihm das Geld neuerdings, indem ich ihm sage, ich glaube nicht, dass er nochmals stehlen werde, er sei mir die 450 Kronen wert. Und im übrigen schenke ich sie ihm nicht, er möge weniger rauchen und mir nach und nach den Betrag zurückzahlen. Damit niemand etwas merke, solle er den Betrag in die Kasse zurücklegen. Den Kassier mache ich aufmerksam, dass der Schaden gutgemacht sei und dass er sich von der Sache nichts zu wissen machen möge. Nach ungefähr zwei Monaten hatte ich tatsächlich mein Geld zurückbekommen.

Es ist nicht unwahrscheinlich, dass die grosse Spannungsdifferenz zwischen der Angst, was geschehen würde, wie er sah, dass ich vom Diebstahl wusste, und der Rührung, wie sich die Situation ganz anders als erwartet entwickelt hatte, die Lösung brachte. Praktisch war der Erziehungsfall erledigt, da sich der Junge die kurze Zeit, die er noch bei uns verblieb, sehr gut aufführte. Er ist seit zweieinhalb Jahren als Zeichner in einer grossen Möbelfabrik angestellt und hält sich sehr brav.

Es gelang, einen starken Affekt hervorzurufen und ihn erzieherisch zu verwerten. Weiteren Erfahrungen muss es vorbehalten bleiben, inwieweit und für welche Fälle sich daraus eine besondere Technik entwickeln lässt.

Als ich in Erinnerung dieses Falles erklärte, ich halte es für selbstverständlich, dass Zöglinge auch noch in der Anstalt stehlen, ja, dass in manchen Fällen geradezu die erzieherische Notwendigkeit bestehe, dem Zögling die Möglichkeit zum Stehlen zu geben, erhielt ich von sonst ernst zu nehmender Seite zur Antwort, dass es, wenn auch begreiflich, so doch bedauerlich sei, wenn in einer Anstalt zur Erziehung Dissozialer gestohlen wird; dass es aber irrsinnig sei, den Diebstahl für erzieherisch notwendig zu halten.

Nach der Lösung solcher Konflikte stellt sich eine sehr intensive Übertragung ein, die für den weiteren Verlauf der Fürsorgeerziehung eine besondere Bedeutung gewinnt und Erziehungserfolge gefährdet, wenn der Erzieher nicht dafür sorgt, dass sich die zärtlichen Beziehungen wieder lockern. Es ist ja auch leicht einzusehen, dass bei besonders starker Zuneigung des Zöglings zu seinem Erzieher eifersüchtige Regungen recht sehr in den Vordergrund treten und dann dissoziale Äusserungen aus dieser Ursache wieder zum Vorschein kommen. Ist die Übertragung auch das wichtigste Hilfsmittel des Erziehers, so kann sie doch bei nicht genügendem Verständnis der sie bedingenden Mechanismen statt des gewünschten den entgegengesetzen Effekt erzielen.

Wie in der Erziehungsberatung, so kann auch in der Fürsorgeerziehungsanstalt die individuelle Heilerziehung erst beginnen, wenn die Übertragung da ist. Erzogen wird aber nicht durch Worte, Reden, Ermahnen, Tadel oder Strafen, sondern durch Erlebnisse. Durch das bei uns geschaffene Milieu und durch die Art der Führung ergaben sich für jeden einzelnen täglich so viele Gelegenheiten zu grossen, kleinen und kleinsten Erlebnissen, deren tiefgehende Wirkungen die Verwahrlosung behoben. Wie oft benützten wir auch vorhandene Stimmungen oder schufen Situationen, um die gerade notwendige Stimmung herzustellen, und verwendeten die im Dissozialen so stark betonte Räuberromantik als Anknüpfungspunkte zur Einleitung von Erziehungsmassnahmen. Ein allgemein gültiges Rezept kann ich dem Erzieher nicht geben. Jeder muss versuchen, aus seiner Persönlichkeit heraus das Richtige zu treffen. Er kann dies, wenn die Befähigung vorhanden ist, durch vieles Beobachten, fleissige Arbeit und ernstes Studium erlernen. Allerdings lässt sich nicht auf jede beliebige Persönlichkeit die des Erziehers aufpfropfen, und durch Dillettantismus wird in der Erziehung des Dissozialen ebensoviel Schaden angerichtet, wie durch Berufserzieher, die zum Erzieher nicht berufen sind.

Vielleicht erscheint Ihnen die Auffassung, mit der wir den Zöglingen in der Anstalt gegenüber gestanden sind, als ganz selbstverständlich. Ich möchte dazu aber bemerken, dass sie uns sehr oft vor die schwersten Anforderungen an uns selbst stellte; vergessen Sie nicht den weiten Weg von dem Erkennen der Richtigkeit eines Handelns bis zur eigenen Lebenseinstellung darauf.

Wenn ich von den beiden Anstalten Oberhollabrunn und St. Andrä spreche, werde ich immer wieder gefragt, welche besonderen Erziehungsmittel wir in Anwendung gebracht haben. Ich komme da jedesmal in die grösste Verlegenheit, weil wir keine hatten. Bei Roheitsakten, Diebstählen und sonstigen grösseren Vergehen, die nicht immer zu vermeiden waren, liess ich den Missetäter zu mir kommen und auch den Geschädigten. Die

Aussprache mit ihnen und mildes Verzeihen bis zur äussersten Grenze hatten wir immer als das wertvollste Erziehungsmittel kennen gelernt. Sie leistete uns deswegen so gute Dienste, weil wir das Vertrauen der Zöglinge besessen hatten.

Sie kamen mit Schwierigkeiten, die sie allein nicht überwinden konnten, mit Unklarheiten und Beschwerden, Hoffnungen und Bestrebungen; mit tausend Fragen nach all dem Unbekannten, das sie quälte, und auch mit ihren manchmal schwer errungenen Erkenntnissen und Vorstellungen suchten sie uns auf. Viele ganz innere Zweifel tauchten auf; quälendes Missverstehen religiöser Wahrheiten, dumpfer Druck des Unbegreiflichen, Ablehnung jeder kirchlichen Handlung, Verspottung jeder, auch der eigenen Glaubensempfindung, ja oft Hass gegen alles, das Religion heisst, aber manchmal auch viel Tieferes, echtes und wahres religiöses Empfinden. Sorgsam mussten wir da erklären, manchmal viel wegräumen und auflösen, aber immer vorsichtig, ohne unsere eigene Überzeugung aufzuzwingen.

Sie kamen zögernd, mit heissen Wangen und flackernden Blicken, um stockend von ihren ersten Schwärmereien, ihren feinsten Liebesregungen zu sprechen und ihre phantasierten Liebeserlebnisse zu erzählen, aber auch um das Schöne oder Unerträgliche wirklicher Liebe mitzuteilen; sie zeigten sich als Don Juan und Ritter Toggenburg; sie kamen in ihrer sexuellen Not, mit ihren Leiden und Lastern. Wir führten das Gespräch nur in ganz vereinzelten, notwendigen Fällen selbst auf ihre sexuellen Erlebnisse und Regungen. Vielleicht interessiert es Sie noch zu hören, dass in unseren Aborten die bekannten Zeichnungen und Inschriften vollständig fehlten.

Die Ergebnisse der Aussprachen liessen auch eine organisatorische Auswertung zu. Man konnte aus dem Verhalten der Zöglinge, so verschieden es auch immer schien, doch einige Hauptrichtungen erkennen.

Die intellektuell Minderwertigen fallen sofort heraus. Aber nicht nur die Intellektvariationen stechen hervor, sondern auch die Einstellung des Einzelnen zur Umgebung. Eine Reihungsgrundlage gäben beispielsweise zwei ganz deutlich unterscheidbare Hasstypen. Die einen bringen ihrer Umgebung ganz offensichtlich Hass entgegen, ohne ihn irgendwie zu verbergen. Er ist freilich quantitativ ausserordentlich variiert, manchmal nur leise angedeutet als Ablehnung zu spüren, dann wieder als offene Auflehnung bis zum tödlichen Hass. Stellt man die einzelnen Formen dieser Reihe zusammen, dann merkt man das Verwandte, die Zusammengehörigkeit.

Der zweite Hasstypus ist weniger verbreitet. Der Hass dieser Zöglinge tritt nicht offen zutage, wie bei den dem ersten Typus Zugehörigen; er ist verdeckt und daher schwieriger zu erkennen. Diese Hasser sind liebenswürdig bis zur Aufdringlichkeit, freundlich bis zur unangenehmen Intimität, selbstbewusst bis zur Arroganz, verlogen und hinterlistig, entpuppen sich als Tyrannen ihrer Mitzöglinge und Aufwiegler im geheimen. Alle ihre Äusserungen werden aber sofort verständlich, wenn man sie als Hassreaktionen erkennt.

Ich habe immer gefunden, dass die Hassäusserungen die Reaktion auf ein nicht richtig befriedigtes Liebesbedürfnis waren. In vielen Fällen konnte das auch objektiv festgestellt werden, in sehr vielen Fällen entsprang es aber bloss dem subjektiven Empfinden des Kindes. Beim ersten Typus handelt es sich wahrscheinlich um ein Zuwenig an empfangener Liebe, um eine brutale Ablehnung des Kindes seitens der Erwachsenen.

In allen Fällen des zweiten Typus zeigt die Aussprache mit den Eltern immer wieder dasselbe Bild: zu wenig Gattenliebe, Flucht zum Kinde. Dieses muss die Liebe als nicht seinetwegen gegeben empfunden haben und reagierte mit einem sich dissozial äussernden Wesen darauf.

Typisch für die beiden oben geschilderten Zöglingsreihen ist die Art ihrer Hassäusserung: offene Widersetzlichkeit bis zum brutalen Totschlag bei den einen, hinterlistiges Anstiften bis zum feigen Mord aus dem Hinterhalte bei den anderen.

Ich muss nun zum Schlusse meiner heutigen Mitteilungen über das Anstaltsgetriebe noch die unter den Fürsorgeerziehungszöglingen vertreten gewesenen „abnormen" streifen. Damit sind aber keineswegs pathologische Fälle gemeint, sondern nur Grenzfälle zur Neurose und Psychose, Zöglinge mit abnormen Affektabläufen, die aber doch nicht so weit gekommen waren, dass sie einer nervenärztlichen Behandlung hätten zugeführt werden können. Sie sind die heilerzieherisch schwierigsten Fälle und ich kann auf die Besprechung ihrer Behandlung bei einer ersten Einführung in die Fürsorgeerziehung nicht eingehen. Nur so viel mögen Sie zur Kenntnis nehmen, dass uns die bei der psychoanalytsichen Behandlung von Neurotikern gewonnene Erfahrung und die psychoanalytische Theorie viel beachtenswerte Hinweise auch für diese Arten Verwahrloster gegeben hat.

DIE AGGRESSIVEN

Meine Damen und Herren! In der Fürsorgeerziehungsanstalt wird um so ökonomischer erzieherische Arbeit geleistet werden können, je mehr das Zusammenleben der Zöglinge in den Gruppen schon an sich, das heisst ohne besondere Erziehungsmassnahmen, die Verwahrlosung zu beheben geeignet ist. Wir vermögen ohne weiters einzusehen, dass dann der Aufwand an Erziehern, deren Inanspruchnahme und das Bedürfnis an Erziehungsmitteln ein weit geringeres sein muss.

Der Gedanke als solcher ist sicher richtig, fraglich bleibt nur, ob er nicht von unrichtiger Voraussetzung ausgehend zustande gekommen ist. Wissen wir doch, von welch unangenehmer Bedeutung für das Werden der Verwahrlosung gerade der Einfluss bereits verwahrloster Altersgenossen wird, der, wenn wir ihm auch nicht mehr ursächlichen Wert zuerkennen, so doch den Anlass bildet, um latente Verwahrlosung manifest zu machen. Wir bekommen ja auch so und so oft zu hören, dass der oder jener nur auf die schiefe Bahn gekommen sei, weil ihn der Zufall in eine bereits dissoziale Gesellschaft geführt hat. Von dieser Seite gesehen, ist das Zusammenleben Verwahrloster in Gruppen innerhalb der Anstalt geradezu ein Übel, vielleicht ein nicht zu vermeidendes, weil aus praktischen Gründen nicht jeder einzelne Verwahrloste für sich der Fürsorgeerziehung zugeführt werden kann. Aber ganz unmöglich erscheint es, gerade aus dem Zusammensein mehrerer Positives, für die Behebung der Verwahrlosung Wertvolles zu gewinnen. Dieser Argumentation stimmen meistens die Eltern zu. Viele wehren sich, ihr Kind einer Fürsorgeerziehungsanstalt zu übergeben; denn, sagen sie: „Was er noch nicht weiss, das lernt er dort." Und die Erfahrung gibt ihnen recht, er lernt wirklich manches, von dem er früher nichts gewusst hat.

Also bleibt die Überlegung, dass das Gruppenleben für sich erzieherisch bedeutungsvoll werden könnte, theoretische Phantasterei? Sehen wir genauer nach!

Von beiden Seiten wird zugegeben, dass gegenseitige Beeinflussung der Zöglinge stattfindet. Was die beiden Ansichten unterscheidet, ist deren Art, aber diese ist das Wichtige. Während die einen beweisende Tatsachen anführen, dass in der Gruppe die Verwahrlosung gefördert wird, behaupten die anderen, das Zusammenleben könne zur Behebung der Verwahrlosung ausgenützt werden.

Eine Meinung muss doch falsch sein? Ich kann mir denken, dass Sie der pessimistischen Auffassung zuneigen und die andere nicht gelten lassen wollen. Vielleicht aber haben beide recht, und es kommt nur auf die besonderen Umstände an, unter denen die Verwahrlosten zusammengebracht werden? Dem Fürsorgeerzieher braucht nicht bewiesen zu werden, dass verkommene Freunde eine Gefahr bedeuten; er weiss das und gibt Schädigungen durch diese auch rückhaltlos zu; anerkennt die Gefährdung aber nicht mehr in ihrer Gänze für die in der Fürsorgeerziehungsanstalt Untergebrachten und behauptet das gerade Gegenteil, wenn die Zöglingsgruppe nicht durch Willkür oder Zufall zustande kommt, sondern durch Auslese gebildet wird. Ob diese der Erzieher vornimmt oder die Gruppe sich, irgendwie psychologisch fundiert, selbst bildet, weil Zöglinge beisammen bleiben, die sich zusammen gefunden haben, ist eine andere Frage.

Entstammte diese Behauptung einem Einfall in der Studierstube, so fiele es schwer, für den nicht analytisch Denkenden Argumente von genügender Beweiskraft zu finden. So formte sie sich aber, als in der Fürsorgeerziehungsanstalt Tatsachen zwangen, über ein Warum Klarheit zu gewinnen. Und diese Tatsachen will ich Ihnen zunächst mitteilen.

Erinnern Sie eine das letztemal gemachte Bemerkung: In Oberhollabrunn legten wir anfänglich der Zöglingsgruppierung nicht besonders viel Bedeutung bei. Sie zog unsere Aufmerksamkeit auch nur insoweit auf sich, als wir trachteten, in die einzelnen Gruppen nicht mehr als 25 Zöglinge zu geben und die verschiedenen Geschlechter sowie die Schulpflichtigen von den Schulmündigen zu trennen. Im übrigen liessen wir aber die Eingelieferten so beisammen, wie sie uns der Zufall gebracht hatte. Es entstand dadurch ein Zustand, der den Erzieherinnen und Erziehern ungemein viel zu schaffen machte. In jeder Gruppe gab es Elemente, die sich nicht wohl fühlten, und die, da jedwede Gewaltmassnahme verpönt war, solche Führungsschwierigkeiten boten, dass sich der erzieherischen Arbeit die grössten Schwierigkeiten entgegenstellten. Es begann die Zeit der Zöglingsverschiebungen, des grossen Wanderns von einer Gruppe in die andere, bis schliesslich nur mehr die beisammen waren, die sich selbst aneinandergeschlossen hatten. Dass wir damit eine Gruppierung erreichten, die ziemlich einheitlich geartet erscheinende Zöglinge zusammenfasste, habe ich Ihnen schon mitgeteilt, aber noch nicht berichtet, dass uns zwölf Schulknaben übrig geblieben waren, die infolge ihrer argen Unverträglichkeit in keiner Gruppe geduldet wurden. Was sollten wir nun mit diesen anfangen? Wir machten aus der Not eine Tugend, gaben diese auch zusammen und errichteten die Gruppe der Aggressiven oder Sechser (siehe das Gruppenschema im 7. Vortrage), wie sie auch noch genannt wurden. Ich werde Ihnen heute ausführlich über sie berichten, muss vorher nur noch eine Bemerkung zur Gruppierung überhaupt machen.

Überall, wo ich bisher darüber sprach, dass in unseren Gruppen gleichartige Zöglinge zusammengekommen waren, wurde mir entgegengehalten, dass doch entgegengesetzte Formen weit günstigere Entwicklungsbedingungen versprechen müssten. Ich mache Sie daher nochmals ganz besonders auf das bereits bei der Gruppierung Gesagte aufmerksam. (Siehe Seite 128, vorletzter Absatz.)

Und nun zu den Aggressiven!

Ich betone, dass es durchwegs Kinder mit ärgsten Aggressionen, also schwierigste Fälle waren. Es kam oft ganz unvermittelt zu unglaublichen Skandalszenen. Nicht selten sah man sie mit Tischmessern aufeinander losgehen, sich die Suppenteller gegenseitig an den Kopf schleudern. Auch der Ofen wurde umgeworfen, um einen Feuerbrand als Angriffswaffe zu erhalten. Was aber als Affektäusserungen in Erscheinung trat, waren ausschliesslich quantitativ abgestufte Zornausbrüche, so dass unsere „Sechser" doch auch eine gewisse Einheitlichkeit in ihren psychischen Reaktionen aufwiesen. An uns trat die Aufgabe heran, für diese Jungen die erzieherisch richtige Einstellung und die zweckmässigste Art der Behandlung zu finden. Für die übrigen Gruppen, die sich eigentlich von selbst gebildet hatten, stand auch weiterhin die einmal gewählte, wohlwollende, jede Gewaltmassnahme vermeidende Behandlung fest. Zu einem recht lebhaften Meinungsaustausch gaben aber die Aggressiven Anlass. Wir hatten doch, von dem bei den übrigen Zöglingen eingehaltenen Vorgange abweichend, die zwölf, ohne sie zu fragen, durch die Verhältnisse gezwungen, in eine Gruppe zusammengestellt. Und die Überlegung, dass diese künstliche Masse nur durch Gewalt werde zusammenzuhalten sein, konnte gewiss nicht von vornherein abgelehnt werden, wenn man bedenkt, dass jeder einzelne von ihnen seine frühere Gruppe in grösste Unordnung gebracht hatte, und dass nun die ärgsten Störenfriede alle beisammen waren.

Das Erziehungspersonal und auch unser psychiatrischer Konsulent Dozent Dr. Lazar vertraten die Ansicht, dass für diese Zöglinge schärfere

Zucht und viel körperliche Betätigung am Platze sei. Ich war anderer Meinung, der sich nur unser Anstaltspsychologe Winkelmayer anschloss. Von dessen wertvoller Mitarbeit bei Lösung des Problems werde ich noch zu berichten haben.

Das nächste Mal komme ich auf die Bedeutung des Lust-Unlust-prinzips in der Verwahrlosung zu sprechen und habe dabei auch näher darauf einzugehen, dass ein Stück Entwicklung in die Realität nicht gemacht wird, wenn das Kind durch ein „Zuviel" an Strenge zur Hass-einstellung gegen seine persönliche Umwelt gebracht wird. Solche Menschen bleiben dann häufig mit einem Teil ihres Ichs Kinder. Die Aggressionen als Hassreaktionen aufgefasst, zusammen mit den sonstigen Äusserungen, die dieses Kindlichsein zeigen, wären dann nur die Folgen eines Impulses gegen eine übermässige Strenge des Vaters oder anderer Erwachsener in der Kindheit. Wenden nun die Erzieher verschärfte Zucht an, so machen sie es wie die anderen, mit denen die Kinder in Konflikt stehen, und der ohnehin vorhandene Gegenimpuls muss sich verstärken, die Verwahrlosung vertiefen, statt behoben zu werden. Richtig kann daher nur ein gerade entgegengesetztes Verhalten des Erziehers sein. Ich würde nicht wahrheitsgemäss berichten, wenn ich in Ihnen die Meinung aufkommen liesse, dass mir das eben Gesagte schon damals, als ich mich gegen die Auffassung meiner Mitarbeiter wehrte, klar gewesen war. Ich hatte wirklich keine richtige Erkenntnis von den psychischen Zusammenhängen und liess mich nur von einem, wie es mir schien, sehr sicheren Gefühle leiten. Die Determinanten sah ich erst viel später und da auch nur nach und nach.

Die Erzieher waren für das schärfere Anfassen, ich setzte mich für die milde Behandlung ein und übernahm daher selbst die Gruppe als Erzieher mit zwei für den Dienst in dieser Gruppe sich freiwillig meldenden Erzieherinnen.

Über die Familienverhältnisse der Aggressiven und die Bedingungen ihres Aufwachsens hatten wir nur jene allgemeine Orientierung, die uns der Erhebungsbogen, den Sie ja schon kennen, gab. Ich wies schon mehreremal darauf hin, dass wir uns zur Aufhellung von Verwahrlosungserscheinungen ganz einseitig und eindeutig auf die Seite des Zöglings stellen, das heisst, dass es uns sehr wichtig ist, von ihm selbst zu erfahren, wie er dem Leben gegenübersteht, wie es sich in ihm spiegelt. Wir fragen daher vor allen ihn selbst, und grämen uns nicht, wenn er uns anlügt; denn, Sie wissen, das gehört dazu! Was uns die Personen seiner Umwelt erzählen, dient nur dazu, um seine eigene Einstellung noch deutlicher zu ersehen. Wir fassen sein uns geschildertes Handeln oder Unterlassen als ganz natürliche und selbstverständliche Reaktion auf gegebene Reize auf, die wir kennen müssen, ehe wir an die Behebung der Verwahrlosung denken können.

Wichtig war daher, jeden einzelnen der zwölf Aggressiven vorzunehmen, um in eingehenderen Aussprachen zu einem Einblick in seinen seelischen Zustand zu kommen.

In ihrer körperlichen Konstitution wiesen sie recht grosse Verschiedenheiten untereinander auf. Neben ganz kleinen, schwächlichen, unterernährten Jungen gab es normal kräftige und robuste, weit über ihr Alter hinaus entwickelte.

Die Familienkonstellation erschien nach den Erhebungen in keinem der Fälle einwandfrei. Die Eltern lebten untereinander in Hass und Zwietracht, Schimpf und Raufszenen standen auf der Tagesordnung; oder die Eltern waren geschieden, beide wieder verheiratet, im Konkubinat lebend, das Kind wuchs bei Stiefmutter oder Stiefvater auf, oder auch das Kind war in fremder, nicht einwandfreier Familienpflege herumgewandert, weil die Eltern nicht mehr lebten. Bei allen stellte die ärztliche Untersuchung neuropathische Konstitution fest. Alle wiesen Schulrückstände, die bis zu drei Jahren gingen, auf. An Delikten lagen vor: Schulschwänzen, unmögliche Aufführung in der Schule, Familien- und Fremddiebstähle, ärgste Aggressionen zu Hause, in der Schule und auf der Gasse.

In den Aussprachen wurde alles Erhebungsmaterial bestätigt und noch viel mehr mitgeteilt. In allen Fällen war es tatsächlich zu schwersten Konflikten der Eltern oder Pflegeeltern untereinander oder mit dem Kinde, oder solcher des Kindes mit ihnen gekommen und dieses dadurch zur Stellungnahme gezwungen, sich für Vater oder Mutter oder auch gegen beide zu entscheiden: In der Folge die Hassreaktionen gegen den einen oder die andere oder beide. Alle waren sehr lieblos behandelt worden, hatten unter unvernünftiger Strenge und Brutalität zu leiden gehabt. Bei keinem der Kinder war das Zärtlichkeitsbedürfnis befriedigt worden; in einzelnen der Fälle war die Liebe vom Menschen vollständig auf das Tier verschoben. Sie sprachen beispielsweise von ihren Kaninchen in Ausdrücken grösster Zärtlichkeit, um unmittelbar darnach ihre Kameraden tätlich zu bedrohen. Alle waren fürchterlich geprügelt worden, prügelten wieder und griffen dort an, wo sie sich als die Stärkeren fühlten. In allen Fällen war die Entwicklung der starken Hasskomponente ganz deutlich zu verfolgen.

Nach diesen Ergebnissen stand zweifellos fest, dass wir es in den Aggressiven mit Verwahrlosten zu tun hatten, denen die für die Entwicklung so notwendige Liebe der Erwachsenen nicht zuteil geworden war.

Damit ist aber auch schon der Fürsorgeerziehung der einzuschlagende Weg vorgezeichnet. Zunächst muss das grosse Defizit an Liebe ausgeglichen werden und erst dann ist nach und nach und sehr vorsichtig mit stärkerer Belastung vorzugehen. Schärfere Zucht anzuwenden, wäre vollständig verfehlt.

Die Art der für die „Sechser" in Betracht kommenden Behandlung lässt sich daher durch folgenden Satz charakterisieren: „Absolute Milde und Güte; fortwährende Beschäftigung und viel Spiel, um auch den Aggressionen vorzubeugen; fortgesetzte Aussprachen mit jedem Einzelnen."

Diese „absolute Milde und Güte" ist dahin zu verstehen, dass Erzieherinnen und Erzieher den Zöglingen keinerlei Widerstand entgegenstellen durften und wenn sich solche aus der Natur der Sache nicht vermeiden liessen, diese milderten. Wollte beispielsweise einer etwas tun, das aus dem Rahmen der jeweiligen Beschäftigung herausfiel, so war das zu erlauben, ohne zu fragen, warum er sich von den anderen absonderte. Behagte einem zweiten das Sitzen beim Mittagstische nicht, so durfte er sich mit seinem Teller auch in irgendeine Ecke des Tagraumes begeben. War einem dritten das Spielen unangenehm, so konnte er es abbrechen. Es gab wohl festgesetzte Zeiten: für das Aufstehen, das Essen, das Spiel, Schlafengehen usw. Diese waren aber für den einzelnen dieser Gruppe nicht bindend. Die Devise war: soweit nur immer möglich, gewähren lassen. Erzieherinnen und Erzieher hatten sich zu bemühen, durch noch so arge Überschreitungen nicht aus der Fassung zu kommen. Bei Streit-, Rauf- und Wutszenen war nur zu trachten, Unglück zu verhüten, dabei aber jedwede Parteinahme für einen der streitenden Teile zu unterlassen.

Vielleicht denken Sie nun, dass die Kinder sich in diesem Paradiese, das ihnen ein hemmungsloses Ausleben ermöglichte, ausserordentlich wohl gefühlt hätten und ihren Dank dafür durch tadelloses Verhalten abstatteten. Das war nun keineswegs der Fall. Die Aggressionen vermehrten sich und nahmen an Intensität zu. Wir können auch verstehen, warum gerade entgegengesetztes Verhalten eintrat. Diese Kinder, die, bevor sie zu uns kamen, für jede Überschreitung vom Vater, Erwachsenen oder Stärkeren die Faust zu fühlen bekommen hatten, waren gar nicht imstande, die geänderten Verhältnisse auf eine andere als die bisher erlebte Art zu erfassen. Wenn der ihnen früher entgegengestellte brutale Widerstand jetzt ausbleibt, gibt es für sie nur eine Wertungsmöglichkeit: Wir sind die Schwächeren, die Angst vor ihnen haben, denen gegenüber man sich alles erlauben darf. Den guten Menschen hatten sie doch nie kennen gelernt, dass auch andere als brutale Menschen leben, ist ihnen ebenso unbekannt wie etwa uns das Leben der Marsbewohner. Die brutale Gewalt war bisher nur ausgeblieben, geschlagen wurden sie nur dann nicht, wenn man sie als die Stärkeren fürchtete. Die Aggressionen wurden daher häufiger und verstärkten sich. Eine zweite Determinante dieses Verhaltens werden wir später einmal verstehen lernen, bis wir vom unbewussten Schuldgefühl und dem unbewussten Strafbedürfnis etwas kennen gelernt haben. Ausser den schon eingangs geschilderten Angriffen, die sehr arg wurden, kam es zur Zertrümmerung von Barackeninventar, eingeschlagenen Fensterscheiben, mit Füssen eingetretenen Türfüllungen usw. Es ereignete sich auch, dass einer durch das doppelt geschlossene Fenster sprang, unbekümmert um etwaige Verletzungen durch die dabei zerbrechenden Glasscheiben. Der Mittagstisch blieb schliesslich unbesetzt, weil jeder sich irgendeinen Winkel im Tagraume suchte, um dort auf dem Boden kauernd, sein Essen zu verzehren. Schreien und Heulen hörte man von weitem, die Baracke sah aus, als ob sie eine Schar Tobsüchtiger beherbergte.

Die beiden Erzieherinnen waren der Verzweiflung nahe, da ich fortgesetzt darauf bestand, die Aggressionen auswirken zu lassen, nur zu verhindern, dass den Zöglingen körperlicher Schaden erwachse, dabei aber jede Parteinahme für den einen oder anderen unbedingt zu vermeiden, durch fortgesetzte Beschäftigung und viel Spiel für Ablenkung zu sorgen, mit allen gleichmässig nett zu sein, sich absolut nicht aus der Ruhe bringen zu lassen, kurz den Ruhepunkt darzustellen, um den sich dieses Chaos formen könne. Die zwei Erzieherinnen Ida Leibfried und Grete Schmid, die Ausserordentliches leisteten, waren schliesslich so erschöpft, dass sie abgelöst werden mussten. Sie wurden durch zwei andere, Gerta Grabner und Valerie Kremer, ersetzt, die sich wieder freiwillig gemeldet hatten und die, wenn möglich, mit noch grösserer Opferwilligkeit und Begeisterung mitwirkten. Ihrem tapferen Durchalten ist eigentlich die Lösung des Problems zu verdanken. Das unheimliche Anschwellen der Aggressionen lässt sich auch noch von einer anderen Seite her erklären. Das lieblose Verhalten der früheren Umgebung hat zu der Hasseinstellung und später zur Verwahrlosung geführt. Jeder Lustentgang, jede aufgezwungene Unlust wird mit einer dem anderen Unlust bringenden Handlung quittiert und dadurch für das Kind selbst lustbetont. In der neuen Umgebung rufen die bisher genügend starken Aggressionen die gewohnte Reaktion nicht hervor, es bleibt etwas als sicher Erwartetes und Gewünschtes aus. Der Ton liegt hier auf dem „Gewünschten". Kommen muss es; denn etwas anderes ist nach den bisherigen Erfahrungen unmöglich. Wenn es auf sich warten lässt, können nur die Aggressionen zu gering gewesen sein, daher deren Anschwellen, die bei genügender Intensität doch die unbewusst gewünschte Brutalität des Erziehers herbeiführen werden. Diese, oder anders gesagt, die unbewusst gesuchte Ohrfeige darf nicht ausbleiben, denn sonst hätte der Hass keine Berechtigung mehr, was aber nicht sein darf, weil sonst die bisherige Einstellung zum Leben, die doch richtig war, zusammenstürzte.

Wir können uns vorstellen, dass die Aggressionen nur bis zu einem bestimmten Grade steigerungsfähig sind. Wenn wir ihren Verlauf nicht hemmen, muss irgend etwas eintreten, wenn diese Höchstgrenze erreicht worden ist. Da wir uns trotz des jeder Beschreibung spottenden Verhaltens der Jungen nicht zur oppositionellen Einstellung bringen liessen, war anzunehmen, dass bei unseren Aggressiven diese äusserste Grenze erreicht werden müsse. Wir konnten auch ganz deutlich deren Überschreiten erkennen. Die Aggressionen bekamen auf einmal ganz anderen Charakter, obwohl sie in unverminderter Zahl und Heftigkeit anhielten. Die Wutausbrüche, das gegenseitig Aufeinanderlosgehen, waren nun nicht mehr wirklicher Affekt, sondern wurden zwar gut, aber doch vor uns gespielt. Man konnte sehr deutlich die Scheinaggression erkennen. Ich erinnere aus dieser Zeit einen sehr arg erscheinenden Vorfall. In meiner Gegenwart stürzte sich ein Zögling mit geschwungenem Brotmesser auf einen anderen, setzte ihm das Messer an die Kehle und brüllte dabei: „Hund! i erstich di!" Ich stand ruhig daneben, ohne abzuwehren, ja auch nur von der Gefahr, in der der andere scheinbar schwebte, Notiz zu nehmen. Mir war die Scheinaggression und daher die Ungefährlichkeit sehr deutlich. Weil ich so gar nicht aus der Fassung und in Aufregung kam, vielleicht auch, weil ich ihm nicht das Messer aus der Hand riss und eine tüchtige Ohrfeige versetzte, schleuderte der Messerheld dieses mit Wucht von sich, stampfte wütend mit dem Fuss auf den Boden und stiess einen unartikulierten, brüllenden Schrei aus, der sich in heftigstem Weinen fortsetzte. Dieses nahm ihn schliesslich derart her, dass er vor Erschöpfung einschlief. Ähnliche Szenen erlebten wir bei jedem der Zwölf. Jeder geriet durch das Nichtbeachten der Scheinaggressionen in heftigsten Affekt, der sich zumeist in Wutweinen erledigte. Nach der Zeit des Wutweinens kam die der starken Labilität. Zeitweilig waren die Kinder brav, sehr brav sogar, untereinander so verträglich, dass man an ihrer Aufführung Freude haben konnte, dann plötzlich trat wieder ein Umschwung mit Wutausbrüchen und erhöhten Führungsschwierigkeiten ein. Die Zornanfälle erreichten aber nach und nach nicht mehr die frühere Intensität. In dieser Zeit war es schon zu stärkeren Gefühlsbeziehungen der Zöglinge zu den Erzieherinnen und mir gekommen. Da wir uns schon an die brutalen Affektausbrüche gewöhnt hatten, war dieser Abschnitt eigentlich der für uns unangenehmste. Die Kinder waren ungemein empfindlich geworden und zeigten nun alle Äusserungen des Ihnen schon bekannten Konkurrenzkampfes in der Kinderstube, aber in erhöhtem Ausmasse. Jetzt hiess es besonders vorsichtig sein. Seit Beginn unseres Versuches waren bisher etwas mehr als drei Monate vergangen. Wenn auch die Zeiträume des Bravseins immer grössere wurden, so waren wir doch ganz offensichtlich an einem Totpunkte angelangt.

Wir alle wissen nun, welch tief schürfende Wirkungen Affekterlebnisse nach sich ziehen, und ich vertrete die Ansicht, dass wir einmal die Aufenthaltsdauer in den Fürsorgeerziehungsanstalten wesentlich werden abkürzen können, bis es uns gelingen wird, die richtigen Affekterlebnisse für die Zöglinge zu schaffen und in den Dienst der Erziehung zu stellen. Wir sind da noch viel zu ängstlich und weichen diesen viel zu sehr aus. Wie ich das meine, haben Sie bei dem siebzehnjährigen Lebemann gesehen, bei dem Jungen, dem ich das aus der Kasse entwendete Geld zurückgab und bei der Nichtbeachtung der Scheinaggressionen. Da die Zeit der Labilität für unsere zwölf Aggressiven schon einige Wochen angehalten hatte, und wir, wie gesagt, nicht recht von der Stelle kamen, hielt ich nach einem geeigneten Anlass, um einen starken Freudenaffekt hervorzurufen, Ausschau. Das Weihnachtsfest, das vor der Türe stand, erschien mir dazu recht geeignet. So wie jede Gruppe, erhielten auch die „Sechser" ihren gesonderten Weihnachtsbaum und ihre Geschenke. Es war erfreulich zu sehen, wie diese Kinder, die noch nie Weihnachten gefeiert hatten, diesen Abend erlebten. Noch Wochen nachher war in den Aussprachen die tief innerliche Wirkung, die diese Feier hervorgerufen hatte, zu ersehen. Einige Tage nach Weihnachten verliessen wir die devastierte Barake, die Zeuge des unschönen Lebens gewesen war, und übersiedelten in eine andere, vollständig neu eingerichtete, um dort ein neues Leben zu beginnen. Die Umkehr war wirklich da. Trotz Kopfschüttelns so mancher, dass der ehedem wüstesten Gesellschaft im ganzen Erziehungsheim nun neue Gelegenheit gegeben werde, zu zertrümmern und zu devastieren, liessen wir uns doch nicht beirren. Und wir behielten recht. Die zwölf Aggressiven waren zu einer homogenen Masse zusammengeschweisst, die nicht mehr grössere Schwierigkeiten machte als jede andere Gruppe. Ich habe schon des verdienstvollen Wirkens der Erzieherinnen gedacht, aber noch nicht der ganz ungewöhnlichen Hilfe unseres Anstaltspsychologen Winkelmayer. Er übernahm nach mir die Stelle des Erziehers, in einer Zeit, in der die Jungen recht empfindlich waren, und hatte die schwierige Aufgabe, sie nun zu jenen Reaktionen und zu der Abhärtung zu führen, die das Leben erfordert. Es bedurfte einer ganz besonders vorsichtigen und äusserst fein differenzierten Behandlung. Er traf das viel besser, als ich es zustande gebracht hätte, indem er die Zöglinge nach und nach immer stärkeren Belastungen aussetzte, absichtlich nicht immer gleichmässig ruhig und freundlich blieb, Ungeduld, Unzufriedenheit, schlechte Stimmung usw. zeigte, kurz sie all den Einflüssen aussetzte, die sich normalerweise im Leben auch ergeben.

Die ehemaligen Aggressiven sind besonders anhängliche Zöglinge geworden. Nicht uninteressant ist es auch, dass mit dem Abflauen der Aggressionen einzelne von ihnen bedeutend erhöhte intellektuelle Leistungen zeigten und Schulrückstände einholten. Da wir am Ende des Schuljahres nicht selbst die Prüfungen vornahmen, sondern diese von dem Lehrkörper einer Wiener Bürgerschule und dem der Übungsschule der Lehrerbildungsanstalt in Oberhollabrunn vorgenommen wurden, sind die Prüfungsergebnisse wohl als einwandfrei zu werten. Dieses libidinöse Problem müsste wohl noch näher untersucht werden.

Wir haben auch getrachtet, uns den Ausheilungsvorgang zu erklären. Ich wiederhole kurz: Während die übrigen Gruppen sich dadurch bildeten, dass wir die Zöglinge beisammen liessen, die sich selbst zusammenschlossen, stellten wir die zwölf Aggressiven notgedrungen in eine Gruppe zusammen. Wie auch aus der Auffassung des Erziehungspersonales hervorgeht, war zu erwarten, dass diese künstliche Masse nur durch Gewalt zusammenzuhalten sein würde; wir erlebten aber das Gegenteil. Die Tatsache steht fest, dass die Gruppe Bestand hatte und die Zöglinge in ihr zur Sozialität kamen, trotzdem jede Gewalt verpönt war.

Wir stellen uns den Vorgang im Anschluss an die Ausführungen in Freuds „Massenpsychologie und Ich-Analyse" so vor, dass es nach der Zeit des Anschwellens der Aggressionen zu starken Gefühlsbindungen an die Erzieherinnen, an mich und später auch an den Anstaltspsychologen kam. Diese intensive Objektbindung der einzelnen an die gleichen Führerpersonen bahnte im weiteren Verlauf eine Identifizierung dieser einzelnen untereinander an, rief also eine Gefühlsbindung der Zöglinge untereinander hervor. Diese bildete den Kitt der Gruppe, da jedes gewaltsame Verhindern eines etwaigen Auseinanderfallens, wie schon erwähnt, ausgeschlossen war.

In den Aggressionen wird Libido, aus welcher Quelle sie immer kommen mag, zu ähnlichen Dissozialitätsäusserungen verbraucht. Es wäre auch zu untersuchen, wie diese sich nach der Ausheilung äussert.

Wir haben gehört, dass die Erzieherinnen und Erzieher durch die Aggressionen der Zöglinge nicht zu oppositioneller Einstellung zu bringen waren, dass sich bei den Zöglingen zuerst ein Gefühl, stärker zu sein, auslöste, das sich in verstärkten und häufigeren Aggressionen äusserte, dass es im weiteren Verlauf zum Wutweinen, einer Labilität und schliesslich zum Bravwerden kam.

Die Affektentladung im Wutweinen war ein Abreagieren. Dadurch erfolgte eine Auflockerung in dem bisher festen Gefüge der Aggressionen und eine Verminderung der sado-masochistischen Regungen gegen die Erzieherin. Die verdrängte normale, zärtliche Libido fand nach jeder solchen Entladung geringeren Widerstand und konnte sich so nach und nach durchsetzen und das geeignetste Objekt, die Erzieherin, besetzen. War die Übertragung hergestellt, so kam es auch nach und nach zu Gefühlsbindungen (Identifizierung) mit den in Bändigung begriffenen Mitzöglingen. Wir hatten so das Schauspiel vor uns, wie ein bisher alleinstehender Dissozialer sich allmählich affektiv einer sozialen Gesellschaft (Masse) einzuordnen beginnt. Der explosionsartig weiterschreitende Auflockerungsprozess lässt fortgesetzt bisher dissozial verwendete Libido frei werden, normalen Zielen zuwenden, und den Zögling so für das Leben in der Gruppe sozial werden. Wir wissen aber nicht, ob genug der früher verderblich verwendeten Libido sublimiert worden ist, um ein Wieder-Dissozialwerden aus dem alten Konflikt als ausgeschlossen anzunehmen, wenn der Zögling in das frühere Milieu zurückkehrt. Wir haben ihn ja nicht nur zu heilen, sondern auch immun zu machen, ehe wir ihn in die Infektionszone, die alten Verhältnisse, zurückbringen. Wir müssten ihn also noch innerhalb der Anstalt verschiedenen Milieueinflüssen aussetzen. Dies könnte nur durch ein kürzeres oder längeres Verweilen in den verschiedenen Zöglingsgruppen geschehen. Das lässt sich nicht durchführen, da sonst fortwährend Zöglinge auf der Wanderschaft wären und die Gruppen nie zur Ruhe und damit nicht zur Erledigung ihrer besonderen Aufgabe kämen. Ein Ausweg lässt sich in der bereits erwähnten Ein- und Auslaufgruppe finden.

Ich schliesse damit den Bericht über einen Versuch zur Lösung des Problems „Behandlung schwierigster Aggressiver" in Besserungsanstalten. Bei Nachprüfung dieser Lösung darf nicht übersehen werden, dieselben Bedingungen herzustellen, unter denen wir den Versuch machten.

Es fragt sich, ob wir nicht dasselbe oder ein noch weit besseres Ergebnis hätten auf einem anderen Wege erzielen können. Wenn wir viele uns ähnlich erscheinende Fälle einer Psychoanalyse unterzögen, gewännen wir die Möglichkeit, zu einer Basis zu kommen, von der aus die Gruppierungsversuche einwandfrei variiert werden könnten: wir würden alles erfahren, was wir brauchen, um die Gruppierung auf psychologische Einsicht zu gründen und erst dadurch den Gruppierungsgedanken entwicklungsfähig machen. Damit sind wir aber wieder dort angelangt, von wo wir das letztemal ausgegangen sind, beim Gruppierungsgedanken, den uns die Psychoanalyse einmal wird finden helfen müssen, weil wir wirklich erst systematisch darauf hinarbeiten können, die Zöglingsgruppen so zu gestalten, dass sie immer erzieherisch-ökonomischer werden.

Wollen Sie auch noch beachten, dass bei der Ausheilung der Aggressiven die libidinösen Beziehungen zu den Erzieherinnen sehr in Frage kamen. Wenn wir da nicht mit psychoanalytisch geschulter Einsicht die richtige Einstellung zu den Zöglingen finden, kann die wertvollste Hilfe für die Behandlung zu einem unüberwindlichen Hindernis werden. Durch ungeschicktes Verhalten der Erzieherinnen und des Erziehers können jene infantil libidinösen Bindungen eintreten, die jenen ähnlich sind, die wir als Ödipuskomplex bereits kennen, und jenen, die möglicherweise zu einer Entfremdung dem anderen Geschlechte gegenüber führen.

Was Sie aus meinen Schilderungen des Erziehungsvorganges zur Ausheilung der Aggressiven bisher nicht zu entnehmen vermochten, ist, dass wir auch Fehler, manchmal sogar sehr bedeutende Fehler machten. Es ist ausserordentlich schwierig zu verhindern, selbst auch einmal in Affekt zu kommen, die hauptsächlichste Fehlerquelle für erzieherisch nicht einwandfreies Verhalten. Es bedurfte vieler Selbsterziehung, bis wir zu der für unser Tun notwendigen Selbstbeherrschung auch wirklich kamen. Ich habe Ihnen schon einmal gesagt, dass noch ein weiter Weg von dem als richtig Erkannten bis zur eigenen Lebenseinstellung darauf ist. Parteilos zu bleiben, wenn sich zwei prügeln, nicht dem Schwächeren beispringen, ist keine so leichte Sache; sich nicht ärgern, wenn drei oder vier in der Frühe in den Betten liegen bleiben, man beim Mittagstisch allein sitzt und noch dazu gehänselt wird, ist für den Anfang eine ganz gehörige Kraftleistung, die nicht immer gelingt. Es bedarf sehr viel, bis der Erzieher sich selbst so in die Hand bekommt, dass er den ruhenden Pol in dem chaotischen Gewirr bilden kann. Dazu kam für uns aber noch etwas ganz Besonderes. Niemand hatte uns gesagt, dass unser Verhalten, überhaupt unser ganzes Bemühen richtig sei. Wir hatten aus einem Gefühl heraus eine Einstellung gewonnen und einen Weg eingeschlagen, von dem wir nicht sicher wussten, ob er auch zum Ziele führen werde. Wir waren, da wir einmal gegen die Meinung der anderen begonnen hatten, gezwungen, durchzuhalten oder unser Unvermögen einzugestehen. Dadurch wurde uns natürlich auch erschwert, in die erforderliche Ruhe zu kommen. Ich erinnere noch ganz deutlich, wie wir alle, die wir an der Lösung des Problems beteiligt waren, siegesfroh und hoch erhobenen Hauptes durch das Erziehungsheim schritten, als nach Wochen schrecklichen Wütens die erste vollständig aggressionsfreie kam, und wie betrübt wir waren, als es in der nächsten Woche wieder „drunter und drüber" ging. Vielleicht verdanken wir den Erfolg auch zum Teil unserem Wagemute, einem Stück Unerschrockenheit und auch dem Umstande, dass wir uns von unserer Umgebung nicht kleinkriegen liessen, uns auch nicht scheuten, unsere Jungen gross werden zu lassen.

Die besonderen Schwierigkeiten, denen wir beständig gegenüberstanden, machten innigsten Kontakt der beteiligten Erziehungspersonen und eingehende Besprechungen über Eindrücke, Vorfälle, Mutmassungen, Erziehungsmassnahmen usw. erforderlich. Es war auch oft unzweifelhaft zu erkennen, dass ungeschicktes Verhalten des einen oder anderen von uns Zöglingsaffekte gesteigert, deren Abflauen verhindert hatte und mit Ursache war, wenn ein zweiter oder dritter Zögling, der sonst unbeteiligt geblieben wäre, mit hineingezogen wurde. Da musste dann beraten werden, wie dieses zu machen und jenes zu vermeiden sei. Wir kamen aus der Schwierigkeit, nach Affektausbrüchen eine klare Darstellung geben zu können, bald dazu, genaue Aufzeichnungen zu machen und diese in graphischen Darstellungen zu verwerten. Als geeignet erschien uns die graphische Darstellung im rechtwinkeligen Koordinatensystem. Auf der Abszisse trugen wir die Zeiten, auf der Ordinate die Affektquantitäten auf, wobei wir uns für den ansteigenden Ast an folgende Bezeichnung hielten: o — normale Stimmungslage, 1 — verärgert, 2 — gereizt, 3 — zornig, 4 — Angriffsabsicht, 5 — Angriff, 6 — Angriff auf die Erzieherin. Für den absteigenden Ast fanden wir keine uns geeignet erscheinenden Ausdrücke, so dass wir uns zurück bis zur Abszisse der positiven, unterhalb der negativen Zahlen bedienten. Ich weiss sehr wohl, dass den so entstandenen Aggressionskurven keinerlei Anspruch auf Wissenschaftlichkeit zukommt, weil nicht einmal die einzelnen Affektlagen objektiv feststellbar waren. Wir verfolgten auch keinen wissenschaftlichen Zweck, sondern wollten nur ein praktisch ausreichendes Hilfsmittel für unsere Erörterungen haben und dazu reichten die Kurven aus: sie gaben uns übereinander und nebeneinander liegende Bilder, wenn zwei oder mehrere Zöglinge gleichzeitig oder nacheinander in Affekt gerieten; die Neigung der Kurvenäste gab Aufschluss über die Raschheit und die Art des Affektverlaufes, deren Höhen und Tiefenpunkte das Maximum der Erregung usw. Wiederholt konnten wir aus den Kurvenkrümmungen auch erkennen, wie oft unser guter Wille eben nur guter Wille geblieben war und was

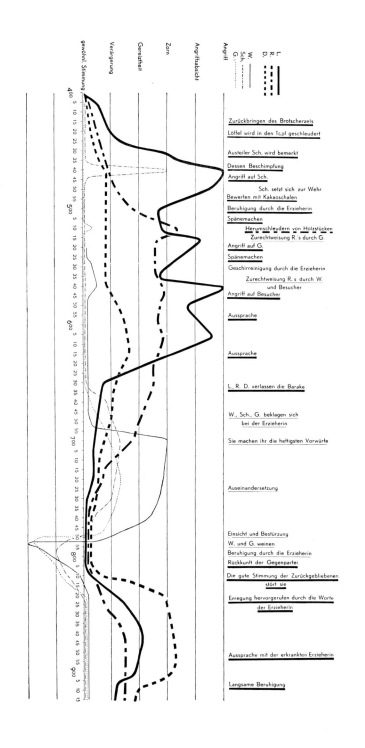

L. _____
R. ▬ ▬ ▬
D. ▮ ▮ ▮ ▮

W. _____
Sch. ▬ · ▬ · ▬
G. ················

Angriff
Angriffsabsicht
Zorn
Gereiztheit
Verärgerung
gewöhnl. Stimmung

Zurückbringen des Brotscherzels
Löffel wird in den Topf geschleudert

Austeiler Sch. wird bemerkt
Dessen Beschimpfung
Angriff auf Sch.
        Sch. setzt sich zur Wehr
Bewerfen mit Kakaoschalen
Beruhigung durch die Erzieherin
Spänemachen
        Herumschleudern von Holzstücken
        Zurechtweisung R.'s durch G.
Angriff auf G.
Spänemachen
Geschirreinigung durch die Erzieherin
        Zurechtweisung R.'s durch W.
        und Besucher
Angriff auf Besucher

Aussprache

Aussprache

L., R., D. verlassen die Baracke

W., Sch., G. beklagen sich
        bei der Erzieherin

Sie machen ihr die heftigsten Vorwürfe

Auseinandersetzung

Einsicht und Bestürzung
W. und G. weinen
Beruhigung durch die Erzieherin
Rückkunft der Gegenpartei
Die gute Stimmung der Zurückgebliebenen
        stört sie
Erregung hervorgerufen durch die Worte
        der Erzieherin

Aussprache mit der erkrankten Erzieherin

Langsame Beruhigung

wir selbst noch brauchten, um die als notwendig erkannten Bedingungen auch wirklich zu erfüllen.

Ich will Ihnen jetzt noch an der Hand solcher Aggressionskurven[1]) von einem der Affektabläufe berichten, an dem sechs Zöglinge, also die halbe Gruppe aktiv, die anderen mehr oder weniger als Mitläufer beteiligt waren und die eines Tages, um vier Uhr nachmittags beginnend, bis zum nächsten Tage mittags anhielt. Sie sollen daraus ein Stück der Schwierigkeit unserer Arbeit ersehen und auch, wie dem Erzieher unterlaufende Fehler den Verlauf der Aggressionen ungünstig beeinflussen. Ich werde nur berichten und die kritische Beurteilung, wie wir sie immer gaben, Ihnen überlassen.

Die Zöglinge sind in der Baracke beisammen. Die eine Erzieherin ist unpässlich und liegt dienstunfähig zu Bett, so dass in der Gruppe nur die zweite anwesend ist. Diese teilt die Jause, bestehend aus Kakao und einem Stück Brot, für jeden aus. Den Kakao giesst sie mit einem Portionenlöffel, damit jeder die gleiche Menge bekommt, von einem Topf in die Schalen der Kinder, das Brot entnimmt sie einem neben ihr stehenden Korb.

4 Uhr: Der Zögling L..., der der Aufforderung, zur Jause zu kommen, zuerst nicht Folge geleistet hat und beim Spieltisch sitzen geblieben war, kommt, stellt sich zum Brotkorb, sucht das grösste Brotscherzel heraus und nimmt es an sich, ohne von der Erzieherin daran gehindert zu werden. (Brotscherzel, das sind die Anschnitte eines Brotlaibes, waren immer grösser als die andern Stücke und deswegen sehr beliebt. Jeden Tag kamen nur einige in die Gruppe, und um Unfrieden nach Möglichkeit zu vermeiden, war ein „Scherzelturnus" eingeführt worden, dessen Einhaltung von den Zöglingen argwöhnisch überwacht wurde.) Die Erzieherin hatte L...s Tun, da sie etwas abgewendet stand, nicht bemerkt.

Die Gruppe wird unruhig, die Erzieherin aufmerksam und spricht nun mit L..., der das Ungehörige seines Benehmens nicht einsieht, sondern verärgert in das Zimmer der erkrankten Erzieherin geht. Die übrigen Zöglinge bleiben beisammen, verzehren ihre Jause und begeben sich wieder zum Spieltisch. Beim Speisetisch ist nur der „Austeiler" dieser Woche, Sch..., zurückgeblieben. (Austeiler zu sein, war ein wöchentlich wechselndes Ehrenamt, Helfer der Erzieherin bei den Mahlzeiten.)

4 Uhr 20: L... kommt in verschlechterter Stimmung, die aber nicht bemerkt wird, zurück und legt, ohne dass es jemand sieht, das Brotscherzel in den Korb. Er macht es der erkrankten Erzieherin zuliebe, die ihn dazu bewogen hatte, ist aber selbst damit nicht einverstanden.

---

[1]) Siehe die nebenstehende Beilage.

In ansteigender Verärgerung trinkt er seine auf dem Tisch stehen gebliebene Schale Kakao, will sich eine zweite, die er sonst immer bekommt, einschenken, findet aber den Topf leer.

4 Uhr 25: Darüber wird er derart gereizt, dass er den Portionenlöffel mit Wucht in den Topf schleudert und als das nicht beachtet wird, seine Kakaoschale mehreremal klirrend auf den Tisch aufschlägt.

4 Uhr 30: Dabei sieht er den Austeiler Sch..., der eben sein Brotscherzel mit dem Brotmesser durchschneidet und beginnt diesen, immer gereizter werdend, zu hänseln. Weil dieser nicht hinhört, sondern ruhig weiter isst, beginnt er immer ärger zu schimpfen.

4 Uhr 40: Plötzlich springt L... auf, dringt auf Sch... mit den Fäusten ein, lässt aber sofort von ihm ab, als dieser sich zur Wehr setzt, kehrt zu seinem ursprünglichen Platz zurück, nimmt Kakaoschalen und bewirft Sch... damit. Dieser, zornig geworden, als L... auf ihn zugestürzt, hat sich sofort wieder beruhigt, so dass er auf das Bewerfen gar nicht reagiert.

5 Uhr: Der Erzieherin ist es gelungen, L... so weit zu besänftigen, dass er in einer Ecke des Tagraumes Späne für den Ofen macht.

R... und D..., besondere Freunde des L..., haben dem Auftritte von ferne zugesehen, zwar nicht eingegriffen, sind aber durch den Affekt ihres Kameraden verstimmt geworden. R... scheint es nicht recht zu sein, dass L... nachgegeben hat und Späne macht; denn jetzt übernimmt er in stetig ansteigender Gereiztheit die Rolle des renitenten Jungen. Er geht zum Brennholz und wirft Holzstücke durch den Tagraum, wird immer gereizter, weil er darüber nicht zur Rede gestellt wird. Was er beabsichtigt, ist ganz deutlich zu sehen, als die Holzstücke in immer grösserer Nähe der Erzieherin zu Boden fallen.

5 Uhr 10: Als die Erzieherin ernstlich gefährdet erscheint, sich aber trotzdem nicht kümmert, weist G..., ohne sich selbst zu erregen, R... zurecht.

R... wird darüber zornig, stellt aber das Werfen ein, weil L... vom Spänemachen aufspringt und auf G... zustürzt. Dieser lässt sich in einen Raufhandel nicht ein, sondern verlässt ruhig die Baracke.

5 Uhr 15: L... geht verärgert zum Spänemachen zurück, bei R... zittert die Erregung noch nach und er wird trotzig.

5 Uhr 30: Die Erzieherin reinigt die Kakaoschalen, was Arbeit des R... wäre, der aber in seinem Trotze sich ganz abseits, aber unweit von L... auf einen Stuhl gesetzt hat, ohne mit diesem zu sprechen.

Mittlerweile sind einige Zöglinge aus einer anderen Baracke zu Besuch gekommen. Diesen und dem Zögling W... aus der „Sechsergruppe" passt es nicht, dass die Erzieherin, statt sich mit ihnen zu beschäftigen, die Arbeit des R... auf sich genommen hat. Einer von den Besuchern weist so laut, dass es R... hören muss, auf seine Gruppe hin, in der die Erzieherin sich nie um die Geschirreinigung zu kümmern braucht. Als R... ungerührt bleibt, werden die Besucher und auch W... deutlicher; als dies auch nichts fruchtet, sagen sie dem R..., er soll sich schämen.

5 Uhr 40: L... hört beim Spänemachen die Zurechtweisung seines Freundes und stürzt sich, als die Besucher und W... R... direkt apostrophieren, auf den Hauptsprecher aus der anderen Gruppe und wirft ihn aus der Baracke.

5 Uhr 50: Ich komme in die Baracke, um nachzusehen, was sich ereignete, weil Sch... und G... zu mir mit der Mitteilung gelaufen kamen, dass L... einen fremden Zögling hinausgeworfen habe. Der Erzieherin hatten wohl die beiden gefehlt, sie wusste aber nicht, dass sie mich holten. Die Gruppe war noch immer aus dem Gleichgewichte, D... besonders verstimmt, R... nach wie vor trotzig und L..., der mittlerweile die Späne in die Zimmer der beiden Erzieherinnen getragen hatte, noch immer in Angriffsbereitschaft.

In einer Aussprache mit L... kommt es nochmals zu einem heftigen Anschwellen des Affektes. Dabei sagte er unter anderem: „Ich habe die Gier, seine Knochen krachen zu hören." Damit meinte er W..., der vorher R..., weil er nicht das Geschirr reinigte, zur Rede gestellt hatte. Durch die Aussprache ist ein Abflauen der Erregung eingeleitet. Um L... vollständig zu beruhigen, schlage ich ihm vor, mit mir in die Kanzlei zu gehen und dort einige Stereoskopbilder anzusehen. Er bittet auch, seine beiden Freunde R... und D... mitzunehmen und es schliessen sich uns noch zwei andere Zöglinge an.

6 Uhr 30: Ich verlasse mit den fünf die Baracke.

6 Uhr 30: L..., R... und D..., die anfänglich beim Stereoskopkasten noch recht „unverdaulich" waren, kommen rasch in die normale Stimmungslage.

In der Baracke stellt sich nach unserer Entfernung heraus, dass sich durch die Vorfälle am Nachmittag zwei Parteien gebildet hatten, von denen die eine nun mit mir fort war. (Siehe graphische Darstellung.)

6 Uhr 35: Die Erzieherin merkt, dass namentlich bei G... und W..., die sich nachmittags so ruhig verhalten hatten, die Stimmung schlechter wird.

6 Uhr 40: Die Zurückgebliebenen gehen in das Zimmer der erkrankten Erzieherin und beklagen sich, dass nur die anderen haben mitgehen dürfen. G..., W... und Sch... machen dieser die heftigsten Vorwürfe, dass auch

sie zur Gegenpartei halte, und verschieben den ganzen Groll von mir auf sie. W... kommt rasch in Zorn, der ziemlich lange anhält (7'20), dann aber sich ebenso rasch vermindert. G... und Sch... werden nur verärgert. G... erreicht das Maximum seines Affektes zu einer Zeit, in der W... und Sch... schon beginnen, ruhiger zu werden.

7 Uhr 50: Der Erzieherin ist es nach einer langen Auseinandersetzung gelungen, den sieben bei ihr im Zimmer Versammelten zu beweisen, dass ihre Annahme falsch gewesen sei. G... und W... sind über das der Erzieherin zugefügte Unrecht bestürzt und so gerührt, dass sie zu weinen beginnen, beruhigen sich aber bald, als die Erzieherin mit ihnen weiter spricht.

8 Uhr: Die Gegenpartei kommt von der Besichtigung der Stereoskopbilder zurück.

8 Uhr: Als L... und seine vier Kameraden in das Zimmer der Erzieherin eintreten, sehen sie die anderen sehr friedlich und in guter Stimmung beieinander sitzen. Das stört sie in ihrer Siegerstimmung; denn sie wollten triumphieren, dass die anderen nicht mitgewesen waren. D... beginnt deswegen auch die Gegner zu hänseln. Es gelingt ihm aber nicht, diese aus ihrer Ruhe zu bringen.

Die Erzieherin versucht mit Vernunftgründen zu bewirken, dass die Zurückgekommenen ihre Stichelein aufgeben und sich friedlich zu den übrigen gesellen.

8 Uhr 20: Sie erreicht das Gegenteil. L... sieht die Erzieherin bei der anderen Partei, geht gereizt aus ihrem Zimmer und setzt sich im Tagraum nieder. D..., der zornig geworden ist, und R..., der wieder in seine Trotzeinstellung zurückverfällt, folgen ihm nach.

8 Uhr 35: Alle übrigen gehen schlafen, die drei haben mittlerweile im Tagraum eingeheizt und erklären, die Nacht über aufbleiben zu wollen. Die eine Erzieherin vermag nichts auszurichten.

9 Uhr: Die Erkrankte steht auf, die drei sagen ihr, dass sie im Tagraum übernachtet hätten und nun nur ihr zuliebe zu Bette gehen. Sie verlangen, dass die Erzieherin warten müsse, bis sie selbst eingeschlafen seien und legen sich vertrotzt nieder.

9 Uhr vormittags am nächsten Tage: L... kommt in das Zimmer der erkrankt gewesenen und nunmehr wieder dienstfähigen Erzieherin unter dem Vorwande, seine vergessene Halsbinde holen zu wollen. Er lehnt sich an das Bett und weint heftig. Die Erzieherin, über diesen Gefühlsausbruch überrascht, geht zu ihm hin und er verspricht spontan, nicht mehr gegen seine Kameraden loszugehen, weil er die Erzieherin nicht kränken wolle.

Es kommt zu einer vollständigen Beruhigung L...s, der lachend und freudestrahlend in den Tagraum eintritt. Als R... und D... die gute Laune ihres Freundes sehen, wird auch deren Stimmung, die beim Aufstehen noch sehr labil gewesen war, eine gleichmässig ruhige und freundliche. Aber erst gegen Mittag zeigte die Gruppe vollständige Ausgeglichenheit. Ich nehme an, dass Sie sich trotz Unterlassung besonderer Hinweise im Graphikon zurechtgefunden haben und dass Ihnen die Affektabläufe bei den einzelnen Zöglingen durch den Vergleich meiner Darstellung mit den Aggressionskurven deutlich geworden sind, so dass ich nichts mehr hinzuzufügen brauche.

Ich habe Ihnen absichtlich diese Begebenheit aus einer Zeit mitgeteilt, in der wir in unserem Verhalten den Zöglingen gegenüber noch recht ungeschickt waren, weil ich mir vorstellte, dass Sie gerade an den Fehlern, die wir damals gemacht hatten, recht viel für Ihre eigene praktische Erziehungsarbeit lernen können.

DIE BEDEUTUNG DES REALITÄTSPRINZIPS
FÜR DAS SOZIALE HANDELN

Meine Damen und Herren! Als wir im ersten Vortrage von der Erziehung sprachen, habe ich Ihnen auch über die ihr zukommende Aufgabe einige Andeutungen gemacht und dabei angekündigt, dass ich im neunten Vortrage nochmals darauf zurückkommen werde. Wir erklärten uns das Kulturfähigwerden aus der Entwicklung von Bereitschaften, die in der Erbanlage des Kindes vorhanden sind, und gaben der Meinung Ausdruck, dass zu deren Entfaltung sowohl das Leben selbst als auch die Erziehung eine bestimmte Leistung zu vollbringen haben. Damit wurde keine neue theoretische Annahme gemacht, sondern nur eine Tatsache, die jederzeit zu sehen ist, angeführt; denn immer sind beide am Werke: das Leben und die Erziehung.

Wir haben dem Leben jene Arbeit überlassen, die geleistet werden muss, um den Menschen zur Selbstbehauptung zu befähigen, primitiv realitätsfähig zu machen, und der Erziehung die ergänzende Tätigkeit zugewiesen, die die primitive Realitätsfähigkeit zur Kulturfähigkeit erweitert. (Was wir unter Kulturfähigkeit verstehen, wurde bereits ausgeführt.) Obwohl wir wissen, dass in Wirklichkeit das Leben und die Erziehung in ihren Einwirkungen auf das heranwachsende Kind einander nicht nur ergänzen, sondern auch ineinander spielen und gegenseitig übergreifen, nahmen wir diese Arbeitsteilung doch vor, weil sich dadurch mit annäherungsweiser Richtigkeit von der Erziehung etwas aussagen lässt, das uns später den Sinn der Fürsorgeerziehung in einem ihrer Belange aufhellen wird. Festzuhalten haben wir nur, dass diese Scheidung bloss eine schematische ist.

Erweitern wir unsere im ersten Vortrage gewonnene Auffassung noch durch die Einschaltung, dass der Erziehung auch die Verhinderung der Entwicklung kulturwidriger Bereitschaften obliegt, so haben wir genug vorbereitende Bemerkungen gemacht, um nun unsere Aufmerksamkeit jenen psychischen Vorgängen zuwenden zu können, die das nahezu ausschliesslich seinen Triebbefriedigungen lebende kleine Kind so entwickeln, dass es nach und nach in eine Kulturgemeinschaft hineinwächst.

F r e u d wirft bei der Untersuchung des verschiedenen Verhaltens von
Trieben (Vorlesungen zur Einführung in die Psychoanalyse, Ges. Schriften Bd. VII. S. 569) die Frage auf, ob in der Arbeit unseres seelischen
Apparates eine Hauptabsicht zu erkennen sei, und beantwortet diese in
erster Annäherung damit, dass er eine auf Lustgewinn gerichtete Absicht
sieht. Es erscheint ihm, dass die gesamte Seelentätigkeit darauf hinzielt,
Lust zu erwerben und Unlust zu vermeiden. Er führt auch des näheren aus,
dass das seelische Geschehen automatisch durch eine Tendenz reguliert
wird, die er Lustprinzip nennt.

Wenn wir den Satz vom Lustprinzip zum erstenmal hören, sind wir
geneigt, zu widersprechen, erfahren wir doch in unserem eigenen Erleben
nur zu oft, dass das Endergebnis eines seelischen Ablaufes mit Unlust ver-
bunden ist. Wir werden mit unserer Kritik aber nicht zu voreilig sein,
sondern vorerst versuchen zu verstehen, wie F r e u d das meint. Dazu
haben wir nicht mehr zu tun, als seinen Überlegungen zu folgen. Durch
ihn wissen wir schon, dass das Unbewusste das Ursprünglichste alles
Seelischen ist und dass in ihm sowohl Wunsch als auch Triebregungen eingebettet sind. Merken wir uns weiter, dass im Unbewussten ausschliesslich
das Lustprinzip herrscht. Was heisst das? F r e u d hat erkannt, dass
alles vom Unbewussten Ausgehende auf Lustgewinn gerichtet ist. Nun
kümmert sich die das Individuum umgebende Aussenwelt nicht um dessen
Bedürfnis nach Lustgewinn, liefert diesen einmal und versagt ihn ein
andermal, wie es sich eben aus der vorhandenen Konstellation ergibt.
Dadurch kommt es aber häufig zu Situationen, die dem Streben nach
Lustgewinn nicht entsprechen, wiederholt diesem gerade zuwiderlaufen.
Sehen wir uns daraufhin bloss den Säugling an. Noch ganz beherrscht von
seinen unbewussten Funktionen, wird er in seinem psychischen Ruhezu-
stand vor allem schon durch die gebieterischen Forderungen seiner inneren,
aus dem Triebleben kommenden Bedürfnisse gestört, die er, um Unlust
zu entgehen, zu befriedigen versucht. Er lebt daher ganz der Entsprechung
seiner Triebregungen, die ihn, da sie ausschliesslich auf Lustgewinn
gerichtet sind, in eine der Wirklichkeit nicht entsprechende Lustwelt
stellen. Die Folge davon sind für das kleine Kind wiederholt sehr unangenehme Enttäuschungen: erwartete Befriedigung bleibt aus; statt Lust
wird Unlust erlebt. Damit ist es aber nicht abgetan; im Individuum selbst
gehen Veränderungen vor sich. Der psychische Apparat wird gezwungen,
sich den realen Verhältnissen anzupassen, jene Veränderungen anzustreben,
die das Ich weniger gefährden. Diese Umgestaltung ist natürlich nicht
auf einmal erreichbar, sondern Aufgabe einer Entwicklung. Aus dem

Unbewussten organisiert sich das Bewusstsein mit Funktionen, die dem Ich nicht nur genauere Kunde geben von seinen Körperbedürfnissen und über die Sinnesorgane von dem, was in der Aussenwelt vorgeht, sondern es auch nach und nach befähigen, den Notwendigkeiten des Lebens zu entsprechen. Dazu gehört ganz besonders, dass das Streben nach Lustgewinn modifiziert wird. Schwierigkeiten, die sich der Befriedigung von Triebregungen entgegenstellen, die Unmöglichkeit, diese zu befriedigen, die jedesmal eintretende Unlust, wenn eine von der Wirklichkeit verpönte Lustbefriedigung erfolgt ist, veranlassen zum Aufschub von Lustgewinn, zum Verzicht auf solchen und führen dadurch zur Unterdrückung von Triebregungen. Die Aufgabe, Unlust zu vermeiden, stellt sich für das Ich sehr bald fast gleichwertig neben die, Lust zu gewinnen. Durch die realen, unvermeidlichen Versagungen wird die Einsetzung einer zweiten Tendenz erzwungen, die vom Bewusstsein aus das Ich nötigt, das aus seinem Unbewussten kommende ungezügelte Drängen nach Lustgewinn zu regulieren, es so zu gestalten, dass ihm aus der Triebbefriedigung kein Schaden erwächst. Diese zweite Tendenz, die mit den real gegebenen Verhältnissen rechnet, nennt Freud das Realitätsprinzip. Mit dessen Einsetzung ist der wichtigste Fortschritt in der seelischen Entwicklung gemacht. Von da an beherrschen die beiden Tendenzen, Lust- und Realitätsprinzip, die seelischen Abläufe: neben dem Lustprinzip im Unbewussten ist das Realitätsprinzip im Bewusstsein wirksam. Wenn das Lust-Ich nur nach Lustgewinn arbeitet und Unlust ausweicht, so strebt das Real-Ich nach Nutzen und sichert sich vor Schaden. Jemehr sich das Realitätsprinzip entwickelt und stärkt, desto weniger wehrlos wird das Ich seinen Triebregungen ausgeliefert sein, weil desto sicherer rechtzeitig gemeldet wird, wenn dem Individuum aus dem Widerspruch einer Triebregung mit den Forderungen der Wirklichkeit Gefahr droht, um so realitätsfähiger wird der Mensch.

Wenn wir diese Überlegungen F r e u d s verstanden haben, erkennen wir, dass das Realitätsprinzip das Kind während seines Heranwachsens immer mehr aus seiner unwirklichen Lustwelt in die Wirklichkeit führt, ihm An- und Ausgleichung zwischen dem lustvoll Gewünschten und den Forderungen des Lebens herzustellen ermöglicht. Je kleiner das Kind ist, je schwächer daher in ihm noch das Realitätsprinzip zur Wirkung kommt, desto mehr wird das Ich nach sofortiger Triebbefriedigung verlangen, desto weniger kann es auf den daraus zu erzielenden Lustgewinn verzichten und Unlust ertragen. Wir könnten ganz gut die verschiedenen kindlichen Altersstufen aus dem Grade der Vorherrschaft des Lustprinzips über das Realitätsprinzip beschreiben. Wir dürfen aber nicht in den Irrtum verfallen, dass das Realitätsprinzip, als eine Sicherungstendenz des Ichs, auf Lustgewinn verzichtet. Es strebt diesen letzten Endes auch an, nimmt aber Rücksicht auf die Wirklichkeit, begnügt sich mit aufgeschobener oder verminderter Lust, wenn es diese nur sicher erhält.

Nun vermögen wir den scheinbaren Widerspruch zwischen dem tatsächlichen Erleben von Unlust und der Herrschaft des Lustprinzips aufzuklären. Die Behauptung Freuds, dass die Arbeit des seelischen Apparates darauf gerichtet ist, Lust zu erwerben und Unlust zu vermeiden, bleibt aufrecht, sie sagt aber nicht, dass sich diese Tendenz immer durchsetzt. Möglicherweise ist die erlebte Unlust durch das Realitätsprinzip veranlasst worden, um später desto sicherer Lust zu gewinnen, oder sie ist infolge eines noch wenig „verständigen" Ichs eingetreten, aus einem Zusammenstoss mit der Realität hervorgegangen, das heisst, das Lustprinzip in einem noch nicht genügend realitätsfähigen Individuum hat unzeitgemäss einen Durchbruch erfahren, oder schliesslich, was ich Ihnen aber noch nicht verdeutlichen kann, die bewusste Unlust ist nur das Gegenstück gleichzeitiger unbewusster Lust.

Der Erzieher muss besonders klar erkennen, dass die Einsetzung und weitere Entwicklung des Realitätsprinzips aus solchen realen Versagungen erfolgt, die das Kind zu Triebeinschränkungen veranlassen. Nehmen wir aber an, dass das Realitätsprinzip um so mächtiger wird, je mehr und stärkere Versagungen dem Kinde auferlegt werden, so sähen wir nur die an seinem Zustandekommen beteiligten äusseren Faktoren und übersehen die inneren, im Kinde selbst gelegenen. Nicht nur die von der Aussenwelt stammenden Hindernisse kommen in Frage, sondern zu beachten ist auch noch, inwieweit diese als solche empfunden und anerkannt werden. Versagungen, die für das eine Kind bedeutungsvoll werden, hinterlassen möglicherweise in einem anderen keinerlei Spuren: beide reagieren infolge ihrer verschiedenen Erbanlage voneinander abweichend.

Das darf nun aber wieder nicht so aufgefasst werden, als ob man es für ein bestimmtes Kind in der Hand hätte, die realen Versagungen beliebig zu steigern oder zu vermindern, um dadurch die Einsetzung des Realitätsprinzips frühzeitiger oder später, wirksamer oder weniger wirksam als es der Altersstufe entspricht zu erzielen. Bis zu einem gewissen Ausmasse wird das wohl möglich sein, was aber darüber hinausgeht oder darunter bleibt, wirkt schädigend. Wir werden bei Besprechung der Entwicklungsstörungen, die in die Verwahrlosung führen, zu hören bekommen, was eintreten kann, wenn das Kind zu frühzeitig einen krassen Zusammenstoss mit der Realität erlebt oder deren Einwirkungen zu sehr entzogen wird. An dieser Stelle will ich einschalten, wie ein sich normal entwickelndes Individuum für den durch die äussere Not aufgezwungenen Lustverlust sich schadlos zu halten versucht. Das Ich unterwirft sich nicht ohneweiters den Ansprüchen der Realität, wenn diese zu hohe Anforderungen stellt. Es wird eine Art von Denktätigkeit abgespalten, auf die das Realitätsprinzip keinen Einfluss gewinnt, die ausschliesslich der Herrschaft des Lustprinzips unterworfen bleibt. Ich kann mir denken, dass Sie schon wissen, auf welchen seelischen Vorgang ich hinziele: auf die Phantasietätigkeit, die Ihnen als solche allen bekannt ist, die schon mit dem kindlichen Spiele beginnt und sich später in Tagträumen fortsetzt. Wenn der Mensch mit der kargen Befriedigung, die er dem Leben abzuringen vermag, sein Auslangen nicht findet, geniesst er in der Phantasie die Freiheit vom äusseren Zwange weiter, auf die er in Wirklichkeit längst verzichtet hat.

Wir haben heute bereits andeutungsweise gehört, dass zur Entfaltung von Bereitschaften, die in der Erbanlage des Kindes gegeben sind, Leben und Erziehung eine bestimmte Leistung vollbringen müssen, und wollen nun etwas näher darauf eingehen. Vom ersten Vortrage her wissen wir schon einiges: das biologisch vorgezeichnete Werden, dem durch das Realitätsprinzip nur Ausdruck verliehen wird, führt zunächst zur primitiven Realitätsfähigkeit, das heisst, für das Individuum zur Möglichkeit, sich in gewissem Sinne in der Wirklichkeit behaupten zu können; durch die Massnahmen, die von der Erziehung ausgehen, erfolgt deren Weiterentwicklung zur Kulturfähigkeit. Erst mit deren Erreichung ist der Mensch befähigt, die Forderungen der Gesellschaft zu verstehen und anzuerkennen, sich ihnen zu unterwerfen und an der Erhaltung sowie Vermehrung der Kulturgüter mitzuarbeiten. Wieweit sich die primitive Realitätsfähigkeit bildet und diese in der Richtung zur Kulturfähigkeit fortentwickeln lässt, hängt nicht allein von den Einwirkungen des Lebens und den Erziehungsfaktoren ab, sondern wesentlich auch vom Individuum selbst. Ebensowenig wie die primitive Realitätsfähigkeit einfach das Ergebnis der dem Ich aufgezwungenen Versagungen ist, sich vielmehr aus dessen Reaktionen darauf bildet, vermag der Erzieher eine gegebene Individualität zu der ihm geeignet erscheinenden Kulturfähigkeit zu bringen, wenn in ihr die Vorbedingungen dazu fehlen. Er kann im günstigsten Falle die äusseren Umstände und seine Einwirkungen so gestalten, dass sie die besten Entwicklungsbedingungen darstellen; was aber wird, hängt dann nicht mehr von ihm ab, sondern ist nur die Folge individueller Verarbeitung des Gegebenen.

Es ist gewiss nicht schwierig zu erkennen, dass mit Kulturfähigkeit eine der jeweiligen Kulturstufe entsprechende erhöhte Realitätsfähigkeit gemeint ist. Daraus ergibt sich, dass die Erziehung zur Nachhilfe bei einem Entwicklungsprozess wird, den das Ich durch die Bedingungen des Lebens zum Teile ganz zwangsläufig macht, und dass diese Nachhilfe darin besteht, erhöhte Anregungen zur Überwindung des Lustprinzips und dessen Ersetzung durch das Realitätsprinzip auszulösen. Wir können auch leicht verstehen, dass der jahrtausendlange Weg, den die Menschheit zurücklegen musste, um auf die gegenwärtige Kulturstufe zu kommen, vom Kinde in der kurzen Zeit seines Heranwachsens nicht durchmessen werden könnte, wenn die durch die Erziehung veranlassten erhöhten Anregungen fehlen würden.

Was diese erhöhten Anregungen zu bewirken haben, wissen wir schon: Das Realitätsfähigwerden ist an Versagungen gebunden; erhöhte Realitätsfähigkeit daher an vermehrte Versagungen. Der Erzieher wird, um diese zu erreichen, ganz konform mit dem Leben vorgehen und so wie diese Dämme aufstellen, die die momentane Triebbefriedigung erschweren oder unmöglich machen. Dadurch veranlasst er das Kind zu vermehrter Unterdrückung von Triebregungen, Aufschub von Lustgewinn oder Verzicht auf diesen und Ertragung von Unlust. Dieser Erziehungsvorgang scheint mit einer jetzt sehr verbreiteten Meinung, dass gute Erziehung und das Kind gewähren lassen gleichzusetzen sind, im Gegensatz zu stehen. Dieser ergibt sich aber nur, wenn die Aufgabe der Erziehung mit den Mitteln, deren sie sich zur Erreichung dieser Aufgabe bedient, verwechselt wird oder wenn wir aus dem eigenen Erleben zu einer affektiven Einstellung zur Erziehung gekommen sind. Es ist durchaus nicht richtig, dass Erziehen ein Gewährenlassen bedeutet. Jeder, der in einer Kinderstube zu tun hat, weiss, dass Verwehren, Untersagen und Verbieten momentaner Wunschregungen auf der Tagesordnung stehen, so dass das Kind fortwährend Freiheitsbeschränkungen unterworfen wird. Wir fragen uns: Hat das Kind wirklich so viele Wünsche, die ihm verwehrt werden müssen? Kann man es nicht unbeschränkt gewähren lassen? Was würde beispielsweise ein zweijähriges Kind alles unternehmen, wenn man ihm nicht von Augenblick zu Augenblick hindernd entgegenträte!? Nur beispielsweise: jetzt vom Tisch die Decke herabziehen, auch wenn das darauf stehende Geschirr zerklirrt, dann auf Sessel und Tisch steigen, ohne zu erfassen, das es herunterstürzen und sich verletzen könnte. Was gibt es nicht alles an Äusserungen aus dem Fress-, Forschungs-, Zerstörungs-, Beobachtungstrieb, was man unmöglich voll ausleben lassen kann? Wo bliebe unter anderem auch die Erziehung des Kindes zur Reinlichkeit, wenn man die Widerstände, die sich der Körperpflege entgegenstellen, nicht überwände? Diese beständigen Freiheitsbeschränkungen sind nach unserer Auffassung im Interesse des Kindes gelegen, wenn sie von diesem auch zweifellos anders, als gewaltsamer Versuch, ihm die Befriedigung seiner Triebregungen zu beschränken oder zu verhindern, empfunden werden. Naturgemäss wird das Kind den Weg von der Lustwelt in die Realität, den es dadurch zurücklegen muss, nicht widerspruchslos gehen, aber machen muss es ihn, um kulturfähig zu werden, das ist klar. Der Erzieher, der weiss, dass dem noch ganz unter der Vorherrschaft des Lustprinzips stehenden Kinde der momentane Lustgewinn das Natürliche ist, wird ihm seinen Entwicklungsweg nach Möglichkeit erleichtern, wird es auch zeitweilig gewähren lassen, dabei aber wissen, dass er in solchen Momenten nicht erzieht, weil er da keine Impulse, die Lustwelt zu verlassen, schafft. Dass ein Gewährenlassen innerhalb gewisser Grenzen in der Kindheit auch für das spätere Leben von Bedeutung ist, werden wir hören, wenn wir im nächsten Vortrage von den Stufen innerhalb des Ichs sprechen.

Forderungen, die in Versagungen einmünden, werden erst dann wirksam, wenn sie das Kind als solche anerkennt, das heisst, wenn in ihm eine Tendenz vorhanden ist, ihnen zu entsprechen. Um diese in Funktion zu setzen, stehen dem Erzieher zwei Möglichkeiten zur Verfügung: Entweder er lässt das Kind nach einer nicht erlaubten Triebbefriedigung erhöhte Unlust erleben oder er gewährt an Stelle des durch die Unterlassung einer Triebbefriedigung ausgebliebenen Lustbezuges eine Ersatzlust. Aber in beiden Fällen zwingt er das Kind, auf lustvoll Gewünschtes zu verzichten, sich eine Versagung aufzuerlegen ; das einemal durch die Strafe, die dem Nichtaufgeben folgt, das anderemal durch seine Anerkennung und Liebe, die es für das Aufgeben erhält. Es wird so das Gleiche durch zwei einander vollständig entgegengesetzte Mittel, Furcht vor Strafe und Liebesprämie, erreicht. Und daraus ergibt sich für manche die Verwechslung. Das Kind statt durch Strafandrohung durch eine in Aussicht gestellte Liebesprämie zu einer für seine Entwicklung notwendigen Triebeinschränkung zu veranlassen, ist aber kein Gewährenlassen in lustvoll Gewünschtem.

Es gibt also im allgemeinen zwei Erziehungsverfahren. Das eine arbeitet mit Liebesprämien, das zweite mit Strafandrohung. Wenn wir nicht absichtlich Tatsachen übersehen wollen, müssen wir zugeben, dass auf beiden Wegen Erfolge erzielt werden. So und so viele Menschen sind aus Furcht vor der Strafe und so und so viele andere durch die ihnen gewährte Liebe kulturfähig geworden. Ebenso richtig bleibt aber auch, dass beide zu Misserfolgen führen können.

Hätten wir uns mit der Erziehung und nicht mit der Fürsorgeerziehung zu beschäftigen, so wäre unsere nächste Aufgabe, nicht affektiv zu entscheiden, welches der beiden Erziehungsmittel uns sympathischer anmutet, sondern zu untersuchen, welches im konkret gegebenen Falle das ökonomischere ist; denn darauf kommt es letzten Endes an. So aber werden wir unsere Aufmerksamkeit anderem zuwenden.

Das Misslingen der Erziehungsaufgabe interessiert den Fürsorgeerzieher, weil es, wenn nichts anderes, so den Verwahrlosten zeitigt.

Dem sehr naheliegenden Einwande, dass die Verwahrlosung doch nicht immer auf eine missglückte Erziehung zurückgeführt werden könne, möchte ich damit begegnen, dass ich auf das bereits im ersten Vortrage Gesagte verweise und nochmals hervorhebe, dass alle Feststellungen nur annäherungsweise Anspruch auf Richtigkeit machen. Was genauer abzugrenzen und einzuschränken ist, behalte ich mir für spätere Auseinandersetzungen vor, auch darauf einzugehen, dass Schicksalskonstellationen so wirken können, als ob Fehler in der Erziehung gemacht worden seien.

Es wäre anzunehmen, dass der Erziehung die Lösung ihrer Aufgabe auf dem ersten Weg um so sicherer gelingen wird, je mehr Liebesprämien das Kind vom Erzieher (Vater, Mutter) erhält, und auf dem zweiten, je mehr es diese Personen fürchtet. Das stimmt innerhalb gewisser Grenzen. Werden diese überschritten, so wird sowohl die Liebesprämie als auch die Strafe nicht nur wirkungslos, sondern beide erzielen vielfach gerade das Gegenteil. Übersehen wir nicht, dass die Liebesprämie nur als Anregung, auf lustvoll Gewünschtes zu verzichten, dienen soll oder als Belohnung für einen solchen Verzicht gegeben werden darf. Gewährt sie der Erzieher, ohne vom Kinde dafür eine Gegenleistung zu verlangen, gibt er sie also als freiwilliges Geschenk, statt damit zuzuwarten, bis sie durch den Verzicht auf eine Triebbefriedigung erworben worden ist, so besteht für das Kind keine Notwendigkeit, sich anzustrengen. Es ist der Liebesprämie sicher und braucht nicht erst auf die aus der Triebbefriedigung sich ergebende Lust zu verzichten, dem Lust-Ich Wünsche zu versagen, um dadurch den Weg in die Realität zu machen: es erhält, ohne Anstrengung, doppelte Lust.

Welches wird in diesem Falle, der uns durch das einzige, verwöhnte Kind nur zu gut bekannt ist, das Entwicklungsergebnis sein? Das Kind wird an Jahren zunehmen, körperlich heranreifen und dabei der Herrschaft des Lustprinzips in einer Weise unterworfen bleiben, die einer viel früheren,

kindlicheren Entwicklungsstufe entspricht. Überwunden wird das Lustprinzip nur soweit werden, als das Leben mit seinen nicht auszuschaltenden
Unlusterlebnissen Versagungen erzwungen und der Erzieher ab und zu die
Liebesprämie nicht absolut gegenleistungslos gewährt hat. Ist das irgendwie
von Bedeutung?

Sehen wir uns vorerst noch das zweite Verfahren an, das unerwünschte
Triebbefriedigung unter Strafandrohung stellt. Häufen sich die Unlusterlebnisse durch zu viele Strafen oder ein Übermass an Strenge und erhält
das Kind keine Ersatzlust durch die Liebe des Erziehers, so wird es in eine
Gegeneinstellung zu diesem gedrängt und hat dann keine Ursache mehr,
die durch ihn vertretenen Anforderungen der Realität anzuerkennen, sich
dem Realitätsprinzip zu unterwerfen. Seine Hauptaufgabe wird darin
erschöpft werden, sich dem Erzieher gegenüber durchzusetzen. Die Auflehnung gegen Erzieher und Gesellschaft, die Behauptung seines Ichs
diesen gegenüber wird ihm ebenso zur Lustquelle, wie ihn das Verharren
bei den direkten und unmittelbaren Triebbefriedigungen die durch den
Erzieher verwehrte Lust dennoch beziehen lässt. Hier führt ein Gegenimpuls zum Kindlichbleiben oder, was wahrscheinlicher ist, eine spätere
Auflehnung zur Rückgängigmachung einer anfänglich gelungenen Erziehungsabsicht.

Wenn die beiden Erziehungsverfahren auf die eben angedeuteten Ab-
wege geraten, müssen sie zu Fehlergebnissen führen. In den so „nicht"
erzogenen Individuen wird das übermächtig herrschende Lustprinzip
psychische Reaktionen bewirken, die sie sehr von ihren normal entwickel-
ten Altersgenossen unterscheiden. Sie werden durch die Art ihres Verhaltens mehr oder weniger auffällig werden. Schon ihr Benehmen gibt uns die
Möglichkeit, sie zu sondern und aus ihnen die herauszugreifen, die als Verwahrloste für die Fürsorgeerziehung in Betracht zu ziehen sind. Wir
werden uns ihrer dann annehmen, wenn sie ihr ungezügelter Lusthunger
zu gesellschaftswidrigem Handeln veranlasst. Das grosse Lustbedürfnis
der Verwahrlosten ist uns schon einigemal aufgefallen und nun haben wir
die Erklärung dafür in dem Stück „Kind" gefunden, das jeder von ihnen
noch unüberwunden mit sich herumträgt.

Die Ähnlichkeit des Verwahrlosten mit dem Kinde ist also darin zu
erkennen, dass auch er momentanen Triebbefriedigungen nachgeht und
nicht imstande ist, unsichere Lust aufzugeben, um später gesicherte Lust
zu erwerben: Triebäusserungen, die für frühere kindliche Entwicklungs-
stufen normal wären, lassen ihn abnormal, dissozial erscheinen, weil er sich
durch sie zur Gesellschaft in Gegensatz stellt. Sehen wir uns nun ver-

schiedene, für den Verwahrlosten typische Einzelzüge an, so werden wir nicht mehr überrascht sein. In der Fürsorgeerziehungsanstalt, wo wir sie ja in grösserer Anzahl beisammen haben, gibt es, wie in der Kinderstube, unaufhörlich Ausbrüche von Neid und Missgunst, Unverträglichkeit und Streitsucht, und nicht nur bei den Schulpflichtigen, die Jugendlichen sind womöglich noch viel ärger, das Lebensalter kommt da gar nicht in Frage. Ein Grossteil verhält sich auch zu den Forderungen der Körperpflege genau so ablehnend wie die Kinder; ungekämmte Haare, ungereinigte Kleider und Schuhe stören sie nicht sonderlich. Vieles, was Verwahrloste zeigen, ist als kindliches Verhalten, wenn auch mit stark verzerrten Zügen, zu deuten; sie sind genau so wenig wie Kinder längere Zeit mit Interesse bei ein und derselben Beschäftigung zu halten, haben in vielen Belangen genau dieselbe geringe Urteilsfähigkeit wie die Kinder, reagieren auf Reize so unmittelbar wie diese, sind in ihrem Handeln auch von augenblicklichen Eingebungen geleitet und entladen ihre Affekte ganz ungehemmt. Wieviel in ihnen trotz aller Verwahrlosung aber auch noch unverdorbenes Kind geblieben war, konnten wir in Oberhollabrunn und St. Andrä wiederholt beobachten. So zum Beispiel mit welch tief innerer Wirkung auch die ältesten und verwahrlostesten Jugendlichen eine Märchenstunde erlebten.

Es sieht aus, als ob die Verwahrlosten ohne Übergang einen Sprung von der unbewussten Lustwelt des kleinen Kindes in die rauhe Wirklichkeit hätten machen müssen, der ihnen nur mit einem Teil ihres Ichs gelungen ist. Warum ich meine, dass sie nur mit einem Teil ihres Ichs Kinder geblieben sind? Weil sie mit einem anderen Teil des Ichs die ihrer Altersstufe entsprechende Reife zeigen, mit diesem manchmal noch über das normale Mass hinaus entwickelt sind. Diese Spaltung des Ichs, wenn wir das Fehlen der einheitlichen Ich-Entwicklung so nennen wollen, zeigt jeder Verwahrloste. Wir sehen verwahrloste Kinder und Jugendliche nach der einen Seite ihres Wesens einem übermächtigen Lustprinzip unterjocht sein und dann wieder manches tun, was sonst erst Erwachsene machen: sie benehmen sich in gewissen Situationen in der Schule und im Leben so, als ob sie nicht verwahrlost wären; Jugendliche disponieren oft wie Männer, mitunter ganz hervorragend; sie behaupten sich im Existenzkampf sehr geschickt dort, wo die Realität nur die nackte Selbstbehauptung fordert. Auch in ihrem Sexualleben zeigt nur ein ganz bestimmter Typus einen Entwicklungsrückstand, die anderen sind normal entwickelt, manchmal noch über das hinausgehend, was ihrer Altersstufe entspricht und dabei sind sie durchaus nicht pervers oder invertiert, sondern zeigen nur erhöhte Potenz.

Wir vermögen den Verwahrlosten nun als ein Individuum aufzufassen, das infolge von Entwicklungsstörungen in einem Teil seines Ichs durch ein übermässig vorherrschendes Lustprinzip dirigiert wird. Die Ursachen dieser Entwicklungsstörungen kennen wir auch schon, aber noch nicht deren Art. Ein Analogieschluss, den wir vom Neurotiker her machen, gibt uns eine allgemeine Aufklärung. Zwei Möglichkeiten kommen in Betracht. In dem einen Fall sind durch die unrichtigen Erziehungsmassnahmen Entwicklungsphasen nicht richtig durchlaufen worden, bezw. psychische Funktionen oder Anteile von solchen sind dauernd auf einer früheren Entwicklungsstufe zurückgehalten worden, wir sprechen von einer „Entwicklungshemmung". Im zweiten Falle haben Anteile von psychischen Funktionen, die schon auf einer höheren Stufe angelangt waren, aus irgend einer Ursache eine rückläufige Bewegung angetreten, so dass sie auf einer niedrigeren Entwicklungsstufe zur Wirkung gelangen, als ob sie diese nie verlassen hätten; es ist eingetreten, was wir eine „Regression" nennen. In kurzer Ausdrucksweise lässt sich sagen: Die Verwahrlosung ist die Folge einer Entwicklungshemmung oder Regression — eines Zurückgeblieben- oder Zurückgeworfenworden-Seins — auf dem Wege von der primitiven Realitätsfähigkeit zur Kulturfähigkeit. Wie das gemeint ist, würde noch deutlicher werden, wenn wir neben die Verwahrlosung, die nach und nach, allmählich, wie natürlich wachsend entsteht, jene stellten, die mehr oder weniger plötzlich bei einem bisher sich vollständig normal verhaltenden Individuum zum Ausbruche kommt. Dass ich die Verwahrlosungsursachen in eine Störung auf dem Wege zur Kulturfähigkeit verlege, wird Ihnen nach dem Vorhergesagten um so weniger verwunderlich erscheinen, je mehr Sie Ihnen allen Bekanntes erinnern: jeder Verwahrloste ist primitiv realitätsfähig, wenn wir darunter, so wie bisher, die Selbstbehauptungsfähigkeit verstehen wollen. Was ihn mit der Gesellschaft in Konflikt bringt, ist nur die nicht kulturfähige Art, mit der er seine Selbstbehauptungstendenz durchzusetzen bemüht ist.

Da es sich in diesen Vorträgen bloss um eine erste Orientierung handelt, untersuchen wir jetzt nicht einzelne Verwahrlosungen daraufhin, ob sie sich aus einer Entwicklungshemmung oder einer Regression ergeben haben, das muss ich mir wieder für spätere Zeit vorbehalten. Etwas näher, wenn auch nicht besonders eingehend, werden wir uns die aus den Verwahrlosungsformen besonders herausfallenden beiden Typen „Verwahrloste aus zu viel Liebe" und „Verwahrloste aus zu grosser Strenge" ansehen, um dann darauf zu sprechen zu kommen, was die Fürsorgeerziehung in diesen Fällen zu tun hat.

Der Typus „Verwahrloster aus zu viel Liebe" kommt uns in der Fürsorgeerziehungsanstalt nicht zu häufig unter. Er ist aber im bürgerlichen Milieu unverhältnismässig oft zu finden und dort die Quelle uneingestandener Sorgen und Verzweiflung. In die Erziehungsberatung werden mir diese Fälle weit häufiger gebracht, so dass ich Ihnen aus eigener Beobachtung von zweiunddreissig „einzigen" Kindern, zumeist Jugendlichen, berichten kann. Die Verwahrlosung war in allen Fällen durch ein Übermass an Zärtlichkeit verursacht, einwandfrei nachzuweisen. Es wäre wohl zu erwarten gewesen, dass die Verzärtelung der natürlichen elterlichen Sorge um das „einzige" Kind entsprungen gewesen sei, oder etwa, dass eine zur Witwe gewordene Mutter ihre ganze Liebe dem Kinde zugewendet habe, oder dass geschiedene Gatten, um das Kind für sich zu gewinnen, sich gegenseitig in Liebesbeweisen zum Kinde überboten hatten. All das hatte bei den Zweiunddreissig das Zuviel an Liebe nicht determiniert. In neunundzwanzig Fällen fühlte sich die Mutter vom Vater zu wenig geliebt, teils berechtigt, teils nur aus einem normalerweise nicht zu befriedigenden übermässigen Liebesbedürfnis. In den restlichen drei Fällen heirateten Frauen mit einem ausserehelichen Kinde (Mädchen) nicht den Kindesvater, sondern einen anderen Mann. Der Stiefvater widmete sich mit besonderer Zärtlichkeit seiner Stieftochter. Alle drei Ehen waren kinderlos geblieben, zu Differenzen zwischen den Ehegatten war es deswegen nicht gekommen, aber die Frauen waren doch untröstlich, mit diesem Manne kein Kind zu haben. Sie sagten mir übereinstimmend, fast mit denselben Worten, wie sehr sie sich nach einem Kinde sehnen, wie glücklich der Mann sein müsste, ein eigenes Kind zu haben, da er doch schon seine Stieftochter so sehr liebe. Sie erklärten auch, dass sie die Tochter nur des Gatten wegen so verzärteln.

Wir sehen hier und auch sonst bei diesem Typus Verwahrloster das Erziehungswerk misslingen, weil mit den wenigen Ausnahmen, bei denen auch der Vater in Frage kommt, die Mutter ihrer Erziehungsaufgabe nicht gewachsen ist. Die Ursachen lassen wir unerörtert, sie sind sehr verschieden, bewirken aber immer nahezu dasselbe: eine solche Schwäche der Mutter dem Kinde gegenüber, dass von Erziehung nicht mehr die Rede sein kann. Mütter dieser Art sind Ihnen gewiss bekannt und unschwer zu charakterisieren. Da sie bereit sind, alles zu tun, um ein dem Liebling nur entfernt drohendes Unbehagen abzuwehren, vermögen sie ihm schon gar nicht Versagungen aufzuerlegen, die zu den notwendigen Triebeinschränkungen führen. Die für ihn damit verbundene Unlust stört sie viel mehr als selbst erlebte. Voll geschäftiger Sorge sind sie auch ununterbrochen um sein Wohlergehen bemüht und nicht imstande, von ihm Lustaufschub oder Lustverzicht zu verlangen. Was das Leben an Härten und Hindernissen bringt, an denen sich das Kind stossen müsste und die es zu überwinden hätte, um später im Leben bestehen zu können, wird aus dem Wege geräumt, so dass ängstliches Wachen und ruheloses Aufhalten, was das eigene Gewähren beeinträchtigen könnte, den Tag ausfüllt und den Nächten den Schlaf raubt. Launen des Kindes werden mit nie endender Geduld ertragen, Unarten als Ausdruck besonderer Individualität gewertet und bewundert, Einwände dagegen schmerzhaft als persönliche Kränkung empfunden. Aber fremden Kindern sind sie überstrenge Richter, insbesondere wenn sie als Spielgefährten des „Einzigen" sich gegen dessen schrankenloses Ausleben wehren.

Das Kind steht im Mittelpunkt des Interesses und lebt ungehemmt den Wünschen seines Lust-Ichs; die wirkliche Realität ist nicht da, die Mutter schaltet sie immer wieder aus. Das Kind entfernt sich immer mehr von der Realität, weil es zur Modifikation seines Lustprinzips nicht kommt. Und doch gibt es auch für diese Kinder Versagungen, aber gerade an der unrichtigen Stelle. Es wird von der Mutter in den Äusserungen seines Spiel-, Betätigungs- und Forschungstriebes dann gehindert, wenn nur die leiseste Möglichkeit einer körperlichen oder gesundheitlichen Gefährdung besteht. Was darf so ein einziges Kind alles nicht tun, weil es sich anstossen, hinfallen, eine Beule schlagen, sich erkälten, den Magen verderben, einen Schnupfen oder Kopfweh bekommen könnte! Aus diesen Versagungen, die so im Widerspruche mit dem sonstigen Gewährenlassen stehen und die das Kind unmöglich begreifen kann, ergeben sich auch die ersten Auflehnungen, denen die Mutter wieder nicht mit der richtigen Einsicht des Erziehers gegenübersteht. Sie sucht sie mit Zärtlichkeitserpressungen zu bekämpfen oder durch noch mehr Gewähren an anderer Stelle weniger schmerzhaft fühlbar zu machen. Das verfängt natürlich bald nicht mehr; die Auflehnungen vermehren sich. Das Kind stellt schliesslich auch Forderungen, die die Mutter nicht mehr erfüllen kann, weil sie nicht uneingeschränkt über die Realität gebietet. Die Realität selbst mit ihren unerbittlichen Ansprüchen kann endlich auch nicht mehr vom Kinde ferngehalten werden und was bei normaler Entwicklung allmählich an das Kind herantritt und nach und nach bewältigt wird, stürzt nun plötzlich mit vehementer Gewalt herein. Führt dieser Zusammenstoss nicht zum inneren Zusammenbruch und damit zu nervösen Erkrankungen, so flammt eine Auflehnung gegen das Lusthindernis auf, der man im Elternhause nicht mehr Herr wird, die sich auch in dissozialen Äusserungen der verschiedensten Art auslebt.

Ich muss hier einschalten: Ich weiss sehr wohl, dass sich die Verwahrlosung dieses Typus nicht restlos aus dem nicht überwundenen Lustprinzip erklären lässt, dass auch nicht normal erledigte, besondere libidinöse Beziehungen der Kindheit mitspielen. Ich gehe aber darauf absichtlich nicht ein, weil ich mir vorgenommen habe, heute die Verwahrlosung nur ganz einseitig vom Lustprinzip her anzusehen.

Der in die Fürsorgeerziehung viel häufiger kommende Typus ist der zweite, Verwahrlosung infolge zu grosser, durch die Erziehungspersonen ausgeübter Strenge und ein dritter, ihm ähnlicher, den wir aus Familien stammend beobachten konnten, in denen beide extreme Erziehungsverfahren gleichzeitig in Anwendung gekommen waren. Das scheint für den ersten Augenblick nicht gut möglich zu sein, wird aber sofort verständlich, wenn wir beachten, dass zwei Personen, Vater und Mutter, an der Erziehungsarbeit beteiligt sind. Gewöhnlich war der Vater zu strenge und die Mutter verzärtelte das Kind.

Bei der Wichtigkeit kindlicher Erlebnisse für das spätere Leben können wir ganz gut verstehen, was der normal strenge Vater und die normal gütige Mutter bedeuten. Der Vater, in der Regel der, der die strengen Forderungen der Realität vertritt, die Mutter, deren Form mildernd und dadurch weniger unlustbetonte Durchführung, ermöglichend, bewirken, dass das sich normal entwickelnde Kind später die Forderungen der Realität weniger krass empfinden und, was Unangenehmes kommt, leidloser ertragen wird.

Steht der übermässigen Strenge des Vaters eine Verzärtelung durch die Mutter gegenüber, so werden die Forderungen des Vaters durch die Mutter nicht nur der Form, sondern auch dem Inhalte nach Abänderungen erfahren, und das Kind vermag sich diesen auch durch die Flucht zur Mutter ganz zu entziehen. Kommt die Mutter mit Forderungen, die, wie wir schon gehört haben, körperliche und gesundheitliche Gefährdung abzuwehren haben, deren Erfüllung aber dem Lustprinzip entgegenläuft, so ist deren Ablehnung dem Kinde durch die Flucht zum Vater möglich. Jetzt entspricht das Kind den Forderungen des Vaters, leistet sich damit aber keine Triebeinschränkung, im Gegenteil, es entspricht weiter dem Lustprinzip. Je nachdem es sich dem Vater oder der Mutter zuwendet, vermag es dem Realitätsprinzip auszuweichen, das lustvoll Gewünschte zu erreichen und damit weiter ungehindert im Lustprinzip zu verharren. Gleichzeitig führt aber ein solches Verhalten der Eltern das Kind auch zur Auflehnung gegen jenen Teil, der gerade bemüht ist, Forderungen durchzusetzen. Auf einem ähnlichen, wie dem bereits vorher geschilderten Weg kommt dann schliesslich das Kind zur Verwahrlosung. Der diesen Verwahrlosten typische Zug, der sich etwa durch den Satz ausdrücken lässt: „Was immer ich anstelle, es kann mir nichts geschehen", erklärt sich ganz eindeutig aus dieser Art des Heranwachsens.

Tritt Verwahrlosung aus einem Übermass an Strenge ein, so muss dieses nicht immer notwendigerweise auch objektiv da sein. Oft empfindet ein Kind das ruhige, kalte, wortkarge, äusserer Zärtlichkeiten entbehrende Benehmen schon so arg, wie ein anderes übermässige körperliche Züchtigung. Obwohl wir wissen, dass für das Entstehen der Verwahrlosung subjektive Reaktionen ausschlaggebend sind, musste ich Sie doch auf diesen Umstand nochmals aufmerksam machen, weil wir sehr leicht zu Fehlschlüssen gelangen, wenn wir bei der Untersuchung eines Verwahrlosungsfalles übermässige Strenge nicht finden, der objektive Tatbestand uns keine Anhaltspunkte liefert.

Wird das Kind übermässig strenge behandelt oder erfolgt durch Schicksalskonstellationen zu frühzeitig ein krasser Zusammenstoss mit der Realität, so wird damit nicht eine vorzeitige Anpassung an die Wirklichkeit erreicht. Es kommt nicht zur Einsetzung eines einer höheren Altersstufe entsprechenden Realitätsprinzips, sondern, wie wir schon gehört haben, sehr häufig nach einem zeitweiligen Gelingen der Erziehungsabsicht zu einer darauffolgenden Regression in Form der Verwahrlosung. Damit ist aber wieder ein Lustprinzip zur Herrschaft gelangt, das einer früheren Altersstufe entspricht. Dessen Eindämmung wird nun erfahrungsgemäss ein viel stärkerer Widerstand entgegengestellt als bei der normalen Entwicklung. Dieses weicht auch der brutalen Gewalt immer weniger. Die Brutalität der Erziehungspersonen und auch die des Lebens, die früher geduldig ertragen worden waren, führen nun zu einer ganz bewussten Gegeneinstellung, die häufig als Auflehnung in Erscheinung tritt. Kommt sie zustande, dann bewegt sie sich in der Richtung offener Widersetzlichkeit und steigert sich bei Jugendlichen zu ganz bewussten brutalsten Roheitsakten.

Auch die Verwahrlosungsformen der beiden letzten Typen liessen sich unter dem Gesichtspunkte infantil-libidinöser Beziehungen betrachten wie die des ersten Typus, und wir würden durch ein Eingehen darauf auch über sie manchen Aufschluss gewinnen, was aber nicht zu unserer heutigen Aufgabe gehört.

Wenn wir aus dem wenig und nur ganz kursorisch Angeführten diese drei Verwahrlosungstypen auch nicht voll zu erfassen vermögen, können wir doch daraus schon einige allgemeine Richtlinien für die Fürsorgeerziehung ableiten.

Zunächst stellen wir fest, dass die Fürsorgeerziehung in allen drei Fällen vor derselben Aufgabe steht: sie hat dem Zögling jene fehlende Entwicklung zu vermitteln, durch die er die kindliche Altersstufe mit dem vorherrschenden Lustprinzip überwindet und gegen die eintauscht, auf der ein seiner Altersstufe entsprechendes Realitätsprinzip wirksam ist. Der Fürsorgeerzieher wird die Verwahrlosten so zu führen haben, dass sie verständig werden, das heisst ein Realitätsprinzip entwickeln, das vor der Tat imstande ist zu entscheiden: S o f o r t i g e r L u s t g e w i n n, s p ä t e r e U n l u s t e r d u l d u n g o d e r A u f s c h u b, V e r z i c h t, s p ä t e r e r g e s i c h e r t e r L u s t b e z u g. Die Verwahrlosten werden im Verlaufe der Fürsorgeerziehung erleben müssen, dass die Summe des Lustgewinnes im sozial gerichteten Leben der Anstalt grösser ist, als die Summe der Teillustgewinne einzelner dissozialer Handlungen mit der Summe der darauffolgenden Unlust.

Und eine zweite Feststellung erscheint mir noch sehr wichtig, weil dadurch manche Fehler in der Beurteilung einer Verwahrlosung vermieden werden können. Wir sind nicht gezwungen, in jedem Verwahrlosten u n b e d i n g t ein neurotisches Problem sehen zu müssen. Es kann ein Stück normaler Erziehung fehlen. Genügend Impulse, die Realität anzuerkennen, sind nicht ausgelöst worden, ein Ausweichen vor der Unlust der Wirklichkeit war möglich oder es ist zu Gegenimpulsen gekommen und die notwendige Entwicklung wurde nicht gemacht oder ist wieder aufgegeben worden. Wir müssen nicht immer annehmen, dass beispielsweise dem Verwahrlosten das Ertragen der unangenehmen Folgen nach einem Diebstahl immer unbewusste Lust bringen müsse, dass er jedesmal unbewusstem Schuldgefühl entspringt usw. Es ist sehr wohl möglich und in vielen Fällen auch wahrscheinlich, dass der Dissoziale noch unter der Herrschaft eines übermässigen Lustprinzips steht und daher triebhaft, rein automatisch die Lustbefriedigung sucht: E r w i r d v o m L u s t - I c h g e t r i e b e n, f ü r i h n e x i s t i e r t i m M o m e n t e d e r T a t d i e R e a l i t ä t m i t i h r e n s p ä t e r e n u n a n g e n e h m e n F o l g e n n i c h t. Möglicherweise löst diese nur ganz kurz angedeutete Auffassung Widerspruch aus. Sie ist aber nur die notwendige Folge der vorangegangenen Überlegungen, die sich wieder aus Erfahrungstatsachen aufdrängten. Ich meine damit aber durchaus nicht, dass die Verwahrlostenerziehung nur das Nachholen der versäumten, normalen Erziehung sei, sie ist ein viel komplizierteres Problem. Was ich in einer ersten Annäherung anzudeuten versuchte, ist nur der Weg, auf dem wir die Verwahrlosung auch als einen Entwicklungsrückstand erkennen können.

Wenn zum Kulturfähigwerden ein gewisses Mass an Einschränkung der direkten Triebbefriedigungen notwendig ist, das durch das richtige Mass an äusserer Versagung erzwungen wird, so folgt daraus, dass bei einem Zuviel oder Zuwenig dieser äusseren Versagung auch die erforderliche Triebeinschränkung nicht zustande kommt. Die Aufgabe der Fürsorgeerziehung ist dann, diese hervorzurufen.

Haben wir uns entschieden zuzugeben, dass die Fürsorgeerziehung den Zögling zu Triebeinschränkungen zu veranlassen hat, so ist auch nicht mehr schwierig anzugeben, welcher Vorgang für die einzelnen Typen einzuschlagen sein wird, um die erforderlichen Anregungen dazu auszulösen.

Der erst- und zweitangeführte Typus ist zu genügenden Triebeinschränkungen nicht gekommen, weil für ihn die Notwendigkeit nicht gegeben war, der dritte verweigerte sie aus einer Gegenreaktion; das gibt dem Fürsorgeerzieher die Richtung für sein Beginnen.

Wer bisher der Liebe des Erziehers (Vater, Mutter) immer sicher war, oder von einem zum anderen ausweichen konnte und daher verwahrloste, wird in der Fürsorgeerziehungsanstalt bei allem Wohlwollen des Fürsorgeerziehers doch unter einem gewissen inneren Zwange gehalten werden müssen, der ihn zu Leistungen anspornt und zu Überwindungen veranlasst. Dieser innere Zwang stellt sich natürlich nicht sofort ein, wird vom geschickten Erzieher aus der Art des Übertragungsverhältnisses entwickelt werden, normalerweise aber aus jenem äusseren Zwange entstehen, der eine Gegenleistung des Erziehers ohne vorherige Leistung des Zöglings von vornherein ausschliesst.

Das bisher so verwöhnte Kind, dem alles gestattet war und dem jedes Hindernis aus dem Wege geräumt worden ist, wird sich gegen jeden äusseren Zwang wehren, jede, auch die kleinste Einschränkung und leichtest zu erfüllende Forderung des Erziehers ablehnen, wenn sie den Wünschen seines Lust-Ichs nicht entsprechen. Das ist an sich nicht auffällig oder bedenklich, sondern eine durch die neue Umgebung bedingte, natürliche Reaktion. Man könnte zuwarten, bis durch die Übertragung auch die Überwindung von Schwierigkeiten jene Lustbetonung erhält, die notwendig ist, um zu einem wirklichen Abbau der Vorherrschaft des Lustprinzips und nicht zu dessen Unterdrückung zu gelangen, wenn dadurch nicht in vielen Fällen der Erziehungserfolg in Frage gestellt wäre. Es erwachsen im Anstaltsbetriebe vielfach unüberwindliche, vom Zögling selbst und vom Elternhaus ausgehende Schwierigkeiten. Dem Zögling, der gegen seinen Willen in die Anstalt gebracht worden ist, genügen die anfänglichen Unlusterlebnisse, so dass er keinen Anlass hat, die Auswirkung der Erziehungsmassnahmen abzuwarten. Er protestiert je nach Veranlagung und zu Hause geübter Taktik, was natürlich wirkungslos bleibt. Nun läuft er aus der Anstalt davon, oder, was viel häufiger geschieht, er wendet sich mit der schriftlichen Bitte, aus der Anstalt genommen zu werden, an die Eltern. Dem Brief wird ein Bericht über das Grässliche, das er in der Anstalt zu leiden hat und über die herrschenden krassen Misstände beigeschlossen. Am überzeugendsten klingen die Schilderungen über die schlechte Verköstigung, seinen herabgekommenen Gesundheitszustand und die Lieblosigkeit der Erzieher sowie sein Versprechen, nun ein gehorsamer, braver Sohn zu sein, der keinen Anlass zu Klagen mehr geben werde. Als letztes und wirksamstes Mittel wird dann noch die Drohung sich zu töten, wenn man nicht komme, ihn zu holen, verwendet. Die Eltern sind bestürzt, entsetzt über den Missgriff, den sie mit der Wahl gerade dieser Anstalt begangen haben und erscheinen in höchster Aufregung, ob denn der Liebling noch lebe oder sich schon selbstgemordet habe. Tritt er ihnen nun lebendig und nicht abgemagert entgegen, so wird er geherzt und geküsst, und dann entlädt sich die Empörung, aber nicht über ihn, sondern über uns, inhaltlich nahezu immer gleich, abweichend nur in der Form. Den Eltern das Unsinnige der Behauptungen ihres Sohnes beweisen zu wollen, ist unmöglich, sie sind vernünftigen Überlegungen und Erklärungen unzugänglich. Namentlich Müttern ist in dieser Situation nicht begreiflich zu machen, dass die Verzärtelung zu Hause zur Dissozialität geführt hat und dass das Kind durch Mitteilung von Unrichtigkeiten und masslosen Übertreibungen über den Anstaltsbetrieb die ihm bekannte Sorge der Eltern wachrufen will, um seinen Zweck, aus der Anstalt genommen zu werden, zu erreichen. Das glauben die Eltern nicht, sind überzeugt, dass der Liebling unverstanden, in ganz unmöglicher Umgebung und für ihn untauglichen Verhältnissen leben muss. „Aus der Luft können seine Mitteilungen nicht gegriffen sein", bekommt man regelmässig zu hören. Vater und Mutter sind nicht zu überzeugen, dass diese nur der Ausfluss einer natürlichen Reaktion auf die unvermeidliche Unlust sind, die entstehen musste, weil das Kind nun nicht mehr hemmungslos seinen Triebbefriedigungen nachgeben darf. Der Junge triumphiert; denn er wird gleich mit nach Hause genommen. Dass er in kürzester Zeit in der Familie wieder so unmöglich ist, wie vor seiner Abgabe in die Fürsorgeerziehungsanstalt, wissen in diesem Augenblicke weder die Eltern noch das Kind.

Der aus übermässiger Strenge der Erziehungspersonen zum Fürsorgeerziehungszögling Gewordene kommt aus einem Milieu, das ihm seinem subjektiven Empfinden nach und zumeist auch objektiv stimmend nichts als Widerstände geboten hat. Demgegenüber werden wir zu einer ganz anderen Einstellung kommen müssen, als zu den eben geschilderten Verwahrlosten. Hier muss eine Versöhnung auf breiter Basis angestrebt werden, ein grosses Defizit an Liebe ist auszugleichen. Alles, was wir letzthin über die Milieugestaltung in der Anstalt gehört haben, über die reale Lustwelt, in die der Fürsorgeerziehungszögling hineinzustellen ist, gilt vorwiegend für ihn; er braucht den positiv eingestellten, lebensfrohen Erzieher, eine Umgebung, die dem jugendlichen Lustbedürfnis Rechnung trägt, und die erst nach und nach, und dann sehr vorsichtig, so gestaltet wird, dass sie der realen Wirklichkeit mit ihren Unlusterlebnissen entspricht.

Sie können nun ganz gut verstehen, dass, grob ausgedrückt, jeder dieser Typen in der Fürsorgeerziehungsanstalt gerade die entgegengesetzten Bedingungen finden muss, als er sie in seiner früheren Umgebung hatte. Beachten wir den Erziehungsvorgang in den Besserungsanstalten alten Stiles. Sie versuchen den Zögling durch Zwang, Furcht vor Strafe, ohne Liebesprämien zu sozialen Menschen zu machen. Da sie es vorwiegend mit dem letztangeführten Typus zu tun haben, taten sie in erhöhtem Ausmasse, was Vater und Mutter schon früher getan hatten und mussten daher erfolglos arbeiten.

Wenn die modernen Fürsorgeerziehungsanstalten heute den anderen Weg gehen, so ist das nicht besonders rühmlich hervorzuheben. Er ist durch die geänderte Auffassung des Kindes in der Familie dem Erzieher mit Naturnotwendigkeit der näherliegende und ist richtig, so weit er für den letzten Typus begangen wird, aber ebenso falsch für den ersten, wie der andere in den alten Besserungsanstalten für den letzten.

Ich möchte nur noch betonen, dass Sie aus meinen heutigen Ausführungen ja nicht den Schluss ziehen dürfen, ich hätte Sie mit einer Theorie der Verwahrlosung bekanntgemacht. Ich habe nicht mehr getan, als einen Zug, der mir bei Verwahrlosten auffällig geworden war, herauszugreifen und diesen unter einem e i n z i g e n Gesichtspunkt soweit besprochen, als es mir für eine erste Annäherung notwendig erschien.

Sich die Verwahrlosung allein vom Lust-Unlustprinzip her anzusehen, ist sicher sehr einseitig und nicht ausreichend. Ich habe mich heute aber bewusst auf diesen Standpunkt gestellt, weil ich der Meinung bin, dass ich Ihnen dadurch ganz bestimmte neue Einsichten vermitteln konnte. Ich werde im nächsten Vortrag einen anderen Standpunkt einnehmen und Ihnen dadurch die Möglichkeit geben, die Verwahrlosung von einer neuen Seite her zu betrachten.

DIE BEDEUTUNG DES ICHIDEALS
FÜR DAS SOZIALE HANDELN

Meine Damen und Herren! Bei den Überlegungen, die uns dazu geführt haben, im Verlaufe der Verwahrlosung zwei Phasen zu erkennen, die latente und die manifeste, habe ich Ihnen auch eine Beobachtung mitgeteilt, die jeder, der mit Verwahrlosten zu tun hat, macht: die sittlichen Normen der Gesellschaft haben für die Dissozialen nicht die zwingende Bedeutung wie für den sozialen Menschen. Wenn sie in ihren Verwahrlosungsäusserungen auch noch so sehr voneinander abweichen, weisen sie in diesem Belange doch nur quantitative Unterschiede auf, die mitunter allerdings so weit gehen können, dass völlige Wirkungslosigkeit der anerkannten moralischen Grundsätze in Erscheinung tritt.

Ich selbst konnte diese Beobachtung sowohl in der Fürsorgeerziehungsanstalt als auch in der Erziehungsberatung immer wieder machen. Ihnen ist ein klein wenig davon bekannt geworden, als wir einen ersten Besuch in einer modernen Fürsorgeerziehungsanstalt machten. Mehr werden Sie sehen, wenn wir den damals unterlassenen Rundgang heute fortsetzen. Wir brauchen uns dabei nur die Zöglinge anzusehen, die neu gekommen sind. Sie fallen uns sofort durch ganz bestimmte Einzelzüge auf. Der „Neue" wird als solcher unverkennbar. Zum „Alten", das bitte ich zu beachten, macht ihn nicht die Zeitdauer seines Aufenthaltes, sondern sein Einleben in das Anstaltsgefüge.

Also gehen wir durch die Gruppen! Wir finden bei den Schulkindern und auch bei den Jugendlichen genug „Neue". Gesicht und Hände sind ungewaschen, die Haare zerwühlt, ungekämmt, Kleider und Schuhe nicht gereinigt und auch zerrissen. Sie stehen abseits, gedrückt oder mit überlegenem Lächeln oder auch mitten im dichtesten Gewühl, auffallend durch ihr wildes Gehaben. Sprechen wir sie an, so halten sie den Blick zu Boden gesenkt, bleiben stumm, trotzig, widerwillig oder lachen uns frech ins Gesicht, oder wenden sich auch um und zeigen uns den Rücken. Von den Erziehungspersonen erfahren wir, dass sie sich an die herrschende

Ordnung nicht halten, wenn sie sich ins Unrecht gesetzt vermeinen, mit offener Auflehnung darauf reagieren oder auch ihre Wut verhalten, die aber dann bald irgendwie zum Durchbruche kommt; wenn der eine zum Spiel mit seinen Kameraden herangezogen, der andere als Spielgefährte abgelehnt, einem dritten die Führerrolle, die er sich aneignen will, nicht zugebilligt wird, verhaltenes Weinen, Trotz, Händelsucht bis zur offenen Aggression, die das gute Einvernehmen in der Gruppe stören. Die Schulpflichtigen unter ihnen empfinden ihre Schulrequisiten, die Jugendlichen ihre Arbeitsgeräte als so lästige Anhängsel, dass sie sich ihrer sehr rasch und gründlichst, nicht mehr auffindbar, entledigen. Bei den Mahlzeiten beobachten sie argwöhnisch, ob ihnen die grösste Portion zugeteilt wird und werden sehr unruhig, wenn das nicht der Fall zu sein scheint. Freude machen ihnen primitive, rohe Vergnügungen. Schön ist es, wenn gerauft wird, wenn man selbst rauft, beim Raufen zusehen oder die anderen dazu anstiften kann. Entschliessen sich einige, einmal als dramatische Darsteller aus dem Stegreif aufzutreten, dann wird „geblödelt", es werden markierte oder wirkliche Ohrfeigen ausgeteilt, die Inhalte der Darstellung sind Rauf-, Diebstahls-, mitunter auch Selbstmord- und Mordszenen. Ich könnte Ihnen noch weit mehr Einzelzüge dieser Art anführen, von denen jeder „Neue" so viele in sich vereinigt, dass er auch dem Ungeschulten sofort in der Gruppe auffällt, meine aber, dass wir zu Illustrierung der eingangs gemachten Bemerkung schon genug haben.

Dieses Verhalten der neu eingetretenen Verwahrlosten wird nun als gegebene Tatsache hingenommen, fordert in den Besserungsanstalten alten Stiles die ganze Strenge des Personales heraus und veranlasst in den modernen Fürsorgeerziehungsanstalten zur Milde und Güte. Wir fragen uns, ob man sich wirklich nur auf die eine oder andere Art damit abfinden muss oder ob nicht gerade dieser so typische Zug zu verstehen ist. Vielleicht ist er sogar einer Auffassung zugänglich, die uns etwas zur Aufhellung des Verwahrlostenproblemes gewinnen lässt?

Versuchen wir es!

Bei der Vorsicht, die wir immer walten lassen, wenn wir zum erstenmal an einen Sachverhalt herankommen, werden wir auch diesmal nicht gleich besonders weit vordringen, sondern mit Einsichten zufrieden sein, die sich für spätere Beobachtungen fruchtbar erweisen. Zweifellos müssen wir früher zur Klarheit gekommen sein, warum sich die Mehrzahl der Menschen den sittlichen Normen der Gesellschaft widerspruchslos unterwirft, ehe wir daran denken dürfen, zu untersuchen, was die Verwahrlosten jenseits dieser Grenze stellt.

Eines ist sicher, ich habe es Ihnen auch schon angedeutet: die sozialen Menschen folgen einer inneren Stimme, einer kritischen Instanz in ihnen, die ein unsoziales Handeln unmöglich macht, einem kategorischen Imperativ, der ein bestimmtes Tun vorschreibt, zu Unterlassungen, zur Unterdrückung von Gedanken und Impulsen zwingt. Wir fühlen es ganz deutlich, dass sich in uns etwas dem handelnden Ich scharf beobachtend gegenüberstellt, es aneifert, zurückhält, mit ihm zufrieden, unzufrieden ist, es lobt, tadelt, verurteilt. Nennen wir dieses uns noch unbekannte Etwas vorläufig das kritische Ich, und erlauben Sie mir, ein Bild zu gebrauchen, das Ihnen in der Zeit des Radio gewiss nicht unverständlich bleibt: Die Gesellschaft sendet ständig auf Welle „mn" ihre Richtlinien durch ihren Bereich. Unser kritisches Ich ist der Empfänger, das handelnde Ich sitzt am Telephon, Aufträge und Warnungen entgegen zu nehmen, ausführendes Organ seiner höheren Instanz. Bei ungenauer oder falsch eingestellter Wellenlänge spricht der Empfänger unrichtig oder überhaupt nicht an und der Auftragnehmer erhält schlechte oder keine Weisungen; er bleibt sich selbst überlassen, schwankt unsicher stolpernd und fallend dahin, schlägt sich eine Beule nach der anderen und gerät in blinde Wut.

Aber verlassen wir dieses Bild und halten wir uns an Tatsächliches. Das handelnde Ich bleibt in der Gesellschaft wirklich führerlos, wenn sein kritisches Ich nicht auf die Forderungen der Sozietät abgestimmt ist, und sozial sein heisst dann ganz allgemein, eine solche Ichinstanz haben und sich ihr konfliktlos unterordnen.

Sobald wir diese Differenzierung im Ich erkannt haben, muss notwendigerweise die Frage, warum die sittlichen Normen von den einen nicht und von den anderen erkannt werden oder diese sozial und jene dissozial sind, anders gestellt und auf die Stufen innerhalb des Ichs bezogen werden. Uns interessiert dann die kritische Instanz, das handelnde Ich, jedes für sich und in ihren gegenseitigen Beziehungen sowie Abhängigkeiten.

Ich kann mir denken, dass Sie, ehe wir uns damit beschäftigen, wissen wollen, was das Ich ist, um nicht von etwas reden zu hören, von dem Sie sich keine Vorstellung machen können. Ist das Ich ein Gebilde oder eine Funktion des Intellekts oder des Seelischen oder des Körperlichen? Hat es sich aus zweien davon oder aus allen dreien gebildet, und dann aus welchen Anteilen von jedem?

Ich fürchte, Ihnen auf diese Frage, wie schon öfter, die Antwort schuldig bleiben zu müssen. Es wäre sehr schön, wenn wir etwa folgendes sagen dürften: Trotz der Millionen Teilchen, die unseren Organismus aufbauen, trotz des Vielgestaltigen und der verschiedensten Abläufe in uns, haben wir doch das ganz bestimmte Bewusstsein, nicht nur ein, sondern gerade das eine Individuum zu sein, und dieses Bewusstsein bekommen wir vom Ich. Nun ist das unzulässig, wir müssen auch die Vorstellung vom Ich als das Bewusstsein einer einheitlichen Organisation der seelischen Vorgänge in uns aufgeben, seit F r e u d die Entdeckung gemacht hat, dass auch vom Ich manches unbewusst ist.

Zur Erklärung des Ichs bedürfte es tieferer psychoanalytisch-theoretischer Vorbildung, die ich Ihnen im Rahmen dieser Vorträge nicht vermitteln kann. Ich verzichte daher auf eine Erklärung und appelliere an Ihr gesundes, individuelles Gefühl, das Ihnen eine, wenn auch nicht ganz klare Vorstellung von Ihrem Ich ermöglicht, und meine, dass manches deutlicher werden wird, wenn wir uns den Weg ansehen, auf dem sich das Ich bildet.

Wir haben andeutungsweise schon vom kritischen und vom handelnden Ich gesprochen. Das werden wir jetzt sein lassen und eine Zeitlang nicht an irgend eine Stufe im Ich denken, sondern nur das Ich als solches im Auge haben. Erst wenn wir genügend vorbereitet sind, werden wir auf die Unterschiede innerhalb des Ichs eingehen. Dass es solche gibt, ist Ihnen nicht erst seit heute möglich erschienen, es ist Ihnen nicht mehr neu, seit wir vom Lust-Ich und vom Real-Ich gesprochen haben.

Für die Bildung des Ichs werden innere und äussere Bedingungen in Frage kommen, im Individuum selbst gelegene und von der Aussenwelt herrührende. Eine bestimmende Rolle wird daher auch den Reaktionen jener, auf Eindrücke, die von dieser ausgehen, zugeschrieben werden müssen.

Wir haben dieselben Bedingungen und Beziehungen schon einmal als wirksam erkannt. Erinnern Sie, was ich Ihnen über die Gefühlsbeziehungen des kleinen Kindes mitteilte, wie sich im Unpersönlich-Psychischen, im unselbständigen Säugling, mit dessen Entwicklung ein ganz bestimmtes erstes Liebesleben in der für das spätere Leben andauernden Form bildet.

Das damals Besprochene wird uns heute Ausgangspunkt und Grundlage der Eröterungen abgeben. Aus den Untersuchungen Freuds wissen wir, dass der Säugling, noch ehe er zu einer persönlichen Umwelt kommt, in Anlehnung an die Befriedigung seiner grossen organischen Bedürfnisse, seinen eigenen Körper als Lustquelle benützt. Er braucht, um zu einer vollständigen Lustbefriedigung zu kommen, die Aussenwelt nicht. Sein eigener, ihm ohne Schwierigkeiten erreichbarer Körper genügt vollständig. In der Selbstverwechslung seines Ichs mit der Umwelt ist ihm dieser, also er sich selbst, die Welt. Die Psychoanalyse sagt: die infantile Sexualität betätigt sich „autoerotisch". Ich muss hier ganz besonders betonen, hätte es schon früher an anderer Stelle hervorheben können, dass ich das Wort Sexualität immer nur in dem von der Psychoanalyse festgelegten, erwciterten Sinne gebrauche und dass es nicht mit Genitalität verwechselt werden darf. Wird ausserhalb der Psychoanalyse von Sexualität gesprochen, so meint man sie immer an die Geschlechtsorgane gebunden und durch diese in Erscheinung gebracht.

Nach der Zeit der autoerotischen Betätigung werden dem Kinde die Personen seiner Umgebung auffällig. Es wendet ihnen seine Aufmerksamkeit, sein Interesse, seine Libido zu. Wir nennen diesen Vorgang in dynamischer Ausdrucksweise eine „Objektbesetzung" und meinen damit, das Kind sei dazu gelangt, einen Teil seiner Libido von der Verwendung als Eigenliebe abzuziehen und Objekten der Aussenwelt zuzuwenden, „narzisstische Libido" in „Objektlibido" zu verwandeln.

F r e u d schildert uns das Schicksal solcher Objektbesetzungen, deren das Kind während seines Heranwachsens eine ganze Reihe macht, wieder aufgibt und für andere eintauscht. Diese seelischen Prozesse gehen an dem Kinde nicht spurlos vorüber. Eine Objektbesetzung, das heisst die Zuneigung zu einer bestimmten Person, kann nicht, ohne ganz bestimmte Nachwirkungen zu hinterlassen, aufgegeben werden. Was geschieht regelmässig? Züge der geliebten Person werden dem eigenen Wesen einverleibt und bewahren so die Erinnerung an das einst geliebte Objekt. Wir nennen das eine durchgeführte „Identifizierung".

Es könnte in Ihnen nun das Bedenken aufsteigen, ob ein Objekt aufgegeben sein muss, ehe es zu einer Identifizierung kommen kann, weil wir doch aus Erfahrung wissen, dass beispielsweise die Liebe zu den Eltern auch nach der Identifizierung mit ihnen fortbestehen kann.

Dazu möchte ich zweierlei Bemerkungen machen. Zuerst: Nicht immer muss die Identifizierung der Liebe zum Objekt nachfolgen, beide können auch zeitlich zusammenfallen. Jedenfalls aber wird die Identifizierung mit einer bestimmten Person die Objektliebe zu ihr überdauern und sozusagen, wie schon bemerkt, die Erinnerung an sie bewahren. Dann, worauf Sie besonders achten müssen und worüber Sie sich gewiss noch keine Rechenschaft gegeben haben: Die libidinösen Strebungen gehen vom Unbewussten aus, besetzen ein Objekt der Aussenwelt und sind damit befriedigt. Mit der fortschreitenden Identifizierung rückt vom Objekt so viel in das eigene Ich, dass schliesslich dieses selbst sich dem Unbewussten als Liebesobjekt repräsentiert, und was Ihnen als Liebe zum Objekt erscheint, ist oft schon Liebe zu sich selbst. Objektlibido wurde in narzisstische zurückverwandelt. Wollen Sie sich noch merken, dass es auch eine Identifizierung ohne vorhergehende Objektbesetzung gibt. F r e u d hat gefunden, dass das kleine Kind, ehe es seine ersten Objektbesetzungen macht, eine Phase der direkten und unmittelbaren Identifizierung mit dem Vater durchlebt. Er nennt diese Identifizierung die primäre, die durch die späteren Vorgänge nur eine Verstärkung erfährt. Sie erklärt uns auch die besondere Stellung des Vaters im Leben des Einzelindividuums und der Gesamtheit.

Ich muss Sie aber noch auf einen immerhin möglichen Irrtum aufmerksam machen, um Sie davor zu bewahren. Das Aufgeben, Überwinden einer Objektbesetzung heisst nicht, nun das ehemals geliebte Objekt hassen. Wir haben ja im vierten Vortrage in dem gewiss noch erinnerlichen Fall des Jungen mit den argen Aggressionen gegen die Schwester gesehen, dass der Hass durch eine inzestuöse Bindung an diese verursacht wurde, also die Folge der nicht gelungenen Überwindung einer normalerweise zum Untergange bestimmten Objektbesetzung war. In diesem Falle handelte es sich um eine Verdrängung, für unsere heutigen Überlegungen um ein wirkliches Verlassen des Objektes.

Wenn jede der durch Identifizierung aufgegebenen Objektbesetzungen dem Wesen des Kindes neue Züge einverleibt, so wird verständlich, dass sich dieses im Heranwachsen ständig ändern muss. Wir verstehen dann auch, was F r e u d meint, wenn er sagt, dass der Charakter des Individuums ein Niederschlag der aufgegebenen Objektbesetzungen ist, die Geschichte dieser Objektwahlen enthält. Dabei dürfen wir aber nicht denken, dass diese Züge einfach auf- oder ineinander gelegt werden und daher irgend eine Art von Summe darstellen. Die Einordnung hängt wesentlich davon ab, wie das Kind auf die Einflüsse aus diesen Objektwahlen reagiert, sie annimmt oder abwehrt.

Für den Grad der Umbildung des kindlichen Ichs wird es nicht gleichgültig sein, in welchem Lebensalter die Identifizierungen erfolgen. Wir können uns leicht vorstellen, dass sie um so wirksamer werden, je frühzeitiger sie eintreten, und dass die ersten die bedeutungsvollsten sein müssen. Wir werden hier aufmerksam, dass für die Untersuchung der Ichgestaltung nicht nur die Erbanlage des Kindes und das Milieu in Frage kommen, sondern auch die Objektbesetzungen mit den daraus sich ergebenden Identifizierungen in ihrer zeitlichen Aufeinanderfolge, und dass von diesen die ersten die nachhaltigsten Wirkungen hervorrufen. Es ist ja auch ganz klar, dass diese sich in dem noch ganz schwachen und unselbständigen Ich am stärksten ausprägen werden. Nun erfolgen die ersten Objektbesetzungen in der Aussenwelt, wie wir schon wissen, zur Pflegeperson, normalerweise zur Mutter und zum Vater. Geht alles seinen natürlichen Weg, so sind es die leiblichen Eltern, die jene bedeutungsvollsten Identifizierungen ermöglichen.

Wir haben die libidinösen Strebungen zu den Eltern und deren Schicksal schon ein Stück weit verfolgt. Zuerst im zweiten Vortrage bei dem Jungen, der nach Tulln fuhr, um seiner Mutter Kirschen zu bringen; dann im dritten Vortrage bei dem, der den schrecklichen Tod der Mutter durch den Transmissionsriemen traumatisch erlebte, und schliesslich im vierten Vortrage. Dort kamen wir zum erstenmal auf den Ödipuskomplex zu sprechen und erledigten, was für die damaligen Untersuchungen zu wissen wichtig war. Ich schloss die darauf bezüglichen Mitteilungen mit den Worten ab: „Im weiteren Verlaufe der Entwicklung werden dadurch Züge der Eltern dem Wesen des Kindes einverleibt".

Wir können dasselbe nun genauer aussprechen und vermögen auch dem Ödipuskomplex weiter nachzugehen. Sein Schicksal ist besiegelt, wenn sich das Kind ohne Störung entwickelt. Er ist in der normalen Entwicklung zum Untergange bestimmt. Er beherrscht nur die erste Sexualperiode des Kindes, die es mit seiner Zertrümmerung überwindet. Auf sie, das Stadium der „infantilen Sexualität", folgt ein zweites, in der normalerweise Sexualstrebungen nicht in Erscheinung treten, die Latenzzeit.

Mit dem Untergange des Ödipuskomplexes werden die ihn bedingenden Objektbesetzungen aufgegeben, und es muss, wie wir heute gehört haben, eine Identifizierung mit dem Vater und mit der Mutter sich ergeben. Die Strebungen aus beiden Richtungen des Ödipuskomplexes, des positiven und des negativen, legen sich in der uns schon früher her bekannten Weise zusammen.

F r e u d hat auch gefunden, dass diese besonderen, durch die Ödipus-situation sich ergebenden Anforderungen an das Kind ausserordentlich hohe, nur durch Identifizierungen zu bewältigende sind und infolge der Früh-zeitigkeit dieser Identifizierungen auch ein ganz bestimmtes Ergebnis gezeitigt wird. Welches? Die aus ihm stammenden, irgendwie miteinander vereinbarten Identifizierungen rufen nicht nur eine Veränderung des Ichs hervor, so wie alle später sich ergebenden, sondern sie sondern sich auch noch vom übrigen Ich ab, bilden eine besondere Stufe innerhalb des Ichs, erhalten eine Sonderstellung, so wie Vater und Mutter sie früher auch ausserhalb hatten. Sie stellen sich als dieselbe kritische Instanz im Ich den anderen Inhalten des Ichs gegenüber, wie seinerzeit die Eltern ausserhalb dem Kinde sich repräsentiert hatten. Freud nennt sie das „Über-Ich" oder auch das „Ichideal". Zu den beiden Namen ist nicht viel zu bemerken.

Über-Ich deutet die höhere Stufe innerhalb des Ichs an; Ichideal ist das vom Ich anzustrebende.

Wir können uns das Werden des Ichideals auch so vorstellen: Vater und Mutter werden geliebt, sie gewähren und erlauben. Beide, namentlich aber der Vater, sind auch als autoritative Instanzen anerkannt. Sie sind real da und erzwingen vom Kinde die Einschränkung seiner Triebbefriedigung aus Zuneigung oder Furcht. Der Vater hält nicht nur die auf die Mutter gerichteten libidinösen Strebungen des Jungen auf, erzwingt dadurch eine Zielablenkung, sondern wird auch durch die verschiedenen Gebote und Verbote, die in Versagungen einmünden, auffällig. Er stellt eine Reihe von Forderungen, die zu erfüllen sind. „So (wie der Vater) sollst du sein." Aber auch: „So (wie der Vater) darfst du nicht sein, das heisst, nicht alles tun, was er tut; manches bleibt ihm vorbehalten." Und so zu „werden" wie er ist, wird zum Impuls, löst das Streben aus, gross werden zu wollen. Der Vater, der auch die Forderungen der Gesellschaft dem Kinde gegenüber vertritt, zwingt es, in der Identifizierung mit ihm diese Forderungen zu erfüllen, was nur möglich ist, wenn es sich Triebbefriedigungen versagt, Triebe von den primitiven Zielen ablenkt und auf höhere richtet. Anders gesagt: den Weg über die Kultur macht. So gibt der Vater mit den geforderten Versagungen den Anstoss zur höheren Entwicklung des Psychischen. Was er (die Mutter) real an Forderungen aufstellte, bleibt auch nach der Identifizierung mit ihm (ihr) bestehen, auch was an ihm (ihr) so anstrebenswert erschien, dass es zur gebieterischen Forderung wurde. Alles das richtet sich nach Inhalt und Form, mit durchgeführter Identifizierung als Ichideal im Kinde auf, das zu erreichen, dem nachzueifern ist, das realisiert werden will, weil man es liebt, aber auch mit seinen Forderungen fürchtet.

In seiner Sonderstellung hat das Ichideal die Fähigkeit, das Ich zu meistern. „Es ist das Denkmal einstiger Schwäche und Abhängigkeit des Ichs und setzt seine Herrschaft auch über das reife Ich fort. Wie das Kind unter dem Zwange stand, seinen Eltern zu gehorchen, so unterwirft es sich später dem kategorischen Imperativ des Ichideals." „Und je stärker der Ödipuskomplex war und je beschleunigter (unter dem Einflusse von Autorität, Religionslehre, Unterricht, Lektüre) seine Verdrängung erfolgte, je energischer und stärker die aufgezwungene Versagung ausfiel, desto stärker wird später des Ichideal über das Ich herrschen."

Wenn wir in der psychoanalytischen Literatur lesen, dass die Entwicklung des Kindes im fünften oder sechsten Lebensjahr in seinen Hauptzügen abgeschlossen ist, so darf das nicht missverstanden und dahin ausgelegt werden, dass es von diesem Zeitpunkte an nicht mehr erziehungsfähig sei. Damit soll nur gesagt sein, dass die Eindrücke aus den eben geschilderten Beziehungen des Kindes zu seinen Eltern die nachhaltigste Wirkung auf die Bildung seines Charakters haben, der dadurch in seinem Kerne festgelegt wird. Wichtige Züge erhält das Ichideal noch im weiteren Verlaufe der Entwicklung des Kindes vom Lehrer, autoritativen Personen, die die Vaterrolle fortführen, von den das Kind begeisternden Helden der Lektüre usw. So mancher Mensch könnte sich im Leben nicht behaupten, wenn sein Ichideal auf das Ergebnis der Elternbeziehungen allein angewiesen bliebe.

Wir haben nun das Ichideal als jene Stufe im Ich kennen gelernt, von der die kritische Beurteilung des übrigen Ichs ausgeht. Wir brauchen nicht nach Worten zu suchen, um zu benennen, wodurch das Ichideal die moralische Zensur ausübt. Uns ist diese innere Stimme längst als das Gewissen bekannt.

„Wir sehen daher, dass sich die Psychoanalyse auch um das Höhere, Moralische, Überpersönliche im Menschen kümmert, dass es auch für sie ein höheres Wesen im Menschen gibt. Dieses Höhere in ihm ist das Ichideal, die Repräsentanz unserer Elternbeziehungen. Als kleine Kinder haben wir diese höheren Wesen gekannt, geliebt, bewundert, gefürchtet, später sie in uns selbst aufgenommen."

Ich wiederhole: „Das Ichideal verdankt seine besondere Stellung im und zum Ich, einem Moment, das von zwei Seiten her eingeschätzt werden muss; erstens, dass es die erste Identifizierung ist, die vorfiel, als das Ich noch schwach war, und zweitens, dass es der Erbe des Ödipuskomplexes ist, also die grossartigsten Objektsbesetzungen ins Ich einführt." Es ist aber nicht unveränderlich, starr, sondern späteren Einflüssen zugänglich und bewahrt die vom Vater übernommene Fähigkeit, sich dem Ich entgegen zu stellen, es zu führen und zu meistern. Wir müssen auch beachten, dass im sozial empfindenden und handelnden Vater dem Kinde die Forderungen der Gesellschaft in Erscheinung gebracht werden, dass es infolgedessen durch ihn und an ihm seine soziale Orientierung gewinnt: das Ichideal nimmt dadurch Züge auf, die später ein unsoziales Handeln ausschliessen.

Auf einen für das Zusammenleben der Menschen ausserordentlich wichtigen und ebenfalls ganz automatisch ablaufenden Vorgang muss ich Sie an dieser Stelle aufmerksam machen. In Familien mit mehreren Kindern, in Schulklassen, Horten, Tagesheimstätten, Erziehungsanstalten kommt es notwendigerweise dazu, dass die einzelnen Kinder gleiche Züge vom Vater, Lehrer, Erzieher übernehmen. Je gleichartigere Züge sie aufnehmen, desto weniger wird das Ichideal des einen von dem des anderen abweichen. Die Kinder müssen dadurch untereinander zu Beziehungen kommen, die bedingen, dass sie sich auch gegenseitig Züge entlehnen; in Erscheinung tritt gegenseitiges Verstehen, Nachgiebigkeit, Verträglichkeit, Eindämmung der Befriedigung eigener Triebbedürfnisse, Einordnung. Zur Entwicklung gelangt, was wir soziale Gefühle heissen. Es lässt sich daher ganz allgemein sagen, „die sozialen Gefühle gehen aus der Identifizierung mit anderen auf Grund des gleichen Ichideals hervor."

Wir haben nun in ganz groben Umrissen die eingangs gestellte Frage, wieso es zum sozialen Handeln kommt, besprochen und vermögen uns jetzt den Verwahrlosten zuzuwenden, also jenen, die von ihrer Umgebung als dissozial empfunden werden. Es ist nicht schwierig zu sehen, in welcher Richtung sich unsere Untersuchungen werden bewegen müssen. Es kann sich bei den Verwahrlosten nur um ein Ichideal, ein Ich oder Beziehungen dieser zueinander handeln, die anders sind, als bei den übrigen Menschen.

Ich halte es nicht für überflüssig, einzuschalten, dass unsere nunmehr anzustellenden Überlegungen natürlich wieder nicht viel mehr als eine allgemeine Orientierung bringen können, die Anleitung, einen Sachverhalt sich von einer anderen Seite, als der bisher gewohnten anzusehen.

Was Sie vom Ich und seiner Differenzierung gehört haben, bezog sich auf die normale Entwicklung beider, so dass einem normal fordernden Ichideal ein ebensolches Ich gegenübersteht, das die geforderten Leistungen als berechtigt anerkennt und auch erfüllt. Es muss aber nicht immer so sein.

Wir werden für manche Verwahrlosungsäusserungen eine Begründung finden, wenn wir erkannt haben, dass dem Ichideal selbst jene Züge fehlen können, die dem Ich gesellschaftsrichtiges Handeln vorschreiben oder dass das Ichideal solche Forderungen nicht oder auch gerade im entgegengesetzten Sinne aufstellt. Ein Kind braucht nur in einer Umgebung heranzuwachsen, die selbst durch unsoziales Tun ausgezeichnet ist, verwahrloste oder verbrecherische Eltern zu haben und sich mit diesen zu identifizieren, so wird sein Ichideal es ebenso kategorisch zum gesellschaftswidrigen Handeln treiben, wie das sozialgerichtete den anderen ausgeglichen innerhalb der Sozietät hält. In solchen Fällen sind Ich und Ichideal an sich und in ihren gegenseitigen Beziehungen vollständig normal, nur die Stellung beider zur Aussenwelt ist eine von der Norm abweichende. Dass das wirklich so ist, lässt sich ersehen, wenn Individuen dieser Art sich zu einer Zweckgemeinschaft vereinigen, verwahrloste Platten, Verbrecherbanden bilden. Innerhalb dieser sind sie so lange vollständig sozial, bis sie ihren Zweck erreicht haben.

Den extremsten Fall dieser Gruppe nennt man sehr oft fälschlich den geborenen Verbrecher. Man spricht von Verbrecherfamilien, ja von ganzen

Verbrechergenerationen und meint, dass sich die verbrecherischen Anlagen, von denen man sich keine oder nur sehr vage Vorstellungen macht, immer wieder von den Eltern auf die Kinder vererben. Vielleicht ist das so, aber der Fürsorgeerzieher wird eine andere Möglichkeit nicht ausschliessen, auch wenn man ihm sagt, dass bereits Vater und Grossvater seines Zöglings Verbrecher waren. Er kennt die Vorgänge der Objektbesetzung und Identifizierung, die zwingende Kraft der von den Eltern ins eigene Ichideal übernommenen Züge, die ihn tun heissen, was er als Kind den Vater tun gesehen hat. Auch ohne jedwede verbrecherische Anlagen können so Verbrechergenerationen zustande kommen. Lesen Sie die von Robert B a r t s c h aus den Archiven des Wiener Landesgerichtes veröffentlichte Lebensbeschreibung des berüchtigten Räuberhauptmannes G r a s e l, so werden Sie aus Grasels Munde selbst die Bedeutung seiner Kindheitserlebnisse für seine späteren Schandtaten erkennen und nicht annehmen müssen, dass er zum Verbrecher wurde, weil seine verbrecherischen Eltern ihm ihre Anlagen vererbten.

Es soll natürlich nicht bestritten werden, dass sich ab und zu aus Gründen der Erbanlage ein Ichideal mit solch strukturellen Mängeln bilden könne, dass Verwahrlosung entsteht. In anderer Ausdrucksweise wäre das der Verwahrloste aus angeborenen Defekten. In den anlagebereit gegebenen Faktoren für die Mechanismen der Objektbesetzung und Identifizierung wäre dann etwas nicht in Ordnung. Was es ist, ob irgendwelche Qualitäten oder Quantitäten nicht ausreichen, Objektbesetzungen oder Identifizierungen oder beide zum Teile misslingen können, müsste erst untersucht werden. Fraglich bleibt es aber, ob die Mängel in der Erbanlage so gross sein können, dass man den Verbrecher von Geburt aus annehmen darf.

Fürsorgeerzieherisch werden wir in Verwahrlosungsfällen, die auf Defekte in der Erbanlage zurückgehen, nicht viel ausrichten können, weil ja Konstitutionelles erzieherischen Einwirkungen unzugänglich ist. Wir werden diesen Typus Dissozialer zu jenen kulturunfähigen Elementen rechnen müssen, die aus der Fürsorgeerziehung auszuscheiden sind.

Wenn der psychische Apparat des Kindes in Ordnung ist, also die Mechanismen für die Objektbesetzung und Identifizierung richtig ablaufen, Objektbesetzungen und Identifizierung sich in der richtigen Weise herstellen können, so ist damit die Bildung eines normalen, sozial gerichteten Ichideals noch immer nicht gewährleistet. Einen Fall von normalem Ichideal, das aber unsozial gerichtet ist, weil sozialwidrige Züge von den Eltern her aufgenommen worden sind, haben wir schon besprochen. Es gibt noch eine ganze Reihe anderer äusserer Umstände, die die Aufrichtung eines sozial gerichteten Ichideals erschweren oder unmöglich machen können. Zur beispielsweisen Anführung genügen wohl einige.

Der Vater ist ein brutaler Mensch, der neben seinem Willen keinen anderen duldet. Wer sich nicht widerspruchslos fügt, wird mit Gewalt zur Unterordnung gezwungen. Mutter und Kinder fürchten den Tyrannen, der auch vor schwerster körperlicher Züchtigung aller Familienmitglieder, auch der der Mutter, nicht zurückschreckt.

Oder das gerade Gegenteil: der Vater ist ein Schwächling, inkonsequent in seinen Handlungen, haltlos, immer augenblicklichen Impulsen unterworfen, ein Spielball seines eigenen Unbewussten und der äusseren Verhältnisse.

Oder auch: der Vater ist ein Trinker mit all den Äusserungen zu Hause, wie sie ein seiner Sinne beraubter Mensch begeht, widerliche Zärtlichkeiten bis zum Koitus vor den Kindern, Zornaffekte bis zur Zertrümmerung der Wohnungseinrichtung und Flucht der Familie zu den Wohnungsnachbarn.

Und noch ein anderer Fall: das Kind wächst in einem Elternkonflikt heran. Der Vater ist einer von den eben geschilderten Sorten, die Mutter ein zänkisches, unverträgliches, keifendes Weib, mehr Mann als Weib, dazu Streit und Raufszenen der Eltern.

Und schliesslich folgende Konstellation: die geschiedenen Eltern sind durch die Wohnungsnot gezwungen, noch in derselben Wohnung nebeneinander zu leben, oder getrennt lebende Eheleute spielen das Kind bei den gerichtlich gestatteten Besuchen gegeneinander aus.

Sie werden aus Ihrer eigenen erzieherischen Erfahrung gewiss ähnliche oder noch anders geartete Familienverhältnisse kennen, die Ihnen nach dem nunmehr Gehörten ganz individuelle Züge bei den Verwahrlosten aus deren Identifizierungen mit den Eltern erklären werden.

Die Bildung eines normalen, sozial gerichteten Ichideals kann aber auch misslingen, wenn der Kern des Ichideals, der, wie Sie wissen, sich aus den ersten grossen Liebesobjekten bildet, gar nicht oder nur schwächlich zustande kommt. Objektbesetzungen und Identifizierungen sind Funktionen der Zeit, das heisst sie brauchen eine bestimmte Zeitdauer, bis sie sich erledigt haben. Stellen wir uns beispielsweise ein ausereheliches, ein als ganz kleines Kind elternlos gewordenes oder ein unerwünscht zur Welt gekommenes Kind vor, das fortwährend von einer Pflegestelle zur anderen wandert. Ehe eine richtige Objektbesetzung durchgeführt oder eine richtige Identifizierung gemacht werden konnte. ist es schon wieder auf der Wanderschaft, in neuer Umgebung, bei anderen Menschen. Im Ablaufe begriffene Mechanismen werden dadurch fortwährend unterbrochen und können nicht zu Ende geführt werden. Was sich bildet, kann nichts Festgefügtes sein, bleibt schwache Andeutung, reicht als richtunggebend für das spätere Leben nicht aus. Kommt noch lieblose Behandlung auf den verschiedenen Pflegestellen hinzu, so haben wir einen noch schwächeren Kern des späteren Ichideals zu erwarten.

Nehmen wir dazu noch einen anderen Fall: Ein aussereheliches Kind lebt mit seiner Mutter allein oder dem ehelichen stirbt der Vater zu frühzeitig. Ein anderer Mann, der an seine Stelle treten würde, ist nicht da und die Mutter ist eine weiche, sehr nachgiebige Frau. Dem Ichideal des heranwachsenden Jungen werden alle jene Züge fehlen, die später den kategorischen Imperativ gegenüber dem Ich ausmachen, wenn er sie sich nicht noch später aus Identifizierungen mit anderen autoritativen, die Vaterrolle ausserhalb der Familie übernehmenden Personen holt.

Der Fürsorgeerzieher muss aus diesen Tatsachen einige praktische Folgerungen für sein Vorgehen ableiten. Er wird in seinen Erkundigungen über das Vorleben des Kindes recht weit zurückgehen, auf recht genaue Erhebungen und in Einzelheiten gehende Angaben dringen und sich nicht zufrieden geben, wenn er erfahren hat, wann das Kind geboren worden ist, wann es zu sprechen, zu gehen angefangen, ob es Krämpfe, Fraisen oder dergleichen gehabt hat. Von wesentlichem Interesse werden ihm auch die libidinösen Beziehungen seines Zöglings in der ersten Kindheit sein. Dazu gewinnt er wichtige Anhaltspunkte, wenn er die verschiedenen Pflegestellen weiss, hört, wie lange das Kind auf den einzelnen Pflegeplätzen untergebracht war, wie es dort behandelt wurde, zu welchen Personen es besondere Zuneigung gewann, welche es ablehnte usw.

Von den Möglichkeiten, die die Ichidealbildung so ungünstig beeinflussen, dass Dissozialität in Erscheinung treten kann, habe ich Ihnen einige ganz kursorisch aufgezählt. Ich möchte die Besprechung darüber nicht abschliessen, ehe ich Ihnen nicht noch eine ganz besonderer Art angeführt habe. Sie ergibt sich dann, wenn die Mechanismen der Objektbesetzung und Identifizierung, die wir uns normalerweise nacheinander, nebeneinander oder ineinander ablaufend denken müssen, einmal gegeneinander spielen. Diese so gearteten dynamischen Vorgänge sich vorzustellen, ist recht schwierig, weil sie in ihren Einzelheiten beim Verwahrlosten noch nicht untersucht sind. Wir werden daher zufrieden sein, wenn wir sie vorläufig schematisch richtig erfassen: die Objektbesetzungen gehen vom Unbewussten aus und stellen sich vorerst ohne jedwede Einflussnahme des bewussten Ichs her. Erhebt sich dann in diesem dagegen ein Widerstand, so muss er in der Identifizierung und schliesslich irgendwie als Mangel im Ichideal sich auswirken. Dazu ein Beispiel: In der Familie des oben angeführten brutalen Vaters wird das Kind Vater und Mutter libidinös besetzen. In der Identifizierung mit der Mutter kann deren brutale Behandlung durch den Vater vom Kinde so unangenehm empfunden werden, dass ein Impuls gegen den Vater ausgelöst wird. Diese wird natürlich die Identifizierungstendenz mit dem Vater beeinträchtigen und die Folge ist ein strukturell nicht mehr der Norm entsprechendes Ichideal mit Beziehungen zum Ich, die möglicherweise das Kind dissozial machen.

Die von einander unabhängig betrachteten inneren und äusseren Entwicklungsstörungen bei der Bildung des Ichideals können in irgend einer Form und in irgend einem Mischungsverhältnis auch gemeinsam werden, wahrscheinlich sind auch in jedem einzelnen Verwahrlosungsfall mehrere qualitativ und quantitativ unterschiedliche innere und äussere Anteile nachweisbar und erklären uns so die feineren individuellen Unterschiede innerhalb der typischen Verwahrlosungsformen. Hier ist noch ein weites Gebiet unerledigter Forschungsarbeit für Sie, wenn Sie erst einmal durch intensives Studium der Psychoanalyse dazu gelangt sein werden, die psychischen Vorgänge in ihren tieferen Zusammenhängen zu erkennen.

Besprechen wir nun den Fall, dass das Ich sich den Forderungen seines Ichideals zu entziehen versucht. Das Ichideal verlangt zu viel, das Ich ist zu schwach, zu tun, was es soll, oder es wehrt ab.

Schweigt das Ichideal dazu, lässt es sich das gefallen oder wie verhält es sich? Es schweigt nicht, seine moralische Zensur, das Gewissen, mahnt und drängt zur Unterwerfung. Bleibt das Ich dennoch hartnäckig, so gibt das Ichideal den Kampf noch immer nicht auf, es löst im Ich aus, was uns als Schuldgefühl bekannt ist. Um zu verstehen, wie der Konflikt zwischen beiden weiter verläuft, müssen wir die bisherige ganz populäre Darstellung verlassen und uns mehr den psychologischen Vorgang vorstellen.

Es ist uns schon geläufig, dass das Ichideal die kritische Instanz für das Tun des Ichs ist und dessen Gedanken sowie Impulse einer Beurteilung unterzieht. Diese Kritik der höheren Instanz wäre gegenstandslos, wenn sie nicht zur Kenntnis des Ichs gelangte, das heisst von diesem wahrgenommen werden würde. Besteht zwischen dem, was vom Ichideal diktiert wird, und dem, was vom Ich getan, gedacht oder als Impuls gefühlt wird, keine Spannung, befinden sich Ich und Ichideal miteinander in Übereinstimmung, so wird die Wahrnehmung davon keinerlei Konflikt im Ich hervorrufen. Anders, wenn es zu einer Verurteilung des Ichs durch sein Ichideal kommt. Diese wird in der Reaktion des Ichs darauf als Schuldgefühl wahrgenommen. Wir können leicht begreifen, dass das Ich in eine um so ärgere Konfliktlage gerät, je härter und strenger das Ichideal bemüht ist, seine Forderungen durchzusetzen, je mehr daher das Gewissen mahnt und droht, je stärker das auftretende bewusste Schuldgefühl peinigt. Der Konflikt wäre sofort behoben, wenn sich das Ich endlich den Forderungen des Ichideals unterwirft. Das ist auch wiederholt der Fall. Nur steht das für uns nicht zur Diskussion. Wir haben zu untersuchen, was geschieht, wenn sich das Ich den Forderungen seines Ichideals entziehen will. Dazu steht ihm ein Abwehrmechanismus zur Verfügung, der Ihnen aus einem anderen Zusammenhange her bekannt ist. Beginnt das Schuldgefühl unerträglich zu werden, so erwehrt sich das Ich seiner so, wie auch anderer Inhalte, die mit dem Bewusstsein unvereinbar geworden sind. Diese werden verdrängt und damit unbewusst, so auch das Schuldgefühl, von dem das Ich dann nichts mehr weiss. „Wir wissen, dass sonst das Ich die Verdrängung im Dienste und Auftrage seines Ichideals vornimmt, hier ist aber der Fall, wo es sich derselben Waffe gegen seinen gestrengen Herrn bedient."

So wie aber das übrige ins Unbewusste Geschobene oder von vornherein unbewusst Gehaltene nicht erledigt ist, sondern nur der Kontrolle des bewussten Ichs entzogen bleibt, aber weiter wuchert, ist das Ich auch vom Schuldgefühl nicht freigeworden, wenn es dieses ins Unbewusste gezwungen hat. Es kann dann zu psychischen Erkrankungen kommen, es kann aber auch zur Dissozialität, ja, bei einer Steigerung des „unbewussten Schuldgefühles" zum Verbrechen führen. Die daraus möglicherweise entstehenden Krankheitserscheinungen kommen für unsere heutigen Besprechungen nicht in Betracht. Den Fürsorgeerzieher interessieren verwahrloste oder verbrecherische Kinder und Jugendliche. Er will wissen, ob es zu erkennen ist, wenn einer dissozialen Äusserung oder Handlung unbewusstes Schuldgefühl zugrunde liegt und woran er das ersieht. Ganz allgemein muss dazu gesagt werden, dass dissozialen Handlungen weit häufiger unbewusstes Schuldgefühl zugrunde liegt, als gewöhnlich angenommen wird. Dem psychoanalytisch geschulten Fürsorgeerzieher wird das damit Hand in Hand gehende erhöhte unbewusste Strafbedürfnis nicht entgehen.

Jetzt haben wir zum unbewussten Schuldgefühl gar noch ein unbewusstes Strafbedürfnis bekommen, so dass wir bald nicht mehr wissen werden, was mit all den neuen Begriffen anzufangen ist. Lassen Sie mich statt jeder weiteren Erläuterung einige Beispiele anführen.

Erinnern Sie sich, was ich Ihnen von dem Mädchen sagte, das der sterbenden Mutter Wäsche aus dem Kasten stahl, das dafür erhaltene Geld

mit der Freundin im Prater verjubelte, bei uns in der Anstalt, von Angst-
träumen gequält, unbotmässig wurde, so haben Sie gleich einen Fall, in
dem dissoziale Äusserungen auf unbewusstes Schuldgefühl oder unbewusstes Strafbedürfnis zurückgehen.

Denken Sie an die in Oberhollabrunn untergebracht gewesenen Aggressiven, die mit allen ihnen zu Gebote stehenden Mitteln die Ohrfeige her-
beizuführen bemüht waren. Das unbewusste Schuldgefühl lässt die Liebe
der Erzieherin nicht zu und will die Ohrfeige erzwingen. Das Mädchen
und die Aggressiven benahmen sich so, dass nach den Erfahrungen des
bisherigen Lebens Strafe erfolgen musste.

Ein anderer Fall: Ein Jugendlicher stiehlt zu Hause K 200.000 und
kauft sich für diesen Betrag eine Kappe. Obwohl er weiss, dass es auffallen
muss, kommt er, sie auf dem Kopf tragend, nach Hause zurück. Wir
werden in der Aufdeckung der Determinanten dieses Diebstahles den
sichersten Weg gehen, wenn wir das Vorhandensein unbewussten Schuldgefühles annehmen.

Nicht anders war es bei dem Jungen, der, um bei der Beichte nur ja
nichts zu vergessen, seine Sünden auf einen Zettel aufschrieb, darunter
auch die, dass er dem Vater K 30.000 gestohlen hatte, und diesen Zettel
dann so in das Schulheft hineinlegte, dass ihn der Vater finden musste, wenn
er die letzte Schularbeit, die auf „sehr gut" gemacht war, unterschreibt.
Die ihm in der Beichte auferlegte Sühne war zu gering.

Wenn Kinder, was sehr häufig geschieht, Geld entwenden, um es dann
wieder zu verschenken, so mag auch hier unbewusstes Schuldgefühl
die dissoziale Handlung mit determinieren.

So manche Verbrecher, die ihre Tat lächerlich ungeschickt, gerade nur
um erwischt zu werden, ausgeführt haben, andere, die trotz der ihnen
bekannten, drohenden Gefahr zum Tatorte zurückkehren, sind nur ihrem
unbewussten Strafbedürfnis erlegen.

Möglicherweise macht Ihnen diese Auffassung Schwierigkeiten, wenn
Sie sich aber mehr mit Verwahrlosten beschäftigt haben werden, so wird
Ihnen das Walten des unbewussten Schuldgefühles, gegen das der Dissoziale
machtlos ist, unverkennbar. F r e u d hat uns aufmerksam gemacht,
„dass bei vielen, namentlich jugendlichen Verbrechern, ein mächtiges
Schuldgefühl nachweisbar ist, welches vor der Tat bestand, also nicht deren
Folge, sondern deren Motiv ist, als ob es als Erleichterung empfunden werden würde, das unbewusste Schuldgefühl an etwas Reales und Aktuelles
anknüpfen zu können".

Verwahrloste des eben besprochenen Typus sind wahrhaftig die Opfer ihrer Moral. Sie wollten sich den zu strengen Anforderungen ihres Ichideals entziehen und werden dafür bestraft.

Wir brauchen aber gar nicht bis zu den Verwahrlosten zu gehen, um Äusserungen des unbewussten Schuldgefühles beobachten zu können. Es erklärt uns manche Unbotmässigkeit in der Kinderstube und Disziplinwidrigkeit in der Schule. Wir fallen den Kindern gewöhnlich herein, indem wir mit Strafe vorgehen. Erfolgt diese, so kommen wir dem Kinde nur entgegen. Es befriedigt sein Strafbedürfnis für den Augenblick und eine Änderung des Verhaltens wird nicht erreicht. Das unbewusste Schuldgefühl kann ja an Reales anknüpfen und die Strafe bedingt dadurch statt Unlust Lust, für den Moment Erleichterung und damit das Verbleiben des Kindes bei den Unbotmässigkeiten oder Disziplinwidrigkeiten. Mit den gewöhnlichen Erziehungsmitteln kann dann das Auslangen nicht gefunden werden. Ohne Aufdeckung des unbewussten Schuldgefühles ist in solchem Falle weder beim normalen Kinde noch beim Verwahrlosten erzieherisch etwas zu erreichen.

Nur der Vollständigkeit halber deute ich Ihnen noch, ohne mich auf weitere Erörterungen einzulassen, einen recht komplizierten Sachverhalt an. Bei Verwahrlosungsäusserungen, denen unbewusstes Schuldgefühl zugrunde liegt, muss dieses nicht naturnotwendig irgendwann einmal bewusst gewesen sein. Ein Stück davon kann auch von vorneherein unbewusst bleiben; denn die Entstehung des unbewussten Schuldgefühles ist innig an den Ödipuskomplex gebunden, der selbst dem Unbewussten angehört. Diese schwierige Angelegenheit kommt deswegen für den Fürsorgeerzieher weniger in Betracht, weil er mit einem Jugendlichen, dessen Tat sich von dorther determiniert, nicht viel wird anzufangen wissen. Das ist eine Aufgabe für den Psychoanalytiker.

Wir können nun diesen Teil unserer Überlegungen abschliessen und werden uns merken: Viele Verwahrlosungsäusserungen kommen zustande, weil sich ein Individuum den zu strengen Anforderungen seines Ichideals entziehen will, wodurch unbewusstes Schuldgefühl zum treibenden Motiv wird.

Ich mache hier wieder eine kleine Einschaltung. Es gibt natürlich auch Veränderungen in der Stellung des Ichs zu seinem Ichideal, die durch psychische Erkrankungen hervorgerufen werden. F r e u d hat uns gezeigt, dass sich zwischen Ichideal und Ich alle jene mannigfaltigen Beziehungen und Störungen ergeben können, die uns die Psychoanalyse für das Verhältnis des Ichs zur Aussenwelt aufgedeckt hat. Auf diese Krankheitsstörungen komme ich selbstverständlich nicht, aber auch nicht auf Verwahrlosungsäusserungen, die aus solchen hervorgehen, zu sprechen. Um das tun zu können, müsste ich Ihnen viel mehr von der Psychoanalyse sagen, als mir im Rahmen unserer Vorträge gestattet ist.

Wir haben heute recht viele Überlegungen gemacht und sind zu so neuen Einsichten gekommen, dass Sie vielleicht vergessen haben, was uns gerade in diese Gedankenrichtung drängte. Erinnern Sie, ich habe zu Beginn des heutigen Vortrages eine Frage gestellt: „Müssen wir uns auf die eine oder andere Art damit abfinden, dass sich die Verwahrlosten über die Schranken, die die sittlichen Normen der Gesellschaft aufstellen, hinwegzusetzen vermögen, oder können wir aus dem Verstehen dieses typischen Zuges Brauchbares zur Ausheilung des Verwahrlosten gewinnen?"

Wenn Sie das heute Gehörte überblicken, werden Sie finden, dass die Frage, ob die Verwahrlosten so strenge zu behandeln sind wie in den alten Besserungsanstalten, oder so milde wie in den modernen Fürsorgeerziehungsanstalten, das Problem gar nicht trifft. Sie geht aus einander entgegengesetzten affektiven Einstellungen zum Verwahrlosten hervor und berücksichtigt nicht, dass möglicherweise der eine Verwahrloste durch Strenge, der andre durch Milde zum gesellschaftsrichtigen Handeln gebracht werden könne, beim dritten weder Strenge noch Milde am Platze sind, sondern die gewöhnlichen Erziehungsmittel überhaupt nicht mehr ausreichen.

Worauf kommt es an?

Soziales Handeln ist gewährleistet durch ein Ichideal, das bei unsozialem Handeln das normale, bewusste Schuldgefühl auslöst. Beim Verwahrlosten ist das nicht der Fall. Es ist entweder verdrängt, kommt nur schwach oder überhaupt nicht zustande. Ist das Ichideal übermässig strenge, wie etwa beim neurotischen Grenzfall mit Verwahrlosungserscheinungen, so wird durch Milde und Güte des Erziehers, durch Gewährenlassen eine Herabminderung der Forderungen und in der Folge die Ausheilung des Dissozialen erfolgen. Ist der Verwahrloste der hemmungslose Triebmensch, der den Weg von der Lustwelt in die Realität nicht gemacht hat, weil die Triebeinschränkungen zu geringe waren, so wird der Erzieher mit erhöhten Forderungen einsetzen müssen, und so wird jeder Typus Verwahrloster eine besondere Art der Behandlung nötig machen. In allen Fällen aber handelt es sich um eine Nachentwicklung zur Bildung des Ichideals und die Frage muss so gestellt werden: Wie stelle ich die Fürsorgeerziehung in den Dienst individueller Charakterkorrektur?

Alle meine Vorträge bewegten sich in dieser Richtung, was Sie erkennen werden, da ich Sie nun besonders darauf aufmerksam gemacht habe. Sie dürfen dabei aber nicht übersehen, dass ich Ihnen nur eine allgemeine Einführung vermittelte, daher das meiste bloss allgemein streifte, auf manches nur andeutungsweise zu sprechen kam und anderes überhaupt nicht berührte.

Ich kann meine Vorträge nicht abschliessen, ohne Sie in diesem Zusammenhange noch auf die ganz besondere Bedeutung der Persönlichkeit des Erziehers in der Fürsorgeerziehung aufmerksam gemacht zu haben.

Nach all dem, was Sie jetzt wissen, ist eine Charakterkorrektur des Verwahrlosten gleichbedeutend mit einer Veränderung seines Ichideals. Diese wird eintreten, wenn neue Züge aufgenommen werden. Das vornehmlichste Objekt, von dem solche entnommen werden, ist der Fürsorgeerzieher. Er ist das wichtigste Objekt, an dem das verwahrloste Kind und der verwahrloste Jugendliche die fehlenden oder mangelhaft durchgeführten Identifizierungen nachholen werden, alles das erledigen, was sie am Vater nicht oder nur schlecht erledigen konnten. Durch ihn und über ihn gewinnt der Fürsorgeerziehungszögling auch zu seinen Mitzöglingen die notwendigen Gefühlsbeziehungen, die das Überwinden der Dissozialität erst ermöglichen. Das Wort vom „Ersatz-Vater", das ich so oft gebrauche, wenn ich vom Fürsorgeerzieher spreche, gewinnt bei dieser Auffassung seiner Aufgabe erst den richtigen Inhalt.

Welches ist nun des Fürsorgeerziehers wichtigstes Hilfsmittel bei der Ausheilung des Verwahrlosten? Die Übertragung! Und von ihr jenes Stück, das uns schon als die positive Übertragung bekannt ist. Die zärtlichen Beziehungen zum Erzieher sind es in erster Linie, die dem Zögling den Antrieb geben, zu tun, was dieser zu tun vorschreibt, zu unterlassen, was dieser verbietet. Der Fürsorgeerzieher liefert aber als libidinös besetztes Objekt dem Zögling auch Züge zur Identifizierung, bewirkt eine dauernde Veränderung in der Struktur seines Ichideals und damit ein dauernd geändertes Verhalten des ehemals Verwahrlosten. Denn als Fürsorgeerzieher können wir uns einen unsozialen Menschen nicht vorstellen, das Ichideal des Zöglings muss daher eine Korrektur im Sinne der Anerkennung der Gesellschaftsforderungen erfahren, im Zusammenleben mit dem Erzieher sich nach und nach ein Einleben in die Sozietät ergeben, die Aufgabe der Fürzorgeerziehung so gelöst werden.

Es bleibt nun nur mehr ein Zweifel zu beheben, der auftauchen könnte, wenn man die Fürsorgeerziehung mit einer psychoanalytischen Behandlung vergleicht. Dort spricht man von Übertragungserfolgen, wenn im Stadium der positiven Übertragung eine Besserung im Befinden des Kranken eintritt, und weiss, dass diese nicht sehr hoch zu werten ist, weil das Wohlbefinden wieder schwindet, wenn sich die Übertragung lockert. Müssen wir nun tatsächlich annehmen, dass die Erfolge, die wir in der Fürsorgeerziehung erzielen, nichts anderes sind, als solche „Übertragungserfolge"? Ich meine, der Vergleich des erzieherischen mit dem analytischen Bemühen ist hier nicht richtig gestellt; die Ähnlichkeit zwischen beiden ist an anderer Stelle zu suchen. Hier wie dort verwenden wir die Übertragung zum Vollzug einer ganz bestimmten, in beiden Fällen verschiedenen Arbeit. Der Neurotiker, der sich einer psychoanalytischen Behandlung unterzieht, soll ja aus der Übertragung nicht eine flüchtige Besserung seines Zustandes, sondern die Kraft schöpfen, eine ganz bestimmte Leistung zu vollziehen, unbewusstes Material in bewusstes zu verwandeln, und damit Dauerveränderungen seines Wesens zustande bringen.

In ähnlicher Weise dürfen wir uns in der Fürsorgeerziehung nicht mit jenen vorübergehenden Erfolgen begnügen, die in der ersten, frischen Gefühlsbindung des Zöglings an den Erzieher sich ergeben. Wie in der psychoanalytischen Arbeit muss es uns ebenfalls gelingen, den Zögling unter dem Drucke der Übertragung zu einer ganz bestimmten Leistung zu nötigen. Wir kennen diese Leistung bereits. Sie besteht in einer wirklichen Charakterveränderung, im Aufrichten des sozial gerichteten Ichideals, das heisst im Nachholen jenes Stückes der individuellen Entwicklung, das dem Verwahrlosten zur vollen Kulturfähigkeit gemangelt hat.

ABRISS EINER BIOGRAPHIE AUGUST AICHHORNS

VON KURT R. EISSLER
UND NACHWORT VON HEINRICH MENG

I

Es wäre eine ebenso spannende wie schwierige Aufgabe, die Lebensgeschichte August Aichhorns zu schreiben; eine Geschichte, die oft heiter, manchmal tragisch aber immer packend erscheint. Aus ersichtlichen Gründen kann hier kaum mehr als ein kurzer Überblick gegeben werden, aber die wesentlichen Momente einer solchen Biographie, wie wir sie uns vorstellen, sollen festgehalten werden.

Es ist eine alte Gepflogenheit, die Hauptfigur eines Romanes, sei sie Held oder Bösewicht, dem Publikum vorzustellen, indem man die Geschichte seiner Vorfahren erzählt. Daher würde der Autor den Leser in das zwölfte Jahrhundert zurückversetzen, in eine Zeit, in der österreichische Raubritter bayrische Bauern entführten, um sie auf ihren eigenen Gütern anzusiedeln. Einer der so Entführten war ein Mann namens Aichhorn. Jahrhunderte hindurch blieben die Nachkommen dieser Familie Bauern und fuhren fort, das gleiche Stück Land zu pflügen; bis zu jenem Tage, um das Ende des achtzehnten Jahrhunderts, an dem ein Mitglied der Familie Aichhorn nach Wien zog. Ein seltsamer Zufall wollte es, dass hundertundfünfzig Jahre später sein berühmter Urenkel seine Ordination in einem Hause einrichtete, welches demjenigen benachbart war, das der alte Jakob ursprünglich erworben hatte. Nachdem sie vom Lande in die Stadt gezogen waren, lebten die Aichhorns ein abwechslungsreiches Leben; einer wurde Bürgermeister einer Vorstadt, ein anderer Stadtrat; andere wieder waren Kaufleute und Handwerker, und einer war Bankier. Sie erlebten Tage des Glückes und Wohlstandes, erlitten plötzliche Verluste aller ihrer Güter und lernten harte Arbeit kennen. Doch niemals schienen sie entmutigt zu sein; niemals nahmen sie die Schicksalsschläge hin, sondern kämpften gegen sie an.

August Aichhorn wurde am 27. Juli 1878 geboren. Im Alter von 20 — dem Jahre, in welchem sein Zwillingsbruder starb — trat er eine Stellung als Lehrer in einer öffentlichen Wiener Volksschule an. Von allem Anbeginn schien sein Lebensweg fest umschrieben zu sein: Er stammte aus einer konservativen eingesessenen Familie, lebte in einer feudalen Stadt und hatte einen Beruf gewählt, welcher, wie alle Berufe in jener Zeit, im Wesentlichen auf ständischer Grundlage ruhte. Denn zu jener Zeit blieb man ein Lehrer, wenn man einmal ein Lehrer geworden war, und wartete zwei oder drei Jahrzehnte lang auf den Tag, da man mit einer Staatspension in den Ruhestand treten konnte. Aber es entsprach nicht Aichhorns Wesen, der üblichen Routine zu folgen und auf seine Pensionierung zu warten. Als im Jahre 1907 militärische Erziehungsheime für Knaben in Wien eingeführt wurden, führte er einen erfolgreichen Kampf gegen dieses Unternehmen. Im nächsten Jahre wurde er der Vorstand eines neugegründeten Ausschusses, welcher offiziell beauftragt war, Erziehungsheime für Knaben zu organisieren. Auf diese Weise verhütete er die Durchsetzung des Erziehungswesens auf militärischer Grundlage. Nachdem Aichhorn 10 Jahre dieser Aufgabe gewidmet hatte, bot sich ihm eine einzigartige Gelegenheit; zusammen mit einer Gruppe idealistischer Anhänger organisierte er eine Anstalt für verwahrloste Knaben in Oberhollabrunn in Oesterreich.

Aus den Ruinen eines ehemaligen Flüchtlingslagers entwickelte sich eines der ergreifendsten Experimente der Menschheit. Zur Zeit, da die österreichische Monarchie zerfiel und die Früchte einer alten Kultur zwischen Revolution und Inflation zermalmt wurden, versenkte sich Aichhorn in schöpferische Arbeit und schuf die Methode der Behandlung einer uralten Plage, an der unzählige frühere Heilungsversuche gescheitert waren. Verwahrlosung und Verbrechen hatten ungehindert ihren Lauf genommen. Manche empfahlen Strafen, Absonderung, Züchtigung und Hinrichtung; andere rieten zu Liebe, Menschlichkeit, Verständnis, Barmherzigkeit und Güte. Weder der eine noch der andere Standpunkt befriedigte Aichhorn. In Oberhollabrunn bot sich ihm Gelegenheit, eine reiche Auswahl von klinischem Material zu studieren und seine Behandlungsmethoden auszuprobieren. Einen Teil der tiefgreifendsten Erfahrungen dieser Zeit beschrieb er in seinem Buche „Verwahrloste Jugend". Aber wohl erst künftige Generationen werden die Tragweite dieses Werkes voll erkennen.

Aichhorns Interesse für die verwahrloste Jugend reicht zurück in die Zeit seiner Lehrertätigkeit. Er suchte nach einer Wissenschaft, die ihm helfen würde, die von ihm gemachten Beobachtungen zu verstehen. Dem Zug der Zeit gehorchend, widmete er sich dem Studium der Neuropathologie. Die Beiträge, die diese Wissenschaft zur Erklärung der Verwahrlosung lieferte, vermochten ihn weder zu befriedigen, noch konnten sie seinen Wissensdurst stillen. Daher wandte er sich nun der experimentellen Psychologie zu und vertiefte sich in Wundts und Meumanns

Werke; aber auch diese liessen ihn unbefriedigt. Von dem Augenblick an jedoch, in dem er mit der Psychoanalyse in Berührung trat, wusste er, dass er den Schlüssel zu dem Labyrinth seiner rätselhaften Beobachtungen gefunden hatte.

In Aichhorns Händen wurde Freuds Methode, die auf die Behandlung von Neurotikern abzielte, scheinbar zu einem völlig neuen Instrument, so verschieden schien sie von ihrem Original. Obgleich seine Methode grundsätzlich analytisch blieb, war sie doch den besonderen Anforderungen der Persönlichkeitsstruktur des Verbrechers, die so verschieden von der des Neurotikers ist, angepasst. Welch ein glücklicher Umstand, dass ein Psychologe und Praktiker von Aichhorns geistiger Grösse die Psychoanalyse fand, um sie zu seinem Werkzeug zu machen! Nach dem grossartigen Experiment in Oberhollabrunn, das im Englischen Parlament lobend zitiert wurde, organisierte und leitete er Erziehungsstellen für die Wiener Stadtverwaltung. Nachdem er sich vom städtischen Dienst zurückgezogen hatte, wurde er zum Vorstand der Erziehungsberatungstelle der Wiener Psychoanalytischen Gesellschaft ernannt. In kurzer Zeit wurde er einer der hervorragendsten Lehrer der Wiener Vereinigung und behielt seine Stellung auch, als Deutschland Oesterreich besetzte. Wie durch ein Wunder überlebten er selbst, seine Frau und seine beiden Söhne, von denen einer in ein Konzentrationslager gebracht wurde, jene bittere Zeit. Wieder einmal war er umgeben von blindwütiger Zerstörung. Doch sein Mut liess ihn nicht im Stich; er tat sein Bestes, das Wenige, das von Freuds Werk noch zu retten war, während dieser furchtbaren Zeit zu erhalten. Nach der Befreiung wurde er zum Präsidenten der Wiener Psychoanalytischen Vereinigung gewählt, und diese Stellung hat er bis zu seinem Tode eingenommen.

Vergeblich wäre es, die Grösse von Aichhorns Persönlichkeit und Wirkungskreis in einigen kurzen Sätzen zusammenzufassen, doch sollen wenigstens einige Worte dem Lehrer, Kliniker und Mann gewidmet werden.

Er besass gewisse Charakterzüge, die ihn zu einem einzigartigen Lehrer machten. Besonders seine Einstellung, „unwissend" in dem Gegenstand zu sein, dem er sein Lebenswerk gewidmet hatte, seine Idee, dass er immer von Neuem beginne, dass er ewig ein Student, ein Schüler, nicht ein Lehrer sei, stempelten ihn als wahrhaft grossen Lehrer. Er handelte immer, als wäre er der „Diener" seiner Schüler, niemals begegnete er ihrem Suchen nach Führung im Rahmen der traditionellen Lehrer-Schüler Beziehung, sondern erkannte in jedem ihrer Probleme den grundlegenden, individuellen Konflikt, den die Wirklichkeit dem Suchenden aufgezwungen hatte.

Seine Vorlesungen waren nicht die Abhandlungen eines Belehrenden, sondern vielmehr Vorträge eines Mannes, der in der gleichen Weise über das Leben sprach, wie über ein Land, das er besucht hatte und von dem er nun berichten wollte. Selbst wenn er seine Theorien darlegte schien er in ihnen genaue Beschreibungen der Wirklichkeit zu vermitteln.

Seine Intuition war unheimlich. Wie ein Archäologe, der sich einen ganzen Tempel nach einer halbzerbrochenen Säule vergegenwärtigen kann, so konnte Aichhorn nach ein paar kärglichen Einzelheiten, welche dem mit Intuition nicht Begabten bloss belanglose Oberflächlichkeiten zu sein schienen, eine menschliche Persönlichkeit in ihrer Ganzheit rekonstruieren. Diese staunenswerte Begabung hatte er sich durch unablässige Arbeit zu eigen gemacht. Er war ein wahrer Psychologe, der Stunden in einer Strassenbahn verbringen konnte, um Leute zu beobachten und seine Schlüsse aus solchen Beobachtungen zu ziehen. Aus der Art, wie ein Mann seine Zeitung hielt, schloss er auf die Art, in der er seinen Sitz verlassen und zum Ausgange gehen würde. Und oft geschah es, dass Aichhorn geduldig wartete, bis der Passagier sein Ziel erreicht hatte, um dann seine Vorhersagen auf ihre Richtigkeit prüfen zu können. Dabei vergass er vollkommen, dass dieses Warten ihn immer weiter und weiter von seiner eigenen Haltestelle entfernte.

Er besass im weitesten Ausmass die Fähigkeit sich mit seinen Patienten zu identifizieren und ihre Bedürfnisse zu verstehen. Es war ein ergreifendes Erlebnis, ihn mit einem schizophrenen Halbwüchsigen über die Auslegung irgendeiner obskuren Bibelstelle debattieren zu hören und von Woche zu Woche die allmähliche Gesundung des Patienten mitanzusehen; und dies zu einer Zeit, da viele Psychiater noch immer auf dem Dogma bestanden, dass Schizophrenie unheilbar sei. Und wer wäre ausser ihm fähig gewesen, sechs Monate lang tägliche Unterredungen mit einem Patienten zu führen, der überzeugt war, dass Aichhorn in dem Berufe des Patienten unterrichtet zu werden wünschte? Aber in diesem halben Jahr baute er die Basis für eine Übertragung auf, die ihm die Möglichkeit gab, einen seiner glänzenden therapeutischen Erfolge zu erzielen. Seine Art als Praktiker findet wohl ihren klarsten Ausdruck in seiner Behauptung, dass jeder, der das Gefühl hat, „Geduld" mit einem Kriminellen, den er behandelt, zu haben, sich durch diese Einstellung schon um die Früchte seiner guten Absichten bringt.

Wir können Aichhorn einen leidenschaftlichen Psychologen nennen. Wohin immer er ging und was immer er tat, fand er Probleme der menschlichen Natur, die sein Streben nach Wissen neu anregten. Die Welt war für ihn eine ungeheure Bühne, auf der sich unzählige Dramen abspielten, und so gab es für ihn keinen grundsätzlichen Unterschied zwischen seiner Ordination, einem Kino oder einer Strassenbahn. Überall entdeckte er irgendein Problem der menschlichen Seele und neue rätselhafte Fragen, die Antwort verlangten. Es gelang ihm, *das Problem des Verbrechens und der Verwahrlosung von allen religiösen, ethischen oder moralischen Vorurteilen völlig zu befreien* und sich mit ihm ausschliesslich als einer Frage der Natur auseinanderzusetzen. Das Resultat war, dass er *verbrecherische Verwahrlosung nicht* bloss als eine Frage von abwegigem Benehmen, sondern, weitaus tiefer blickend, *als eine Manifestation von unzureichendem inneren Wachstum auffasste.*

Wie ein grosser Künstler sein Instrument, sei es die Flöte oder die Harfe, voll beherrscht, so konnte Aichhorn auf dem ihm eigenen Instrument, der menschlichen Persönlichkeit, spielen. In kürzester Zeit war es ihm möglich, einen Verschwender in einen „Geizhals", einen Dieb in einen skrupulos ehrlichen Mann, einen Erpresser in einen Verfechter des Gesetzes und der Ordnung zu verwandeln. Aber solche Metamorphosen einer Abwegigkeit in ihr Gegenteil erschienen ihm als bedeutungslos, und niemals betrachtete er solche erstaunlichen Veränderungen des Benehmens als Erfolge. Er war ein erbitterter Feind aller frömmelnden Engstirnigkeit und aller Konformität; er wusste nur zu gut, dass der neugeborene Geizhals, der skrupelbesessene Bürger, der Verfechter von Gesetz und Ordnung, lediglich unter dem Druck eines neuen Zwanges handelt. Solche Veränderungen bedeuteten für ihn nur die Aufforderung, nun erst mit seiner wahren Arbeit zu beginnen: nämlich, den Patienten zu innerer Freiheit und Integrierung der Werte zu leiten. Sein staunenswertes Wissen um die menschliche Persönlichkeit schuf ihm hiefür eine Methode, die ebenso beneidenswert wie unvergleichlich wirkungsvoll war. Zeuge einer solchen Unterredung zu sein, war ein kostbares Erlebnis. Gewöhnlich vollzog sich diese Unterredung mit solch selbstverständlicher Natürlichkeit, dass sie unwichtig und wie eine leichte Plauderei schien; sie war jedoch in jedem einzelnen Augenblick innig mit der Dynamik der totalen Situation verknüpft; und späteres Überprüfen konnte diese Tatsache klar beweisen. Aichhorn machte nur selten einen direkten Angriff; geschickt vermied er das zu jähe Auftauchen von Widerstand, aber er konnte, indirekt und durch Anspielung, mit grösster Zielsicherheit eine Botschaft in das Unbewusste seiner Patienten senden. Es wäre nicht leicht, einen ihm Ebenbürtigen zu finden, der wie er die Kunst beherrscht, jene Fragen zur rechten Zeit zu stellen, die sowohl Beruhigung als auch das Gefühl, verstanden zu sein, vermitteln. In seinem Repertoire existierten keine Routinefragen, sondern jede einzelne Frage wurde zu einem bedeutungsvollen Teil eines allumfassenden Planes, auf dem seine Unterredung aufgebaut war.

Seine Fragen waren so gewählt, dass sie herausforderten und gewisse vorbewusste Assoziationen im Patienten hervorrufen mussten, war ein Aspekt seiner Strategie. So gelang es ihm, eine Technik, die gewöhnlich nur nach Routine-Auskünften sucht, in ein wundervolles therapeutisches Instrument umzuschmieden.

Eine nachträgliche Untersuchung der Familien, die seinen Rat gesucht hatten, ergab, dass in einem überraschend hohen Prozentsatz eine einzige Unterredung einen bedeutsamen Einfluss auf das Gleichgewicht innerhalb der Familie hatte, und dass dieser Einfluss noch Jahre, nachdem die Unterredung stattgefunden hatte, anhielt.

Aber trotz seiner Beherrschung der Kunst der Fragestellung verstand Aichhorn es auch, eine glänzende direkte Attacke zu unternehmen. In solchen Fällen zerbröckelte die narzistische Abwehr unter seinem Ansturm; ein arrogant lächelnder

Verbrecher konnte das Zimmer weinend verlassen, ein wütender Vater kleinlaut und eine nörgelnde Mutter zahm werden.

Aber für diejenigen, die das Privileg hatten, mit ihm zu arbeiten, erschien Aichhorns Persönlichkeit das faszinierendste Erlebnis. Er hatte ein beneidenswertes Ausmass an Beherrschung und Harmonie erreicht, ohne dabei die Fähigkeit zu verlieren, sich einem schöpferischen Konflikt hinzugeben. Er, der oft 16 oder 17 Stunden am Tag mit Patienten verbrachte, konnte aufrichtig sagen, dass ihm das Gefühl der Arbeit fremd war. Spiel und Arbeit war ihm eins. Trotz seiner Hingabe an die Verwahrlostenbehandlung behielt er die Fähigkeit, die Abenteuerlichkeit des Verbrechens zu geniessen und das Verständnis für den Genuss, den der Kriminelle empfindet, wenn er jene Gesetze übertritt, vor denen die übrige Gesellschaft sich beugt. Seine Fähigkeit, zu geniessen, war unbeschränkt. Ein therapeutischer Erfolg, ein gut geschriebener Detektivroman, eine Autofahrt, ein Kartenspiel konnte für ihn ein aufregendes Abenteuer bedeuten. Er war wahrhaft jung, nur ohne die Leiden der Jugend, bis in sein Alter, er war wahrhaft glücklich, da er sich seiner Grösse nicht bewusst war.

II · NACHWORT

In der Geschichte der Auswirkung der Psychoanalyse auf Theorie und Praxis der Nacherziehung und Resozialisierung Verwahrloster und Krimineller steht das Lebenswerk *August Aichhorns* im Zentrum. Dieser grosse Lehrer und Erzieher trug zeitlebens jenes heilige Feuer in sich, das im jugendlichen Gegenüber so oft die Flamme des « Stirb und Werde » entzündet hat. Seine heilpädagogischen Erfolge begründeten bereits seinen Ruf in jener Zeit, in der er sich noch nicht mit der Theorie der Psychoanalyse auseinandergesetzt hatte. Sie wurde ihm nach dem ersten Weltkrieg zum wichtigsten Instrument seines Tuns und seines Nachdenkens über Erfolg und Misserfolg. Er fühlte, Intuition allein genügt nicht. Wie er oft hervorhob, interessierte ihn wissenschaftlich von nun an im Prozess des Rapportes zwischen Zögling und Erzieher vor allem das, was im Erzieher, ebensosehr wie das, was im Zögling seelisch vorgeht. Er erkannte die Notwendigkeit einer *psychoanalytischen* Schulung des Helfers. Er unterzog sich selbst einer Psychoanalyse und nahm das Studium dieser Wissenschaft mit Einsatz seiner ganzen Persönlichkeit auf. Dann kam die Zeit, in der er seine so berühmt gewordenen Vorträge zur ersten Einführung in die Psychoanalyse in ihrer Bedeutung für die Fürsorge-erziehung hielt: „Verwahrloste Jugend". *Sigmund Freud* schrieb das Vorwort. Er hatte rasch erkannt, *welche* Kraftquelle der Psychoanalyse im Werk August Aichhorns zufloss. Es folgten Beiträge in verschiedenen psychoanalytischen und pädagogischen Zeitschriften, vor allem in der „Zeitschrift für psychoanalytische Pädagogik", in deren Redaktion er später eintrat. Auch in Sammelwerken, z.B. im „Psychoanalytischen Volks-buch", publizierte *Aichhorn,* wie er auch gelegentlich an Kongressen (Internationaler Hygiene-Kongress in Dresden 1928) und in Fortbildungs-kursen für Lehrer und Fürsorger (Basel, im Rahmen der „Basler Schul-ausstellung") oder in Lausanne und in Zürich (in Veranstaltungen der S. E. P. E. G.) mitwirkte.

Von grosser Bedeutung für die Erhaltung und Entwicklung der Psychoanalyse in Europa ist die Tatsache, dass er sie in der Kriegszeit 1939-1945 trotz aller Widerstände gelehrt und praktiziert hat. Nicht wenige Aerzte und Nicht-Aerzte verdanken ihm ihre Ausbildung in der Psy-choanalyse. Seine Ernennung zum Titularprofessor nach Beendigung des zweiten Weltkrieges war ein Symbol des Dankes und der Anerkennung der Stadt Wien für einen Mann von Weltbedeutung. Es war ihm eine grosse Freude, noch das Erscheinen des Festbandes („Searchlights on Delin-quency", New Psychoanalytic Studies, Int. Universities Press, New York) zu Ehren seines 70. Geburtstages erleben zu können.

Einige Monate vor seinem Tod schrieb August Aichhorn, sein dringen-der Wunsch sei, „Verwahrloste Jugend" wieder erscheinen zu lassen. Nachdem der frühere Verleger des Buches (Int. Psychoanalytischer Verlag, Wien, Leipzig, Zürich) sein Einverständnis mit einem Verlagswechsel erklärt hatte, vertraute August Aichhorn sein Buch der Sammlung „Bücher des Werdenden" an.

Die jetzt vorliegende III. Auflage bringt gegenüber den beiden ersten folgende Ergänzungen: Ein Bild des Autors. Die erste Vorlesung wurde ersetzt durch die von August Aichhorn für eine englische Ausgabe um-gearbeitete Fassung. *Anna Freud* und *Wilhelm Hoffer* in London haben die Uebersetzung vorgenommen. Ferner stellte *K. R. Eissler,* New York, eine Biographie Aichhorns zur Verfügung. Sie ist mit Erlaubnis des Autors und des Verlags dem Werk „Searchlights on Delinquency" entnommen und ins Deutsche übersetzt worden. Wir danken den Genannten für ihre Mithilfe. Als Band unserer Buchreihe, in der jede Publikation ein Sach-register erhält, wurde für die vorliegende III. Auflage von Aichhorns Werk ein Sachregister angefertigt.

Wie Sigmund Freuds „Vorlesungen zur Einführung in die Psychoanalyse" klassisch in ihrer wissenschaftlichen und künstlerischen Klarheit und Geschlossenheit sind — nach *Eugen Bleuler* gibt es eine Psychologie *vor* Freud und eine *nach* Freud - so wurde die „Verwahrloste Jugend" von August Aichhorn das klassische Werk für die Pädagogik und Heilerziehung.

Leider hat *Paul Federn*, der Mitherausgeber der „Bücher des Werdenden" das Erscheinen von Aichhorns Buch in unserer Sammlung nicht mehr erlebt. Beide Männer verband eine tiefe Freundschaft. Wir gedenken ihrer in Verehrung.

6. Januar 1951.

NEUE REIHE DER „BÜCHER DES WERDENDEN"

Herausgegeben von *Paul Federn*, New York, und *Heinrich Meng*, Basel

Leitspruch: Verkünden, Lehren, Anspornen
Miteinander statt Durcheinander
Freiheit statt Zwang
Beherrschung statt Zügellosigkeit
Menschheitseinheit statt Völkermehrheit
in Wirtschaft und Gesellschaft

Das Kriegsgeschehen hat die Notwendigkeit und die Macht mechanistischer und organisatorischer Ueberlegenheit vielen vor Augen geführt.

Die Mehrheit unterwirft sich überall dem Zwang, aber der dauernde Einfluss auf geschichtliches Werden liegt nicht bei Zwang und Macht, sondern im geistigen Gehalt und in der Ueberzeugungskraft von Idee und Lehre. Auf was kommt es nun an? Es gelten gerade heute die Worte aus *Wilhelm Meisters Wanderjahren:* „Wenn einmal jemand weiss, worauf alles ankommt, hört man auf, gesprächig zu sein. ‚Das ist bald gesagt', versetzte jener, ‚Denken und Tun, Tun und Denken', das ist die Summe aller Weisheit, von jeher anerkannt, von jeher geübt, nicht eingesehen von einem jeden. Beides muss wie Aus- und Einatmen sich im Leben ewig fort hin und wider bewegen; wie Frage und Antwort sollte eines ohne das andere nicht stattfinden. Wer sich zum Gesetz macht, was einem jeden Neugeborenen der Genius des Menschenverstandes heimlich ins Ohr flüstert, das Tun im Denken, das Denken im Tun zu prüfen, der kann nicht irren, und irrt er, so wird er sich bald auf den rechten Weg zurückfinden."

Am Ende des zweiten Weltkrieges.

Paul Federn, New York, und *Heinrich Meng*, Basel.

SACHREGISTER